翻译方法论

黄忠廉 等著

METHODOLOGY OF TRANSLATION

中国社会科学出版社

图书在版编目(CIP)数据

翻译方法论 / 黄忠廉等著. —北京：中国社会科学出版社，2009.12（2014.4 重印）
ISBN 978 - 7 - 5004 - 8147 - 8

Ⅰ. 翻… Ⅱ. 黄… Ⅲ. 翻译学 Ⅳ. H059

中国版本图书馆 CIP 数据核字（2009）第 162841 号

出 版 人	赵剑英
责任编辑	任 明 高 涵
责任校对	王雪梅
责任印制	李 建

出　　版	中国社会科学出版社
社　　址	北京鼓楼西大街甲 158 号 （邮编 100720）
网　　址	http://www.csspw.cn
	中文域名：中国社科网　010 - 64070619
发 行 部	010 - 84083685
门 市 部	010 - 84029450
经　　销	新华书店及其他书店

印刷装订	北京市兴怀印刷厂
版　　次	2009 年 12 月第 1 版
印　　次	2014 年 4 月第 2 次印刷
开　　本	710 × 1000　1/16
印　　张	18.25
插　　页	2
字　　数	323 千字
定　　价	35.00 元

凡购买中国社会科学出版社图书，如有质量问题请与本社联系调换
电话：010 - 64009791
版权所有　侵权必究

再谈方法论
——《翻译方法论》序

1999年10月我应张后尘先生之邀在大连外语学院举办的"中国外语博士论坛"第一次专门讲了方法论问题,之后又在南开大学等几个高校讲过,那份讲稿就是发表在2002年第2期《外语与外语教学》上的《小谈方法论》。这两年又应邀到一些学校、学术会议、研究生导师培训班等场合去讲创新思维和学术研究与学科建设方法,但讲稿尚未发表。

为什么要讲方法和方法论呢?主要基于以下两个方面的原因。

第一是我们在做英汉语言对比研究和中西文化、哲学、逻辑比较研究的过程中深深感觉到,跟西方相比我们有严重轻视理论与方法的文化、教育与学术传统。原因是我们的传统哲学强调天道与人道合一,本体与现象不可二分;强调对事物要综合整体把握,不能层层分析;强调认识主要靠主观感悟与比类,缺少演绎逻辑推理的系统。我们的文化以政治伦理为核心,以"修身、齐家、治国、平天下"为目的,极力强调以"经世之用"为灵魂的"学以致用"。我们先秦时代的墨家逻辑已有较丰富的逻辑思想,也有了相当程度的抽象度与系统性,可以说已有了形式逻辑的初步形态,比如有类似概念的类别:名——达名、类名、私名。有类似判断的类别:辞——效、假、或;"莫不"表全称,"特"或"有"表特称。也有类似推理的类别:说——辟、侔、援、推。此外还有的说"以类取"就是归纳推理,"以类予"就是演绎推理;"彼彼止于彼,此此止于此"就是说的同一律,"或谓之牛,或谓之非牛,是争彼也,是不俱当,必或不当"就是说的矛盾律,"辩也者,或谓之是,或谓之非,当者胜也;谓辩无胜,必不当"就是说的排中律等。但是由于墨家研究逻辑的目的是"取当求胜",而不是"取真求则",是"审治乱之纪",而不是"求知寻法",所以它始终都注重内容的论证,以利推行其"兼相爱,天下治"的政治主张,而不关心思维的结构形式(如概念、判断、推理等),也无须借鉴公理化方法,因此也就没有发展成为像亚里士多德那样的形式逻辑。正如崔清田先生所说:

黄忠廉教授很重视理论与方法的研究，专门组织人写了一本《翻译方法论》，这本书可能是翻译学领域专门探讨翻译方法和翻译研究方法的第一部著作，这本身就是一种开拓性的研究，值得推荐给大家阅读。我先睹为快，给我印象最深的有以下两个方面：

第一，构建了一个翻译方法论系统。他称这个系统叫"翻译方法论"，定义为"是翻译及其研究方式方法的总和"。它之下分两部分：翻译实践方法论与翻译研究方法论。而翻译实践方法论又划分为全译方法论（直译＋意译）和变译方法论（变通＋全译）。翻译研究方法论之下包含"'三个充分'的研究要求、'两个三角'的研究思路和从方法到学科的研究阶梯"。这个系统明确区分了翻译实践的方法与翻译研究的方法，把翻译实践的方法又区分为全译和变译，这种比较区分的方法既有利于对不同的对象进行系统的研究，又有利于指导不同领域的实践。周有光先生说："比较引起分类，分类形成系统，比较、分类、系统化是知识进入科学领域的重要门径。"①

第二，很重视概念的界定、分化及其相互关系的研究。全书研究了许多概念，比如有上层的方法、方法论、求似率、全译、转换、变译、摄取、翻译研究等；有下层的全译 7 种方法、变译 12 种方法等，此外还有中层的一些概念。我们且不管这些概念的界定及其相互关系的研究是否都很科学，单就这些概念的界定、分类、相互关系的研究方法就很值得充分肯定。因为在翻译学领域这是开拓性的工作，过去这方面的研究非常薄弱。大家都不会忘记关于信达雅的论争、直译和意译以及归化与异化的讨论，基本都是靠整体感悟与类比的方法，既不界定，不分化，也不研究它们之间的关系，更无建立分级的范畴系统的意识。因此虽然时间与精力耗费得难以计算，但对翻译学的基础理论建设却没作出多大贡献。正如沈苏儒先生所说："几十年来对'信达雅'说的讨论，'从总体上看，似乎始终处于盘旋的状态'，并无实质性的突破。"②《翻译方法论》这本书给了我们一个信号，我国翻译学的基础理论研究与建设将要开始走向一个新的阶段。

读了这本书稿还使我联想到许多问题，现在选几个跟翻译学方法论建设密切相关的问题谈谈我的一些看法，希望能引起更多人的思考与研究。

首先是翻译学方法论系统及其密切相关的范畴、概念、术语问题。（1）翻译学方法论系统。目前国内外虽然尚未建立起翻译学的方法论系统，但这个系统的隶属关系我们应力争早一天讨论清楚，这样有利于方法论系统

---

① 周有光：《比较文字学初探》前言，语文出版社 1998 年版，第 1 页。
② 沈苏儒：《论信达雅》，商务印书馆 1998 年版，第 112 页。

和整个学科系统的研究与建设。名称叫"翻译学方法论系统"更科学一些，因为它是上位概念"翻译学学科系统"的一个组成部分，对下位概念来说，它理所当然地包括这个学科方法论的各个层面，当然包括"翻译实践的方法论"和"翻译理论研究的方法论"，而且还应包括"翻译教学的方法论"和"翻译批评的方法论"，这四个不同层面都属于它的子系统。从方法论系统来看，这四个子系统都还没有进行深入系统的研究，我在此呼吁译界学人学子都来关注、研究、建设这个领域。（2）理论、方法、方法论三者的关系。方法是指认识、表达与实践的具体做法，内容包括思路、途径、方式、程序。方法论是研究方法的科学，比方法抽象程度高，属于理论层面，内容包括元方法论、哲学方法论、系统科学方法论、具体科学方法论四个层面。这四个层面落实在翻译学领域，元方法论应该研究上述翻译学方法论系统及其和哲学与系统科学方法论的关系；哲学方法论应研究翻译学的本体论、认识论、价值论与方法论。系统科学方法论应用其原理与定律研究翻译学方法论系统。这些工作我们都还没有去做，今后应该加强这方面的研究。我在《小谈方法论》中论述过理论和方法的关系，今天我想强调两点：一是方法有相对独立性，不都是理论派生的，也不都是依附于理论的。当理论还未成熟或理论危机的时候，可引入其他学科的方法或用新的视角审视研究对象而创建新的方法来推动理论研究的深入发展。二是理论的最本质的意义是揭示事物发展变化的规律，所以凡理论都有方法论的价值，从这个意义来说理论和方法是一致的，因此我们说理论常带上方法，说方法也常加上理论。（3）策略、方法、技巧三者的关系。汉语中跟"策略"关系密切的有"战略"与"战术"，"战略"强调全局的计划与策略，"战术"着重于局部作战的原则与方法，"策略"强调行动的方针与做事的方式方法。三者是有区别的，"策略"介于"战略"和"战术"之间。英语的 Strategy 常译成"战略"或"策略"，tactics 常译成"战术"或"策略"，可见"策略"在英语中有两个可对应的词，但强调"谋划、对策、手段"之意时，英语的两个词均可用。"方法"强调程序、过程、模式、规则；"技巧"强调操作层面的技术、技能、技艺。英语的 method 常译成"方法"，technique 和 skill 常译成"技巧"，但英语的 technique 强调具体技术的运用程序，更靠向 method，而 skill 强调专门的技能、技艺，更靠近实践。这样我们就可在翻译实践方法论这个层面区分出翻译策略（归化、异化；全译、变译），翻译方法（音译、直译、意译），翻译技巧（包括音韵、词汇、短语、句子、句组、语篇、文体、修辞等语言各层面的翻译技巧，当然也包括本书所列的 7 种全译的方法与 12 种变译的方法，还包括口译和机译的技巧）。汉语口语中

"方法"与"技巧"经常同义混用，所以本书所说的全译和变译的"方法"实际就是我们说的"技巧"，因为它们都是离实践最近的操作层面的具体做法，比方法抽象程度低。策略、方法、技巧三者的关系从左到右越来越靠近实践，抽象程度越来越低，可操作性越来越强；反方向从右到左离实践越来越远，抽象程度越来越高，可操作性越来越弱。

其次是翻译的本质属性问题。多年的翻译教学和研究使我逐渐明白了：翻译（包括口译、笔译与机译）是有文本参照的跨文化、跨语言的人类的社会交际行为与活动，其结果因译者意愿与社会需求的不同而产生出无数种跟原文距离远近不等的译文变体（translation varieties），其变体在原文和译语作品之间构成了一个集合（set）。如下图所示：

原文 I————————————I 译语作品
$T_1, T_2, T_3, T_4 \longrightarrow T_{n-1}, T_n$

图中从 T_1（= Translation 1）到 T_n（= Translation n）都是译文，中间包括无数种译文。T_1 是最靠近原文的译文，也就是最忠实原文的译文；T_n 是离原文最远的译文，也就是最不忠实原文的译文。从 T_1 向右运动译文越来越不忠实原文，从 T_n 向左运动译文越来越忠实原文。这个图比较科学地描述了翻译的实际状况，对各种不同形式的翻译有较强的解释力。只要是翻译都可在这个集合中找到它的位置，比如宗教经典的翻译大多在集合的左端，可能是 T_1 或 T_2 或 T_3。比如林纾的翻译一定是在集合的右端，可能是 T_{n-2} 或 T_{n-1} 或 T_n。再比如本书中说的"全译"应该在靠向集合左端的部分，"变译"应该在靠向集合右端的部分。不管全译还是变译，都会由于译者的水平、经验与态度的差别，而决定了译文所在集合位置的不同。

最后是翻译学的研究对象问题。何谓研究对象（object of study）？作为一个学科来说就是其研究者观察、思考、研究的客体。客体是主体以外的客观事物，是主体认识与实践的对象。对人文社会科学来说，其研究对象离不开由人组成的人类社会，这就增加了研究的复杂性与主观性。人类发展史告诉我们：人类在发展过程中创造自己的客体，也就是各类物质与精神的产品，人的目的、愿望、思想、本质力量都凝结在这些产品中，从而在客体中证实了人的存在和力量。可见这样的对象化或客体化，也无法离开人的主观性。翻译学的研究对象是什么呢？我们曾认为是翻译的过程、结果与译文读者的反映，而且强调这个过程是译者的特殊思维活动过程，因为它不同于原文作者和译文作者的写作过程。[①] 后来在许渊冲先生研究的基础上我们进一

---

① 杨自俭：《关于建立翻译学的思考》，《中国翻译》1989 年第 4 期。

步明确了翻译学研究对象包含8大要素,[①] 之后在青岛会议的主题报告中我们又一次论述了译学的研究对象问题,阐释了8大要素之间的关系和5个世界的划分,补充了翻译史、译论史与方法论三项内容。[②] 我们为什么要反复讨论研究对象问题?只因为它是学科独立的第一标志,只有这个问题解决了,才能处理好它跟相关学科的关系,才能进一步解决学科的性质与定位问题。只要这个问题不解决或解决不好(比如词汇学),学科就不可能真正独立,其他学科就会来瓜分或占领它的研究领域。我们不会忘记20世纪80年代其他学科来占领译学研究领域的局面。语言学、文艺学、交际学、文化学、符号学,还有比较文学、思维科学和传播学等都来申明翻译学是它的一部分,好像翻译学附属哪个学科都有道理,因为有部分内容跟那个学科相关。这种局面从20世纪90年代末就结束了,其他相关学科没有哪个再来瓜分或占领翻译学的研究领域了,因为所确定的译学研究对象包括翻译的全过程、翻译的结果、结果的影响,这些内容为翻译学所独有,别的学科无从来瓜分或占领;这些内容虽然跟所译的不同文体有不同的相关性,但绝不会因文体的不同而改变了翻译学的研究对象及其本质属性。随着翻译学研究的深入与发展,大家对翻译学研究对象的认识就越来越清楚了。

翻译学方法论研究是整个学科的基础理论建设,加强这个系统的四个子系统的研究会全面推动学科的发展,盼望译界学人学子在这个领域的建设中作出自己的贡献。

杨自俭

[①] 杨自俭:《译学研究的回顾与展望》,《山东师范大学外语学院学报》1999年创刊号。
[②] 杨自俭:《译学新探》,青岛出版社2002年版,第9—11页。

目 录

导言 ·· (1)
  一、方法 ·· (1)
  二、方法论 ··· (1)
  三、翻译方法论 ·· (2)

第一章 翻译求似律 ·· (5)
第一节 似与求似律 ·· (5)
  一、翻译相似律 ·· (5)
  二、翻译求似律 ·· (6)
第二节 全译求极似 ·· (8)
  一、近似与胜似 ·· (8)
  二、意似、形似、风格似 ··· (10)
第三节 变译求特效 ··· (12)
  一、"三特"求特效 ··· (12)
  二、多快好省,有的放矢 ··· (14)

第二章 全译方法论 ··· (17)
第一节 全译的轴心:转换 ··· (17)
  一、转移意义 ··· (17)
  二、更换形式 ··· (19)
第二节 转换的精髓:化 ·· (20)
  一、化的内涵 ··· (20)
  二、化的形式 ··· (24)
第三节 全译的策略:直译+意译 ···································· (37)
  一、直译 ·· (37)
  二、意译 ·· (38)

第四节　七大全译方法 (41)
- 一、对译 (41)
- 二、增译 (42)
- 三、减译 (50)
- 四、转译 (56)
- 五、换译 (67)
- 六、分译 (82)
- 七、合译 (89)

第三章　变译方法论 (94)

第一节　变译的轴心：摄取 (94)
- 一、吸取内容 (94)
- 二、改造形式 (95)

第二节　摄取的精髓：变 (96)
- 一、变的内涵 (96)
- 二、变的形式 (97)

第三节　变译的策略：变通+（全译）(98)
- 一、变通 (98)
- 二、全译 (104)

第四节　十二种变译方法 (104)
- 一、摘译 (104)
- 二、编译 (115)
- 三、译述 (142)
- 四、缩译 (147)
- 五、综述 (154)
- 六、述评 (163)
- 七、译评 (170)
- 八、译写 (181)
- 九、改译 (190)
- 十、阐译 (198)
- 十一、参译 (205)
- 十二、仿作 (211)

第四章　研究方法论 …… (218)
第一节　"三个充分"的研究要求 …… (218)
　　一、观察充分 …… (218)
　　二、描写充分 …… (224)
　　三、解释充分 …… (230)
第二节　"两个三角"的研究思路 …… (232)
　　一、"表里值"小三角研究 …… (233)
　　二、"语思文"大三角研究 …… (238)
　　三、两个三角灵活研究 …… (243)
第三节　从方法到学科的研究阶梯 …… (253)
　　一、方法探索 …… (253)
　　二、历史总结 …… (254)
　　三、理论创立 …… (256)
　　四、学科建设 …… (264)

参考与用例文献 …… (266)

后记 …… (276)

补记 …… (277)

导　言

一、方法

方法，汉语有多种说法，如"方"、"法"、"道"、"术"、"谋略"等。说某人入某行入了道，是说他方法上圆熟了。学科成熟的标志之一也在于方法的研究总结。方法比结论更重要，结论正确的前提是研究方法正确，两者是千里与毫厘的关系。

什么是方法呢？方法必含四要素：方法是人类认识世界、适应世界和改造世界并使得自身获得发展与进步的手段（刘蔚华，1989：20）。说得通俗些，方法是解决问题的门径、程序、手段等，具有获取、检验、运用、发展理论的职能。方法具有五性：

第一，目的性。方法服从服务于某个目的，包括目标、任务、要求、需要、意向等。

第二，规律性。方法是合乎规律的手段，是对事物规律的揭示。方法合乎规律，才能促进事物发展，使人类活动规范化、程式化、逻辑化。

第三，工具性。工欲善其事，必先利其器。方法为解决问题而设，科学方法有助于问题的解决，方法是通往成功的桥梁。

第四，对象性。一定的方法作用于一定的对象，反之，对象制约着方法的萌发、设计与推广。从对象出发、从实际出发，是产生和完善方法的关键。

第五，实践性。方法来源于实践，又高于实践。前者反映方法产生的根源，后者反映方法的推演和前瞻功能，方法可高居理论云端，也可远离实践一线，但不能不指向实践，缺乏实践根底最终不能指导实践的方法是无用的。

二、方法论

方法论是最有用的学问。贯穿于理论与实践的正是方法论，实践提升为理论，必经方法论的抽象，理论躬亲于实践，必以方法论为先导。

方法有层次，分侧面，各种方法可以构成方法论体系。从层次上讲，有特殊或具体的方法，有普遍或抽象的方法，后者是前者的概括与总结，前者一步步抽象，又可以形成后者；从侧面上讲，有适应甲领域的方法，也有适应乙领域的方法，多侧面并列，共构方法论体系。

按哲学的理解，方法论是认识和改造世界的根本方法的理论，包括哲学方法论、一般方法论和具体科学方法论。说浅一点，方法论即关于方法的理论与学说，是一种概括性的知识，从普遍意义上研究方法，其最底层是具体而细致的方法。科学的方法论，既研究从各种具体方法归纳出一般方法的过程，又研究从一般方法演绎出各种具体方法的过程。

方法论决定研究者从什么角度、以什么方式、提炼出什么观点或提出什么假设，在什么条件下作出什么结论。

三、翻译方法论

翻译方法论，是翻译及其研究方式方法的总和。国内外翻译方法研究似乎很多，只要用系统论去验察，会发现大都不成体系或不完整。对翻译方法科学系统的认识，就是翻译方法论。

翻译方法在翻译研究中占有突出的地位，它来自翻译实践又可指导翻译实践，是翻译理论研究的基本课题之一。包括两个方面：一是对翻译总的设想；二是解决翻译问题的具体方法（方梦之，2004c：100）。

研究翻译方法论之前，有必要研究翻译观。翻译观是对翻译的认识和态度。翻译观涉及翻译"怎么样"，阐释"翻译是怎样的"，即研究翻译的本质；翻译方法论研究"怎么办"，阐释"怎样开展和研究翻译活动"。翻译方法论与翻译观既有联系，又有区别。翻译观决定翻译方法论，决定翻译方法的选择。只有正确认识了什么是翻译，才能在其指导下正确地认识翻译现象，针对翻译活动采用恰当的翻译方法，此时此刻，方法才有可能上升为方法论。在翻译观与翻译方法论的互促互动过程中，因主客观因素，常常发生偏离和失误，比如对严复的达旨术的误解就达百年之久。由于没有正确地认识变译大师严复的翻译现象，有人不敢对原作大幅度地变通，有人不敢教给学生摘译、编译等大量变通原作的变译方法，据文军（2005：60）调查，甚至有个别老师否认变译属于翻译范畴，这是对翻译本质的认识不足所致。

翻译本质的厘定应概括而不空泛，具体而不烦琐，专业而不深奥，易懂而不俗套。试定如下：

> 翻译，指人或机器将甲语文化信息变化为乙语以求信息量相似的思

维活动和语际活动。

以译作与原作的相似程度为准，可将翻译分为一对新范畴：全译与变译。

全译，指人或机器将甲语文化信息转化为乙语以求风格极似的思维活动和语际活动。

变译，指人或机器根据特定条件下特定读者的特殊需求，采用变通手段摄取原作有关内容的思维活动和语际活动。

翻译是追求译作与原作相似的活动，包括全译和变译，全译观是转换观，变译观是摄取观，相应的方法是全译方法（直译＋意译）和变译方法（变通＋〈全译〉）。

面对原作，不论是有意识还是潜意识地，译者都会考虑译法的问题。是全译，还是变译，是采用全译下的对、增、减、转、换、分、合七种策略之一，或综合用之，还是采用变译之下的增、减、编、述、缩、并、改、仿八种策略之一，或综合用之，都是具体语境下的抉择。这一抉择涉及翻译活动的方方面面，里里外外。研究翻译，不外乎研究翻译的主体、行为、过程、客体、结果、背景、影响等，既涉及翻译方法的选择，也涉及翻译研究视角的选择；既涉及微观和宏观研究，也涉及实践和历史研究，还涉及理论和学科研究。（杨自俭，2002）综合英汉语有关方法的界定，将其定义为："方法是人类认识世界和改造世界的思路、途径、方式和程序。"并由此认为它包括"认识方法、表达方法和实践方法"，是"为实现目标服务的一个分层次的有机系统"。可见，翻译方法论包括翻译实践方法论和翻译研究方法论两大领域（见图1）。

$$\text{翻译方法论}\begin{cases}\text{翻译实践方法论}\begin{cases}\text{全译方法论（直译＋意译）}\\\text{变译方法论（变通＋〈全译〉）}\end{cases}\\\text{翻译研究方法论}\end{cases}$$

图1 翻译方法论体系

全译方法论的核心是信息转换，转的是内容，换的是形式，转换的策略是直译＋意译，其精髓是求"化"，以化求得译文与原文最大限度的"似"。求似的全译方法有七类：对译、增译、减译、转译、换译、分译、合译，还可向下位细分。变译方法论的核心是信息摄取，抽汲的是内容，改造的是形式，摄取的策略是变通＋（全译），其精髓是求"变"，以变求得译文满足读者的最大需求。求变的变通手段有八种：增、减、编、述、缩、并、改、仿，由之演绎出十二种变译方法：摘译、编译、译述、缩译、综述、述评、译评、译写、改译、阐译、参译、仿作。

　　翻译研究方法论指"三个充分"的研究要求、"两个三角"的研究思路和从方法到学科的研究阶梯。"三个充分"包括观察充分、描写充分和解释充分，分别对应于翻译现象研究、翻译规律研究和翻译原理研究；两个三角的"小三角"为表—里—值，即语表形式—语里意义—语用价值，这是微观研究视角；两个三角的"大三角"为语—思—文，即语言比较—思维转换—文化交流，这是宏观研究视角。根据需要和可能，任何学者可从点（任意1角）、线（任意2角）、面（任意3—4角）、体（任意4—6角）对翻译进行研究。

　　"据我看，'怎样译'的问题远远不是一个已经完全解决了的，因而已经不复存在也不值得研究的问题。近几年关于翻译质量下降的抱怨之声时有所闻，'怎样译'的问题现在是不是更值得翻译理论家关注，并切实努力帮助解决呢？"（罗进德，2007）翻译方法得以总结，翻译研究也就开始了。翻译方法和翻译史丰富、发展到一定程度，可以产生系统化的理论，或者从理论出发，演绎构建理论体系。理论体系的进一步系统化，可以形成一门学科。方法→历史→理论→学科，是翻译方法逐步从实践上升为学科的一般研究历程。

第一章 翻译求似律

第一节 似与求似律

一、翻译相似律

拿任何两种语言之间的翻译来剖析，译作与原作既不等值，也不等效。

持等值说者，国外典型有苏联的费达罗夫（Фёдоров，1953）等，国内典型有吴新祥等。等值翻译"不但要求译作与原作有相同的信息、相同的思想、相同的形象、相同的意境、相同的情调，而且要求有相同的言语节奏、相同的言语风格、相同的言语韵味、相同的言语美学价值"。"绝对相等是理想，但是争取最大等值（即'最大近似等值'）则是一切好的译作必须努力争取达到的目标。"（吴新祥、吴宏安，1990：1—2）"争取""最大等值"、"最大近似"、"努力"等字眼已表明"等值"只是一种理想，自相矛盾，作者也只是要求译者尽力而为之，这与"等"字相悖，选用汉字还可以斟酌。

持等效说者，国外典型似乎有奈达等，国内典型有金隄等。"同一信息，用两套不同语言，接受者不同，却要产生基本相同的效果，这就是等效翻译的主要原则。"（金隄，1998：26）"基本相同的效果"提升为"等效"，有失周延，不如避用"等"字。据李田心（2004）研究，奈达"翻译"概念的汉译有严重的错误，尤其是"对等"两字。西方学者威廉姆斯（Williams）和切斯特曼（Chesterman，2004：55）对奈达的 dynamic equivalence 的理解也包括求似的思想（the idea of achieving a similar effect）。

请观察同一作品的两种译文：
全译文：

伊丽莎奋不顾身地逃过俄亥俄河，正是暝色苍茫时分。<u>河面上缓缓升起了一片灰蒙蒙的暮霭；她一上岸之后，就完全消失在晚雾之中。</u>波涛汹涌的激流以及大片横冲直撞的浮冰，在伊丽莎和身后的追兵之间，形成了一重无法逾越的屏障。因此海利只得沮丧地、慢吞吞地回到小饭店里去再作计较。<u>老板娘为他打开一间小客堂，里面铺着一块破旧的地毯，地毯上面摆着一张桌子；桌子上铺着一块发光的黑油布，周围有几把瘦长的高背椅子；壁炉架上摆着几个鲜艳夺目的泥菩萨，炉子里还微微有点冒烟；壁炉旁边放着一张硬木的长睡椅，</u>显得地方很局促。海利坐在这把睡椅上，叹着人生多变，好景不长。（黄继忠译。下划线为引者所加）

变译文：

意里赛既脱险，天已向黑，海留犹怒立河岸视之，模糊不可复辨。然大河亘其前，万不能涉。因叹息至意里赛所住之逆旅，主人许店人除一舍处之。海留独居静念，以为天下事多捉摸不定。（林纾译）

林佩璇（2003）指出，文中两处描写与本段的主要情节——"追踪"关系不大，略去不影响读者的总体感觉和理解，林译去之，显得更清晰简洁，证明林译是成功的变译。

同一句话，用古文说，用现代文说，意同形不同，味道也不同；有时形式不同，也会影响内容等同。语内转换尚且如此，语际转换更不用说。就上一例，如果再找几个全译本，断然不会有两个完全相同的译本，要有，很可能是剽窃之作。既然没有相等的现象，也就不要强用"等 X"之类的概念，汉语可用内涵丰富的词概括——"似"。译作与原作之间只有似的关系。

换言之，译作与原作之间存在相似律，即译文与原文接近或相像的规律。似的程度有大有小，可用隶属度表示。设译作与原作完全等值（实为不译）为1，完全不等值为0，则有九个层次：

等	极似	很似	相当似	较似	有些不似	比较不似	相当不似	很不似	极不似	不等
1	.9	.8	.7	.6	.5	.4	.3	.2	.1	0
原作	全译		变				译		无用之译	

九个层次中，全译标准趋于极似，变译标准在极似之外的八个层次中，简称为"特效"。

二、翻译求似律

翻译相似律，这是从静态看翻译结果，表明译作与原作之间呈相似关系。若从动态看翻译过程，则是追求相似的过程，翻译求似的规律简称为"翻译求似律"。全译求极似，变译求特效。

全译如何求极似？译者需要发挥高超的转换艺术，即转移内容，更换形式，其精髓就是化，要采取的策略有直译+意译，要采用的方法有对译、增译、减译、转译、换译、分译、合译等七种；变译如何求特效？译者需要施展巧妙的摄取艺术，即吸取内容，改造形式，其精髓是变，要采取的策略有变通+（全译），要采用的方法有摘译、编译、译述、缩译、综述、述评、译评、译写、改译、阐译、参译、仿作等十二种。

全译包括理解、转换和表达三阶段，变译包括理解、变通+（转换）和表达三阶段，理解涉及语表形式—语里意义—语用价值三要素，转换或变通+（转换）涉及语里意义和语用价值两要素，表达又涉及语用价值—语里意义—语表形式三要素（见图2），其中表—里关系是主体，表—值关系为次体。全译中如果语值因素不强，或视为零，表里值关系可简化为表里关系（黄忠廉，2008）。

图 2　翻译求似过程

图中：原表——原语语表形式　　原里——原语语里意义　　原值——原语语用价值
　　　译表——译语语表形式　　译里——译语语里意义　　译值——译语语用价值
　　　原表≠译表　原表～译表　　原里≈译里　　　　　　原值≈译值

结合上例，由图2可知，原语与译语之间语表形式的关系是虚的，变化很大。语里意义和语用价值的关系是实的，变化可小可大。小，反映的是全译的关系，体现了全译的转换机制：转移的是意义，变换的是形式，好比空气换了容器，佳酿换了器皿；大，反映的是变译的关系，体现了变译的变通机制：摄取的是意义，改造的是形式。原语表里值与译语表里值之间不是对称关系，即译作与原作之间是相似关系，所以中间的中转轴是虚设的。全译中表里值三者求似程度不一，重要性有别，从大到小为：语值求似＞语里求似＞语表求似。

由图 2 看翻译求似的理解机制：

原$_表$→原$_里$：原文由表及里，获得原文的语里意义或发现有用的意义；

原$_表$→原$_值$：原文由表及值，获得原文的语用价值或发现原作对译语读者的价值；

原$_表$→原$_里$→原$_值$：原文由表及里，再到语值，在表里统一的基础上获得原文的语用价值或原作对译语读者的价值。

由图 2 看翻译求似的转换机制：

原$_里$→译$_里$：原语的语里意义变化为译语的语里意义，变化有两层意思：一是语里转化过去，二是变通过去，部分语里发生变化，结果意义上与原文相似。

原$_值$→译$_值$：原文的语用价值变化为译语的语用价值，变化有两层意思：一是语值转化过去，二是变通过去，部分语值发生变化，结果风格上与原文相似。

原$_表$→译$_表$：原文的语表与译文语表的虚实对应，虚对应主要表现为微观形式（如语音、词汇、语法等）的对应，实对应主要表现为宏观形式（如体裁、篇章结构等）的对应。

由图 2 看翻译求似的表达机制：

译$_里$→译$_表$：由里及表，原作全部或部分语里意义获得译语语表形式；

译$_值$→译$_表$：由值及表，原作全部或部分语用价值获得译语语表形式；

译$_值$→译$_里$→译$_表$：由值及里，再到语表，在值里统一的基础上全部或部分获得译语语表形式。

第二节　全译求极似

翻译的内在规律是"似"，拥有自己的内涵与结构。

一、近似与胜似

似，即相似，指译文与原文的接近程度。黄忠廉（2000：148）以原文为参照系，将古今中外的译文与原文的似归为两类：一是译文不出其内，即"近似"，二是译文出乎其外，即"胜似"。"近似"占绝对的主导地位，"胜似"占次要地位。

（一）近似

近似，《现代汉语词典》（2002）解释为："相近、相像但不相同，接近于。"全译的"近似"指译文与原文最大限度地接近而非等同。

对于翻译，林语堂（罗新璋：426）曾客观地指出："一百分地忠实，只是一种梦想，翻译者能达七八成之忠实，已为人事上可能之极端，因为凡文字有声音之美，有意义之美，有传神之美，有文气文体形式之美，译者或顾其义而忘其神，或得其神而忘其体，决不能把文义文神文气文体及声音之美完全同时译出"，这"七八成之忠实"难道不是一种近似？

翻译是译者对原作的"二度创作"，是原作的近似反映，而不是复制。全译是译者将原语文化信息转换成译语的一种复杂的思维活动和语际活动，由于译者、思维、文化及语言本身等因素的影响与制约，这一信息转换的结果即译文必然会发生一定程度的变形与扭曲，原文的信息在转化的过程中必然受损，无论是其形式、内容还是形式和内容的统一体——风格，都不可能与原作"等值"，只能做到"求似"，首先是近似。而就文体来说，文学、社科和科技三种文体对内容转移的要求是一致的，对形式的变换要求则不同：文学作品的形式传达难以求全，社科作品基本上可以达到，科技作品绝大部分是可以置换的。所以在三种文体的翻译中，译作与原作求似的程度为：文学翻译较小，社科翻译居中，科技翻译较大。

（二）胜似

胜似，《现代汉语词典》（2002）解释为："胜过，超过。如：不是亲人胜似亲人。"全译的"胜似"指译文超出胜过原文。

"似"，一般人只看到"近似"，往往忽略甚至否认"似"的另一内涵——"胜似"的存在。据《现代汉语小字典》，词条"似"除"像、如同"义项外，还有义项"表示超过"。古今中外大量翻译实践表明：胜似是一种客观存在的现象，不以人的意志为转移，因为译者首先是读者，不可避免地要欣赏和批评原作，将其认识融入译文，这必然产生超出原作的地方。此外，作为读者，译者也会在解读原作的过程中挖掘到作者还没有意识到，但已朦胧表现出的东西，见诸笔端。

"胜似"产生的另一种原因是译者运用译语的本领超过原语。如波德莱尔用法语翻译艾伦·坡的诗，人们觉得比艾伦·坡的原诗更为出色，因为一个是平庸的美国作家，另一个是天才的法国诗人；传说歌德认为纳梵尔所译《浮士德》法文本比自己的德文原作来得清楚；Immensee 郭沫若译为"茵梦湖"被公认为胜于原作（张泽乾，1994：20）。钱钟书（1979）也曾说过："我第一次发现自己宁可读林纾的译文，不乐意读哈葛德的原文，理由很简单，林纾的中文文笔比哈葛德的英文文笔高明得多。"与译作胜过原作的现象相仿的另一种现象是译作对原作的"提高"，具体来说也即是对原作的"雅化"，如有的莎士比亚的译本，译者把原作里的许多蠢话、粗话和可笑的对话都作了"提高",译作因此比莎士比亚的原作"更为庄重,更为高雅"。

钱钟书的"化境说"(郑海凌,2000:105)一方面肯定译者的创造性,另一方面指出译作超过原作的可能性。西塞罗认为,翻译不应以原文为中心,依样画葫芦,而应当是一种创作,不仅要与原作相媲美,而且要尽可能在表达的艺术性方面超过原作,在他看来,翻译的主要目的不是"诠释"、"模仿",而是与原文竞争。我国的许渊冲也提到"译文应与原文竞赛"。"胜似"突出地表现在文学翻译中,更为集中地表现在诗歌翻译中,特别当原作并不完美时,由于译者主观能动性的发挥,会把其译为完美之作,胜过原作。普希金就是这种实践者,他将法国诗人帕尔尼平庸的即兴诗歌译成赞颂美和青春的动人颂歌,费达罗夫评价说,读他的翻译和改译,只把它当作创作的作品来读,因为译作超过了原作(Федоров,1953:34)。而译作在文笔上优于原作,是"笔补造化,人定胜天"的美学思想的具体体现,从翻译实践的角度证实了译者的创造性在译作的艺术生成中的作用。

二、意似、形似、风格似

原文有形式和内容之分,而形式和内容的统一则构成作品的风格,所以,译文与原文的"似",无非是意似、形似和风格似。

(一) 意似

意似,指与原作内容的似,是似的基础,因为任何翻译的目的都是为了让译语读者了解异族文化,内容信息最大限度的传递是其首要任务。

内容是指反映在作品中的客观社会生活和对它的认识、感受、评价、态度等主观因素的总和,包括题材、主题、人物、事件等要素。原作中信息内容最小的元素是词,词又是概念的语言载体,而词在言语交际中的信息容易增值、转换、变异,这种语义变化会使意义本身和作者的原意受到增减。语句是词的有机组合,是言语交际中最小的交际单位,一个句子的意义是由组成句子的词的意义加上结构意义(也称语法意义)而构成的,而各民族由于受思维方式、语言本身等因素的制约而表达法各异,所以在语际转换中,意义的损失是不可避免的。再者,译者在对原作进行解读和传达的过程中,由于其本身及其他因素的影响,容易造成对原文内容信息的增减或变异,所以,翻译过程中原文的内容信息是不可能完整传达的,译文相对于原文,或过之,或不及,都是接近原作,这就是意似。

(二) 形似

在求得译文与原文意似的基础上我们还应该尽量保持原文的宏观和微观

结构，这便达到了译文与原文形式的似，即形似。

形式是内容诸要素统一起来的结构或表现内容的方式，是原作的组织方式和表现手段，包括体裁、结构、语言、表现手法等要素。就原作的宏观形式而言，由于各民族对体裁的划分大体一致，所以原作的体裁可以在译语中找到对应的表现，而结构虽在不同的语言作品中存在差异，但它只是作品的外在表现形态，也不致造成读者理解的障碍。可见，翻译中原作的宏观形式一般是不变的，形式转换主要涉及的是作品的微观形式，即话语的表层结构语言层面，如音韵节奏、句式结构、修辞手法等。而形式与内容是辩证统一的，内容决定形式，形式为内容服务，又反作用于内容，形式的优劣制约着内容的表达。因为形式不单纯只是表现内容，而是对内容的深刻化、形象化、生动化、感人化（包括加强逻辑性、条理化和说服力）等，都起着十分明显的作用。翻译文学作品，不忠实于原文形式，就不能充分忠实原作的内容，原作是内容和形式的统一体。但在传译时片面地拘泥于形式必然也会损害原作内容。至于译文的形式，我们不能强求它处处与原文的形式一致，应该根据不同的情况，根据内容的需求和译语的语言规范找到相应的语言手段和表现手法。翻译中形式的变动与否首先是根据译语思维要求，其次是取决于原文形式特色，但是如果作者非常注意句子结构对内容的作用时，则要以反映原文句子结构特色为主，再考虑如何用译语表达得更顺畅些，如托尔斯泰的长句，契诃夫擅长的短句，马雅可夫斯基独特的"阶梯诗"等。

（三）风格似

"风格"一词来源于希腊文，有"木锥"、"石柱"、"雕刻刀"等含义，希腊文取最后一意并引申，最后表示以文字修饰思想和说服他人的一种语言方式和演讲技巧。从汉语词义上看，"风格"最初指人的作风、风度、品格等，后来才用于文学创作。在我国，用"风格"来概括人的个性和文学创作的特点，始于魏晋南北朝时期，这也是我国文学理论批评史上开始形成比较系统的风格理论的时期。据《辞海》（1989）：风格是作家、艺术家在创作中所表现出来的艺术特色和创作个性。作家、艺术家由于生活经历、立场观点、艺术修养、个性特征的不同，在处理题材、驾驭体裁、描绘形象、表现手法、运用语言等方面都各有特色，这就形成作品的风格，风格体现在文艺作品内容和形式的各种要素中，是内容和形式的高度统一，所以，在意似和形似的基础上它们的高度统一就形成了风格似。

在翻译中由于语际转换的制约和译者的介入，译作的风格已不可能等同于原作的风格，而是一种综合风格。如果考虑译者对原作风格的理解与原作风格存在一定差距，加之原作风格确有一些不可译的因素，所以原作风格在翻译过程中不可避免地发生一定程度的变化。风格的可译性有一个幅度，完全彻底、百分之百地传达和再现原作风格只是一种理想，任何成功的风格翻译也难免有一定程度的失真和走样，只能求得最大限度的"相似"。

就文体来说，文学作品的翻译对风格似的要求更高一些，非文学作品的翻译主要是达到意似，形似只是尽力而为，而文学作品的翻译则要求在意似的基础上做到形似，使两者达到高度统一，最后取得风格的"似"。风格翻译关注的中心是原作风格意义的所在，以及在对原作风格意义分析的基础上获得译作风格对原作风格的"适应性"，即它研究的不仅是原语的风格表现手段，还包括如何使译文在与原语的对应中力求在风格表现上做到"恰如其分"，做到"相似"。风格的翻译同时兼顾两个方面，即原作的词、句型、修辞手段和艺术手法形成的总的情调或神韵，还有作品的内容，因为它是风格形成的内在因素。要再现原作风格必先求得译文同原文的意似，而内容外在表现为形式，风格总是通过形式的特点，主要是通过语言表现的特点呈现出来的，因此风格似的主要手段是求形似。经验表明，能够较好地传达原作风格的译文往往在语言形式上与原作是十分贴近的。

第三节　变译求特效

一、"三特"求特效

变译的特效指变译产生的特殊效果。变译指译者根据特定条件下特定读者的特殊需求，采用变通手段摄取原作有关内容的思维活动和语际活动。"根据特定条件下特定读者的特殊需求"简称为"三特"。三特追求的是有的放矢，针对性强，即针对读者的某种特定需要，采取有针对性的变译方式。

（一）特定条件

变译是达到特定条件下的特定目的的一种语际行为。翻译本身就有交际对象的转变，交际环境、时地文化背景等均发生了改变。这一变化导致翻译这一交际行为进入特定的条件。

外来文化能在异域文化中生存下去，关键在于能适应环境和条件。原作的适应性是指它对特定社会条件的适应。按全译的做法，它所设定的对象和条件与翻译的现实条件有差距时，就显出无法直接满足现实的缺陷，出路只有一条：变通。这表明变译一开始受制于翻译的初始条件。

就变译而言，同一原作对不同读者有不同的变通的可能性，不同的人可能需要不同的译本，这种可能性包含着各种现实性，在一定条件下，可能性会转化为现实。常说的因时制宜、因地制宜、因人制宜，都是指根据形势、条件、环境、情况制定变通对策。正是因为实际情况和具体条件不同，同一原作可采用不同变译策略。变译的特定条件是影响变译发生发展的外在因素，变译的十二种方法均受制于特定条件。

（二）特定读者

翻译原作，是不分对象地和盘托出，还是据不同的对象有所选择好呢？有时选择前者，有时选择后者，取决于读者。前者面对的是广大的读者，后者面对的是特定读者。

变译这一交际行为除了交际条件转变之外，还有读写对象的转变。具体说来，变译根据特定读者采取的变通策略，均是出于对接受者文化、社会、地理等客观条件，以及政治制度、生活习惯、欣赏习惯等主观因素的考虑，因此如何为政治、文化环境不同的受众提供译作是每个译者需要研究的。《读者文摘》除用15种文字出版外，还有各种文字分出不同版本，如英文版有美、英、澳、加、新、印、亚版，其原因是出于对他国受众政治文化背景的考虑。

在变译中，原文不再是变译的决定性因素，而只是必要因素，因为译文可直接为特定读者产出，如旅游变译、外宣变译、广告变译等，好比是来料加工，原作仅是原材料而已。变译者不再是全译要求下的以文字转换为主的操作者，他首先是文化交际专家，其次才是语言专家，像严复这样能为读者考虑的文化大家，一般人难以企及。

由此观之，"读者中心论"在变译中得到了最大限度的彰显。

（三）特殊需求

诗的音乐性仅仅为了诗自身的音乐需要，属于自律性，与之不同，歌词的音乐性则更多出自于谱曲演唱的需要，属于他律性。与之相似，变译既要照顾文本转换自身的内在规律，又要受制于特定条件下特定读者的需求。只有通过对现实的某种适应，才可能真正满足某种需求，适应始终受制于需求。

有人把翻译学归于传播学，有一定的道理。了解读者，尊重读者，服务读者；说话要注意对象，宣传要讲究方法。要想达到对外宣传的目的，首先必须了解读者，弄清他们的喜好和需求，研究他们的思想方式和接受能力，据其现实需要和实际情况，有针对性地选择相应的传播内容，确定恰当的传播方式，进行有效的对外宣传（刘继南，1999：12）。变译同理。

二、多快好省，有的放矢

总体上讲，变译的特效是有效地吸收国外信息，表现为：多、快、好、省、有的放矢。

（一）多——信息密度大

借用"比重"一词，信息比重大指减小译作载体，力争加大信息容量与载体的比例。根据国际物理协会1978年有关文件，我国已取消比重概念，用密度替代，仍指重量与体积的比值。用于变译中，信息密度可指信息的含量与载体篇幅的比值。而提高语际信息传播的密度，好比是提高液体的密度，这一特效可归结为"多"。"多"又表现为：

第一，信息的去冗。譬如，摘译删除冗余信息，有用信息更加突出，信息密度加大。摘译还不能如意，就编，继续挤掉水分，还不行，就转述。在删、编、述之后，译文还显松散，就浓缩。

第二，信息的提炼。排除原文的杂质，优化译文的结构，篇幅未变，内容更纯，效果就大增，编译和译述的功用正在于此。

第三，信息的增加。在原文信息的基础上加上阐释，或者补写相关信息，信息量更充分、更充足，单位信息密度更大了，比如多篇编译、综述、述译等变译方法。多篇相关文献的综合，虽说信息量与幅度同时有增有长，但幅度的增长量总比信息增长量要小，其成品的篇幅相对于原来几篇乃至几十篇文献大大减小，信息密度大大增加。

（二）快——传播速度快

变译来得快、巧、集中，因而具有短平快的特点，投入相对小，时间少，产出快。这一特效可归结为"快"。"快"表现有三：

第一，短时。全译有时难以与网络化时代匹配，会占用译者的时间，延误出版的周期，耽误读者的光阴。而在变译中，冗余信息的删除和挤掉，如摘译、编译、缩译等；有用信息的组合与优化，如综述、述评等；新旧知识的结合，如译写、阐译等，都会加快信息的传播、吸收与运用的进程，进而有效地服务于读者和社会。

第二，直通。变译采用了译语读者喜闻乐见的形式，不再像全译那样全部译出，由读者自己去选择所需的信息，而是加入了译者更多的脑力劳动，直接译出有时甚至是附加读者所需的信息，直通读者的需求，减少了读者曲线追求信息的过程。

第三，速效。变译见效快，尤其是在实用翻译领域。一部小说获诺贝尔奖，迅速缩译，告知国人；一项科技发明申请了专利，立即将其技术核心摘译或译述出来，也可促进国内技术的发展。《时间简史》出版了，畅销国外，为了普及科学知识，在获得版权和作者许可之后，译者可以在原作基础上加图加例，使之科普化，这是译写，结果是科学传播的速度加快了，接受的效果也会比全译明显，接受面也会越来越宽。

（三）好——信息质量高

高质信息在当下越来越受到欢迎，质优才能赢得市场，赢得读者。这一特效可归结为"好"。"好"表现有五：

第一，量足。信息密度大，信息量相对充足。

第二，精当。使信息增值，做到小而优，快而优，以小搏大。

第三，适时。"好雨知时节，当春乃发生。"变译可以应时之需迅速译出所需的信息，而不是像全译，需要比较充裕的时间，才能拿出成品。在翻译现实中，经常有急就章式的翻译，这时常常采用变译，尤其是在新闻变译中。

第四，优化。在变译中，译者可以宏观把握原作，或因原作结构不佳，或因读者的阅读兴趣的需要，可以优化其结构，增强译作的功能。如编译时调整篇内结构，以便阅读。几篇原作间的组合，成为新篇，有序化之后便于阅读。

第五，有效。经验丰富或市场意识强的译者对原作一般会去粗取精，避陈词滥调，抓信息的实质，译得精短，简单明确，弹无虚发，给读者有效的信息。

（四）省——省时省力省篇幅

再爱书的人，也会慎读长篇，慎购厚书。面对现实，变译可考虑三"省"：

第一，替译者省气力。省译者的气力指节省译者翻译和书写或输入的精力与时间。试想，所译的文字并非读者所需，你愿意翻译不必要的文字吗？比如有的地方太艰深，需要解释一番；有的部分无用，有的部分太乱，这时费神的是读者。如果译者替读者着想，或征得他同意，变通一番，乐得轻松，岂不是两全其美。

第二，替读者省时间。相对于全译，译语读者所需的信息淹没在全文中，要费时找到所需信息，倘若替之找出摘出，或编辑后信息更集中，是不是更方便些呢？原作若废话连篇，水分欲滴，替读者浓缩，读者耗时是不是相对少呢？

第三，替出版省版面。出版的市场化，迫使出版界惜版如金，广大译者多半要服从出版的要求。

（五）有的放矢——针对性强

有的放矢就是针对读者的某种特定需要，采取有针对性的变译方式。思想怎么取舍，怎么表述，要看当时、当地的特定需要。想的虽然很完整、很系统，但在特定的条件下，也许你只取出某一侧面、某一重点，或某一精彩的片断来表述，效果可能会更好些。不看需要，无的放矢，是不能取得文化交流的好效果的。

第二章　全译方法论

第一节　全译的轴心：转换

　　汉语"翻译"所指的行为，英语称 translate，法语称 translater，俄语称 переводить，四者共指一种行为，即把某物的方向、位置、形式等变换一下，从一面到另一面，从一处到另一处，从一种形式到另一种形式传输某物（见图3）。

图3　翻译的时空流程

　　这种行为我们称作"转换"，翻译也是这种转换活动之一。由全译的本质可知，全译的中心是转换，转移的是内容，更换的是形式，这是全译活动的轴心。那么，转移的对象是什么？

一、转移意义

（一）转移的重心

　　全译的中枢单位是小句（黄忠廉，2005），思维的中枢单位是简单命题，对应于小句，所以语里意义以小句所对应的单位"表述"为中枢单位。另外，短语由词组成，小句也由词和短语组成，复句和句群由小句组成，所以语义关注的重心应是词义和（小）句义。

　　句义包括逻辑意义、语法意义和语用意义。逻辑意义包括实词意义和实词之间的语义关系；语法意义包括词语的语法形态、语序和虚词等语法形式所表现的意义；语用意义包括表达者的交际意图和交际价值。句义与词义的关系（见图4）。

　　由图4可知，词义融入句义，小句语义在语义含量上仍处于中枢地位。

```
                    ┌ 逻辑意义 ┌ 语义关系
                    │         │ 实词意义 ┐
                    │         │ 虚词意义 ┤ 词义
              句义 ┤ 语法意义 ┤ 语序意义
                    │         │ 语法形态意义
                    │ 语用意义 ┌ 交际意图
                    └         └ 交际价值
```

图 4　句义与词义的关系

在全译中，语里意义仅限于逻辑意义和语法意义，语用意义并入语用价值。所以，全译转移的对象主要是句义及其所含的词义。例如：

　　It was in August 1889. She was eighteen years of age, bright, timid, and full of the illusions of ignorance and youth.

　　那是一八八九年的八月，她年方十八，机灵而羞怯，满脑子是懵懂的年轻人的幻想。（王克非译）

（二）命题是转移的中枢单位

　　经过理解的原文是如何存储在译者大脑中的呢？主要是以命题存于脑中，而命题以概念系统和意象系统存在（王甦、汪安圣，1992：172）。概念系统和意象系统并存于大脑之中。两者是平行而关联的两个认知系统，有时意象系统占主导，有时概念系统占主导。

　　命题以概念系统为载体换装转移。所谓概念系统，即由概念以及概念之间的关系构成的意义系统，以一般知识为参照，可有形式结构，如语法结构，概念是其基本单元。概念系统注重概念的特征关系，具有局部分析性色彩。它所承载的语义是一系列特征及其关系。

　　最先被激活的是词所联想到的概念，概念又形成概念系统。那么，命题的换装转移，指用原语思维的命题换成译语思维，语言作为思维的工具，换了语种。因此概念系统会有些变化。如上例中的各词语，都会在译者大脑中激活相应的概念：1889——距今 100 多年前的某一年，she——一位女性，was——表示判断关系，eighteen years of age——刚步入青年的年龄，等等。这些概念之间又构成语义关系，如 she、was 和 eighteen years of age 构成一个判断。

　　概念系统一般可以转换为意象系统，只是抽象转为形象的程度不同而已。而命题可以意象系统为载体整体转移。所谓意象系统，即由意象以及意象之间的关系构成的意义系统，以个人经历为参照，以时空为框架，意象是其基本单元。意象系统注重原型的实例关系，具有整体综合性色彩。它所承载的语义是一系列的原型及其关系。

意象系统的整体转移指命题从原语思维换作译语思维，意象系统整个地转换。王甦、汪安圣（1992：197）认为，在命题树中，最底层为意象，对应于概念。所以命题树既可以表征为抽象的语义记忆，又可以表征为形象的情景记忆，只要情景记忆信息以命题表征，就可容纳个人经历的各种事件。如上例各词语均对应于大小不同的意象，各意象又构成了一个图景，浮现在译者的脑海里，是一个完整的情景，这一情景能完整地转移到译语世界，译者再用译语表达出来。

二、更换形式

（一）更换载体

从全译所追求的目标看，希望意义不受损耗，形式换上译语所应有的形式，如果原作形式具有特殊的语用价值，则力求兼顾原语作品的这一形式特征，倘若会因形害义，则舍形取义。所以，从根本上讲，全译是在力保意义不变的前提下更换语表形式。

用数学形式也许能说明这个问题，假设译作与原作的信息内容基本不变，译作则可以成为不同载体的语言作品，好比是同一个面积，可以画成不同形状的平面几何图形（见图5）。

图 5　全译内容与形式动态对应图

（二）更换微观形式

全译不改变原作的宏观形式，如体裁、结构等，更换的只是微观形式，如句、语、词等。现基于上例加以讨论。原文是句群，译文是复句。原文第二个句子是小句，变成了译语的流水句，在简洁程度上与原文有照应关系，同时也反映了汉语流水句的特征，原文一个主语至少管控了四个命题：

  She was eighteen years of age；
  She was bright；
  She was timid；
  She was full of the illusions of ignorance and youth.

汉译并没有将四个命题一一对应译出，也像原文一样，该省的地方省去了：

她年方十八,(她)机灵而羞怯,(她的)满脑子是懵懂的年轻人的幻想。

所以,全译中变化最明显的是言语形式,尤其是言语的微观形式,宏观形式一般都不会发生变化。

第二节 转换的精髓:化

一、化的内涵

(一)"化"之源流考证

在中国哲学范畴发展史中,变化作为该体系中较早出现的一个范畴,在其自身的发展过程中,经历了由单一范畴到对偶范畴的阶段。在先秦至宋明的各个历史时期,哲学家们对"变"、"化"从各自角度和意义上作了一些规定,但往往将变化当作一个共同的概念范畴加以使用,"变"、"化"互训,至今仍如此。"变"与"化"作为一对对偶范畴,其内涵逐渐与质变和量变的内涵相接近,而成为联系的中介范畴。

"化"早见于《中子化盘》:"中子化用保楚王",其本意是对人进行教化、化育,如《说文》:"化,教行也。"有以化为匕之转出,《说文》曰:"匕,变也,从倒人。"段玉裁注:"变者,更也。凡变匕当做匕,教化当作化。今变匕字尽作化,化行而匕废矣。"由人而推及自然、社会,"化"便有天地万物的化育和社会的教化。老子将"化"与道相联系,"道常无为而无不为。侯王若能守,万物将自化"(《道德经》第三十七章)。《周易·离象传》谓"化"意即生化、化成:"日月丽乎天,百谷草木丽乎土。重明以丽乎正,乃化成天下。"《庄子·齐物论》中"物化"是指没有物我的界限,万物融合为一。荀子将变化的对偶范畴与形神、天地、阴阳、同异等范畴相联系,并在以自然、社会现象说明变化对偶范畴的同时,对"化"的含义作了分析:"……状变而实无别而为异者,谓之化;有化而无别,谓之一实。"(《荀子·正名》)"化"即形异质同,是没有改变事物性质的渐化,正如《管子·七法篇》道:"渐也、顺也、靡也……谓之化。"杨倞注解《荀子》,把"化"解释为形变而质不变:"状虽变而实不为别而为异所,则谓之化。化者,改旧行之名。"张载把量变叫做"化","化言其渐",就是渐化。朱熹则把"化"规定为:第一,"化是逐旋不觉化将去";第二,"化是自阳之阴,渐渐消磨将去,故谓之化";第三,"阴化为柔,只凭地消磨去,无痕迹,故曰化"。(张立文,1988:423—453)

由是观之，"化"作为一种不显著的、细微的、不易为人所察觉的变化，是事物原有规定性的延续，是没有改变事物性质的渐化，它表现为事物的统一、平衡、静止等状态。

（二）"化"之语义诠释

钱钟书博通古今、横贯中西、纵览百家，在《林纾的翻译》一文的发端，从汉代文字学者许慎关于翻译的一段训诂出发，汲取中国古代哲学之"化"的精髓，借鉴古典美学和传统文论中的"意境"、"境界"概念，精辟入理、高屋建瓴地道出文学翻译的理想境界，历来为译家、学者所称引。

> 文学翻译的最高理想可以说是"化"。把作品从一国文字转变成另一国文字，既不能因语文习惯的差异而露出生硬牵强的痕迹，又能完全保存原作的风味，那就算得入于"化境"。十七世纪一个英国人赞美这种造诣高的翻译，比为原作的"投胎转世"（the transmigration of souls），躯体换了一个，而精魂依然故我。换句话说，译作对原作应该忠实得以至于读起来不像译本，因为作品在原文里决不会读起来像经过翻译出的东西。（钱钟书，2002：77）

综观哲学家界定之"化"和钱氏标举之"化"，可知全译之"化"至少包含以下几方面内容：

第一，"化"是一种易与不易、得与失兼备的量变过程。

由于中外语言在表达习惯及其所反映的思维模式、价值观念、风土人情等方面的差异，翻译中必然存在变易和不易的成分，包含得与失的元素，"不失本便不成翻译"，"安［道安］言之以为'失'者而自行之则不得不然，盖失于彼乃所以得于此也"（钱钟书，1999a：1236）。在全译过程中，译者"易"去的是原作的外形，或曰躯体，所进行的语言变易包括音、形的改变以及音形义结合方式的改变，形式的改变引起原作量的细微变化，其独特的话语方式、迥异的行文习惯、不同的审美介质，以及原作和译作之间的种种隔膜都渐渐消磨掉；"不易"的是原作的意义和内容，原作从一个语言世界转换到另一个语言世界，其实质内容却没有表现出根本性、显著性的突变。"化"是一种"得意忘言"的量变过程，是译作对原作的"状变"而"实无别"，流失的是形式，保存的是内容和精魂（余承法、黄忠廉，2006）。

第二，"化"包含两个层面：理想之"化"与实际之"讹"。

理论上，"出神入化"是译者的奋斗目标和努力方向，从艺术审美的高度揭示文学翻译的最高理想，对于改善文学翻译质量、提高文学翻译水平，具有里程碑式的指导意义和鞭策、激励作用；实践中，"彻底和全部的'化'是不可实现的理想，某些方面、某种程度的'讹'又是不能避免的毛病"（钱钟书，2002：79）。

求"化"的过程是一个不断避"讹"、不断化解语言冲突和隔阂的过程。入"化"的译作应该忠实于原文而不应有任何偏离，人们通常认为"化"与"讹"是翻译中的一对对立范畴，"化"不能容忍"讹"，有"讹"则不足为"化"，这不能不说是对钱先生"化境说"的一大误解。其实，由于"一国文字和另一国文字之间必然有距离，译者的理解和文风跟原作品的形式和内容之间也不会没有距离，而且译者的体会和表达能力之间还时常有距离"（同上），有的译者进行"创造性叛逆"，迫不得已对原作作出某些改变可能导致的"讹"，并非纯粹的误读、误译，而是创造性的误读、误译，是他明知故犯对原作进行的艺术再加工，原作也因此获得了生命的丰富、拓展和延续。此种"讹"更是另一境界之"化"。因此，有"化"必有"讹"，"讹"寓于"化"之中，两者并存于具体的翻译实践过程。

第三，"化"是"真"和"美"的有机统一。

"信"无疑是"化"的第一要件，这可以从钱氏对"化"的诠释得到印证："把作品从一国文字转变成另一国文字，既不能因语文习惯的差异而露出生硬牵强的痕迹，又能完全保存原作的风味。"（同上）入"化"的翻译，强调译作对原作的忠实性——忠实得以至于读起来不像译本，强调译作的"透义性"——译作如水晶般透明，一个语言世界中的读者借助于译作认识另一个语言世界时，并不感到译作的存在（胡范铸，1993：267）。钱氏曾言简意赅地界定"信"的内涵："依义旨以传，而能如风格以出，斯之谓信"，接着他又发人深省地阐明信、达、雅三者之间的辩证关系："信"位居第一，包括"达"和"雅"，"达"、"雅"是"信"的必要非充分条件，求"达"才能保证求"信"，而"雅"并不只是为了起润色和藻饰作用，"译文达而不信者有之也，未有不达而能信者也"（钱钟书，1999a：1101）。因此，"化"与"信"正相通，求"化"首先在于求"真"。

与此同时，求"化"更是为了求"美"。"求美"的翻译概念，生发于以"信"为本的翻译传统，正在形成一股引人注目的诗学潮流，而"化境说"则在这种诗学潮流中起着推波助澜的作用（郑海凌，2001）。译者忠实于原作并不是要亦步亦趋，译得矫揉造作，而是在对原作融会贯通的前提下，通过自己的审美判断和选择，对原作进行艺术再创造。"化"强调译作的审美艺术效果，要求译作达到精妙超凡、至善尽美的境界，从而将文学翻译推向艺术的极致。许渊冲在谈到译诗时曾指出："求真是低标准，求美是高标准；真是必要条件，美是充分条件；……如果真与美能统一，那自然是再好没有。"（许渊冲、许钧，2001：52）这种"再好没有"的真与美的统一就是"化"，求"化"即是"从心所欲不逾矩"。因此，"化"作为对"信达雅"的突破和发展，是原作在译语中"真"和"美"的再现，是翻译艺术的理想境界和极致追求。

第四，"化"兼有"师法造化"和"笔补造化"。

西方造艺之两大宗"模写自然"和"润饰自然"，主张各异，但钱氏认为"二说若反而实相成，貌异而心则同"（钱钟书，1999b：60—61）。是言以译事，更见其旨趣。造艺之"师法造化"，"以模写自然为主"，"以为造化虽备众美，而不能全善全美，作者必加一番简择取舍之功"（同上）。译艺之"师法造化"，并非指译者完全丧失自我，仅仅充当原作者"忠实的奴仆"，而是指他以积极的态度理解自己的身份地位，对原作者的服从是有选择性的，其前提是他须具备相当的社会阅历、敏锐的洞察力、充分的鉴赏力、取舍的功力、精湛的语言表达力。因此，译者并非总是处于绝对的顺从地位，而是可以有自己的主体参与意识，并发挥积极的能动作用。

钱氏"笔补造化"的翻译美学思想，一方面指译作超过原作的可能性，翻译史上有不少佳译可以为证，最典型的便是林纾的翻译，还有波德莱尔译艾伦·坡短篇小说的法译本，《冰雪因缘》的法译本，纳梵尔译歌德《浮士德》的法译本，弗莱理格拉德译惠特曼《草叶集》的德译本，等等，不胜枚举；另一方面，也肯定译者的主观能动性和创造性，译者在艺术化的翻译中充分发挥艺术创造力，借助灵感的神来之笔对原作进行美化，得其"精"而去其"粗"，得其"意"而忘其"言"，入其"内"而出其"外"。

（三）"化"之实质厘定

揭开"化"的神秘面纱，将其纳入具体的实践操作层面，我们发现作为全译转换精髓的"化"，其实质就是求得译文与原文最大限度的似，即"极似"。"似"是指译文与原文之间的接近程度关系，可分为"近似"和"胜似"（黄忠廉，2000a：148）。所谓"近似"，是指译文在整体上略逊色于原文，"不出其内"，即钱氏所谓"好的翻译，我们读了如读原文"（钱钟书，2003：113）；所谓"胜似"，是指译文胜过原文，"出乎其外"，即钱氏认为的"译笔出原著头地"，许渊冲主张的"发挥译语的优势"、"译作跟原作的竞赛"。

对于翻译求"似"的层次，无论是采取二分法（神似、形似），还是三分法（神似、意似、形似），"形似"和"神似"一直是译界关注的对象，并且在两者的关系问题上，从理论和逻辑方面可以设定为以下三种情况：

第一，重神似不重形似（以茅盾、傅雷为代表）；

第二，形神兼备（以徐志摩、江枫为代表）；

第三，形似即神似（以卞之琳为代表）（王宏印，2003：199—200）。

然而，遗憾的是，人们长期以来将"形"、"神"看做二元对立，对两者的概念界定也是见仁见智，莫衷一是。传统的形似、神似之论所犯的一个通病，就是割裂了形式与内容的有机统一，因为"仅有形似而无意似是无法谈神似的"（黄忠廉，2000a：166），同样，离开形似而一味追求意似也无法追求完整的神似。鉴于此，我们取意似、形似和风格似三个概念（详见第一章第二节），认为意似是全译的基础，形似不是全译的主要追求，风格似基于意似与形似的统一，常常是寓于形似。当然，就不同类型的文体而言，对意似的要求是一致的、根本相通的，即要求译作尽可能准确无误地传达原作的内容，对原语文本信息的转移尽可能做到"极似"。但对形似的追求则不尽相同，在层次上略显差异：文学作品的形式保留或再现只可做到"较似"，社科作品基本上可以达到"相当似"或"很似"，科技作品绝大多数可以做到"很似"乃至"极似"。

二、化的形式

钱钟书曾明确提出翻译中"化"的两种策略：一种是尽量"欧化"，另一种是尽量"汉化"（钱钟书，2002：78）。他既悬出"化"的高论，更是身体力行，在其著作中所征引的西方话语一律自译，语种之多（涉及中、英、法、德、意、西班牙、拉丁文等七种语言），文体之众（分为文言、白话、佛经体、明清话体等），笔力之高，非常人所能及，"皆矜持尽化，语迹俱融，诚入化之笔"（罗新璋，1996：167）。

根据全译过程的三个阶段（理解、转换、表达），结合钱氏的译论和译艺，可将译者求化的过程分成三个步骤：融化—转化—化合。首先，在理解阶段，译者必须"融入"原作的语境，跨越时空的界限和屏障，思作者之所思，想作者之所想，与作者心灵契合，进入忘我境地，透彻理解原文的语表形式、语里意义和语用价值；其次，在转换阶段，译者必须穿梭于原作者及其语言世界与译文读者及其语言世界之间，一方面适时转化身份，由与作者同呼吸的忠实读者转化为能满足译文读者期待的作者，另一方面又适时转换语言，从用原语思考转而用译语表达；最后，在表达阶段，译者必须化解原作与译作在语言表达、思维模式、文化背景、宗教习俗、风土人情等方面的差异、隔阂甚至冲突，将原语反映的世界图景，用译语传输给译语读者，并力争使译文的语言化合得天衣无缝，不留痕迹。

翻译策略并非随意选择,"与不同文化在不同时期适应各种翻译现象的方式密切相关,也与它性的存在所提出的挑战和为应对它性而需要运用的各技巧有关"(Bassnett and Lefevere, 2001: 12)。因此,全译求"化"包括常规的各种翻译策略,如增、减、转、换、分、合等六种。下面结合译例略作阐述,每种策略又可细化为若干具体的全译方法,详见下一节。

(一) 增

增,指语表形式看似增加若干语言单位,实际上增形未增意,旨在保证译文显豁。

为使译文既能准确完整地表达原语的语里意义,实现其语用价值,再现其风格,又能符合译语表达习惯,翻译时必须适当增词以"化隐为显",使译文顺畅自然、表达生动。这种语言单位的增加,或是因语法结构的需要适当增加量词、数词、范畴词、时间副词、句子中省略的成分等,或是因意义的需要增补合适的名词、动词、形容词、连词等,或是因修辞的需要增加某些描述性词汇、语气助词等,诚如钱氏(1999b: 61)所言:"顺其性而扩充之曰'补'。"试看他别出心裁的译例:

[1] Hunger puts an end to love, or if not hunger, time.

患相思病者之对治无过饥饿,岁月亦为灵药。(希腊古诗,《管锥编》第240页)

英语民族的抽象性思维必然导致英语中多用抽象名词,指称笼统,语意含混,而汉族的具象性思维模式倾向以实在的形式表达虚泛的概念,以具体的形象描绘抽象的内容(冒国安,2004: 348)。钱氏深谙此道,将抽象的love(爱情)形象地比喻为 lovesickness(相思病),将表概括性的 time 明晰为"岁月",进而将动词短语 put an end to 译为"治"。既然是"治病",补加"灵药"实乃必要,将治愈相思病的两副药方一并展现出来,淋漓尽致地再现原文深刻的寓意。

[2] In sleep the doors of the mind are shut, and thoughts come jumping in at the windows.

眠时心门键闭,思念不能夺门,乃自窗跃入室中,遂尔成梦。[苏格兰18世纪作家鲍斯韦尔(James Boswell)之语,《管锥编》第492页]

"心门键闭"(the doors of the mind are shut),"思念"因此无法进入,增加的"不能夺门"恰如其分地再现这种因果关系,而添加"入室中"正好与"思念"的来路("自窗跃", come jumping in at the windows)相暗合,

"遂尔成梦"更是将睡眠中缘起的思想和形成的梦境娓娓道来,如此添加看似"无中生有",实则是译者深入、透彻地把握原文,适当增加词语,用地道、精练的汉语彰显原文隐含的逻辑意义。

[3] A genius differs from a good understanding, as a magician from an architect; that raises his structure by means invisible, this by the skillful use of common tools.

天才与聪慧之别,犹神通之幻师迥异乎构建之巧匠;一则不见施为,而楼台忽现,一则善用板筑常器,经之营之。[英国18世纪爱德华·杨论诗(Edward Young)之语,《谈艺录》第411页]

"天才"和"聪慧"(a good understanding 的明晰化处理)看似抽象,实则钱氏用来指代"聪慧"和"天才"之人,"神通"和"构建"看似无中生有,却是他在精确把握原著内涵之后对"幻师"和"巧匠"两种职业的形象描绘,是典型的"添词不添意"。另外,钱氏将同一动作 raises his structure 具体化为"楼台忽现"和"经之营之",将 common tools 明晰化为"板筑常器",曲尽其妙地使原文的喻义显赫。

译者除了对浅层结构的语表形式添加之外,有时还必须努力挖掘句子的深层结构,借助对语篇内容的整体把握和文化背景的透彻了解,适当增补原文字面所包含的文化意蕴,从而确保译文准确、全面的表达,扫清读者可能因文化差异而产生的理解障碍。正如美国翻译理论家奈达(Nida, 1993: 110)所言:"对于真正成功的翻译而言,熟悉两种文化比熟悉两种语言更为重要,因为单词只有放在其作用的文化语境中才有意义。"

[4] It is built of wood with a thatched roof and has no electricity, so performance can only take place in summer daylight, as in the Bard's day.

原译:整个建筑是木架结构,屋顶铺的是茅草,而且里面没有电器设施。因此演出只能在夏季的白天进行,这和巴德时代的情况一样。

改译:整个建筑是木架结构,屋顶铺的是茅草,而且里面没有电器设施。因此演出只能在夏季的白天进行,这和当年诗人莎翁在世时的情况一样。(孟庆升译)

孟庆升(2003: 39)认为:将原文 as in the Bard's day 中的 Bard 音译为"巴德"会让读者不知所云,况且英国历史上并无所谓"巴德时代",这里的 the Bard 其实是一个用典,bard 原意是"诗人",由于莎士比亚的故乡是艾冯河畔的斯特拉福特镇,人们习惯称他为 the Bard of Avon(艾冯河畔诗人),因此他建议将这部分作如上改译。这种文化信息的增补实属必要,否则不仅不能再现原文的文化信息，反而可能误导汉语读者。但问题在于，仅仅将莎翁限定为"诗人"，似乎与原文中的 performance（"戏剧演出"）不太吻合，更何况莎翁闻名于后世的首先是他的三十几部剧作，其次才是他的诗歌。另外，根据原文内容，也可将"建筑"的相关信息作适当增添，试译如下：

> 试译：这是一间简陋的木屋，顶盖茅草，没有通电，只能在夏日演出，这跟莎翁当年的情形相仿。

（二）减

减，指语表形式看似省去若干语言单位，实际上减形未减意，旨在保证译文简练。

翻译家傅雷在长期的翻译实践中总结出东西方思维方式的差别："况东方人与西方人的思维方式有基本分歧，我人重综合，重归纳，重含蓄；西方人则重分析，细微曲折，挖掘唯恐不尽，描写唯恐不周：此两种 mentalité 殊难彼此融洽交流。"（罗新璋，1984：694）因此，英文中有些用语不厌其烦，经营词句妥当自然，语义表述也唯恐不尽，若逐词照译，势必有画蛇添足之嫌和累赘啰嗦之感，并且不符合汉语表达习惯。因此，必须酌情减词以"化繁为简"，"以减驭繁"，如从语法角度减省英语中常见的代词、连词、介词、冠词等，从逻辑角度删除表达多余或悖理的成分，从修辞角度省去原文中可能重复的同义词或近义词，使译文凝练畅达、简洁有力。

为使译文明净洗练而又意蕴犹存，钱氏（1999b：61）"删削之而不伤其性曰'修'"，以与《管锥篇》、《谈艺录》语体色彩一致的笔调，采用古汉语中常见的三言、四言、五言、七言等句式来翻译大量西文引语，鬼斧神工，砍削自如，删减有度，将原文简化为纯粹地道的汉文，并使译文与相关引文水乳交融，浑然一体，中西合璧。正可印证周作人之语："倘用骈散错杂的文言译出，成绩可以比较把握：译文既顺眼，原文意义亦不距离过远。"（罗新璋，1984：546）

> [5] Any emotion which attends a passion is converted into it, though in their natures they are originally different from, and even contrary to, each other.
>
> 两情相反而互转。［英国17世纪哲学家、历史学家休谟（David Hume）论情感语，《管锥编》第204页］

休谟为使表达的哲理清晰易懂，使用了较精确的词汇，如同义词 emotion 和 passion，近义短语 different from 和 contrary to，同时运用主从复合句，这是西文长龙句法的标志,也是西方哲理表述的要求。相比之下,中国人重思辨、重综合,古代哲学语言精练达旨,一语中的。故此,钱氏深得休谟之哲理,挥洒自如、大刀阔斧地将含有 25 个单词的英文复合句砍削为短短 7 个汉字的单句,译文长度不及原文的三分之一,含义却未遗漏半分,哲理无丝毫弱化,繁复的英文化作练达的汉语,此种驾轻就熟、妙笔生辉的译艺,非"文化昆仑"钱钟书莫属!

[6] But seven years I suppose are enough to change every pore of one's skin; Our bodies every seven years are completely fresh-materialed: the same and not the same.

人之骨肉发肤每七年悉换却一过。[英国小说家奥斯汀(Jane Austin)之语,《管锥编》第 477 页]

钱氏删繁就简,将原文两句化为一句,主语合并为"人之骨肉发肤",去掉 I suppose 和 the same and not the same 等无关大碍的内容,况且后者的语意已蕴含"悉换却一过"之中,言简意赅而又滴水不漏地再现原作信息。

[7] One man was maimed in his legs, while another has lost his eyesight. The blind man, taking the lame man on his shoulders, kept a straight course by listening to the other's orders. It was bitter, all-daring necessity which taught them how, by dividing their imperfections between them, to make a perfect whole.

一跛一盲,此负彼相,因难见巧,合缺成全。(希腊古诗,《管锥编》第 549 页)

钱先生以"一跛"和"一盲"对译原文首句的两部分,形式简化,意义未损,一个"此负彼相"将原文的第二个长句合译,妙不可言的是,颇为费神的末句居然在高明的译者笔下成了遗神存貌的"因难见巧,合缺成全"。假若直译,不免给读者带来呆板凝滞之感:"一人腿跛,另一人眼瞎。盲人搀扶跛子的肩膀,按其指令沿直线行走。这段行程,既包含痛苦而又充满勇气,教会两人如何扬长避短,结合成一个完美的整体。"

[8] There are three kinds of cognition. The first is physical. The second is intellectual and is much higher. The third signifies a nobler power of the soul which is so high and so noble that it apprehends God in His own naked being.

学有上中下三等:下学以身;中学以心知;上学以神,绝伦造极,对越上帝。[德国 14 世纪神秘宗师爱克哈特(Johannes Eckhart)之语,

《谈艺录》，第 366 页］

既然已将"学"分为"上中下"三等，原文中的比较级 much higher 和 nobler 则无须译出。为求句式对仗和平衡，译者将最后的一个复杂长句压缩为三个四字词语"上学以神"、"绝伦造极"和"对越上帝"，分别对译原文中的 the third signifies the soul, so high and so noble 和 apprehends God，删削一些不必要的词语如 a nobler power of、in His own naked being 等，而其意仍然彰显，正好与《文子·道德篇》契合："上学以神听之，中学以心听之，下学以耳听之。"（钱钟书，1999b：44）此种美妙绝伦之译笔，非精通汉语者能够驾驭，非熟悉古文者能够妙合。

（三）转

转，指在语表形式上转移原作的语言单位，实际形式发生转移，意义力求不变。

所谓转移语言单位，实指按照译语的思维方式和表达习惯，适当调整语序。语序是句子成分的排列顺序，任何语言包含自然语序（常态）和倒装语序（变态）。语言的曲折变化与句子中单词的位置即语序有关（Xiao Liming, 2002：26）。英语作为一种尚带有屈折变化的语言，其语序还存在一定的灵活性，有时为了加强语气、突出重点、平衡句子等使用倒装语序，而汉语作为一种屈折变化的语言，其语序相对比较灵活，使用倒装的情况相对较少。因此英译汉时，常常可将变态的语序常态化。如：

［9］ It was an inflexible maxim of Roman discipline, that a good soldier should dread his officers far more than the enemy.

士卒当畏帅甚于畏敌，古罗马练兵以此为金科玉律。［英国 18 世纪历史学家吉本（Edward Gibbon）之语，《管锥编》第 193—194 页］

原文中主语由较长的从句充当，作者用 it 作为形式主语，运用倒装语序，得以平衡句子结构。同时句首强调 an inflexible maxim（"金科玉律"）。钱氏善用汉语中的常见小句，将原文结构一分为二，语序还原为常态，从而在句末强调相关信息，语序有异，而内容别无二致。

［10］ Now is our position really dangerous, since we have left for ourselves none to make us either afraid or ashamed.

外无畏忌，则邦国危殆。［古希腊传记作家、散文家普卢塔克（Plutarch）之语，《管锥编》第 218 页］

原文为一个简单的因果关系复句，为强调局势的危险，作者将结果移前，原因置后，而汉语译文基本上遵行先因后果的逻辑顺序。故此，钱氏有意转移因果顺序，使这一译语符合汉语的思维习惯，并与随后的中文引语"外宁必有内忧"相得益彰，浑然一体。

（四）换

换，指在语表形式上调换原作的语言单位，实际形式发生变更，意义力求不变。

由于英汉两种语言在思维模式、表达习惯、语法搭配等方面存在诸多差异，翻译时若采取直译往往会流露出生硬牵强的痕迹，出现较浓的"翻译腔"，有时甚至难以准确无误地传达原作的语义和修辞色彩，这时必须调换表达方式，如正反互换、主被互换、动静互换等，使译文通顺流畅、地道可读，与原文可媲美，达到异曲同工之妙。

英汉两种语言在表达方式上往往因为角度不同而产生差异，翻译时必须进行转换，以使译文表达自然流畅、意义清晰明了。仅以英汉语在正反和主被两个方面的差异为例。

英汉两种语言中都有从正反两个方面来表达同一内容的情况，但由于东西方思维模式和文化背景的差异，在表达同一概念时，英语可能用肯定式，汉语可能用否定式，反之亦然。另外，在表达否定意义时，两者在形式上也大为不同。例如：在表达双重否定时，英语中常用否定词 + 含有否定前缀的词（例 11 中的 not . . . untasted），或否定词 + without（如 Nothing can grow without the sun），或否定词 + 包含否定的定语从句（如 None . . . who . . . not . . .），而汉语中常用的双重否定结构有"无不、莫不、无可、非……不……、没有（无）……不……"等。因此，翻译时，原语中有些从正面表达的内容却需要在译语中反面表达，而有些从反面表达的内容却需要正面表达，此种"反说正译，正说反译"法，或者为了符合译语表达习惯，或者为了加强语气以获得更佳修辞效果，或者为了更确切地表达原文的思想内容，从而使译文通顺、地道，易于为读者接受，又能保留其内容。如：

[11] Just as we see the bee settling on all the flowers, and sipping the best from each, so also those who aspire to culture ought not to leave anything untasted, but should gather useful knowledge from every source.

独不见蜜蜂乎，无花不采，吮英咀华，博雅之士亦然，滋味遍尝，取精而用弘。[古希腊教育家、雄辩家伊索克拉底（Isocrates）之语，《管锥编》第 1251 页]

[12] As long as the Greeks were addicted to the study of books, they would never apply themselves to the exercise of arms.

留之俾希腊人有书可读。耽书不释卷，则尚武图强无日矣。[英国18世纪历史学家吉本（Edward Gibbon）之语，《管锥编》第1340页]

在上述两例中，钱氏不受原文表层形式所束缚，在潜心玩味其含义、思想、情感的基础上，不拘泥于某一只言片语，而是按照汉语的表达习惯，匠心独运，灵活用笔，正说反译，反说正译，曲尽其意，译文明白晓畅，毫无凿斧痕迹。例11中，他将肯定表述 the bee settling on all the flowers 改为双重否定"无花不采"，又将双重否定 ought not to leave anything untasted 改为肯定"滋味遍尝"，旨在加强语气以获得更佳修辞效果。例12中，将 were addicted to the study of books 译为"书不释卷"（源于中文成语"爱不释卷"），比直译"醉心于书本学习"更显简洁，更有韵味。

英汉两种语言在句法上的一个明显区别在于：被动语态为英语国家的人们喜闻乐见，而汉语中被动语态的使用范围较窄，出现频率较低，从言语表达形式的生成机制来看，这是源于中西方思维模式在主客体意识上的差异（冒国安，2004：352）。西方哲学思想强调理性，主张将客体与主体分离，偏重事实或客体的存在，因此，英语中在无法言明或不必言明主体即施动者的情况下，有时往往使用被动语态。相比之下，中国传统思维强调悟性，主张"天人合一"，主体（即人）参与和融入自然，偏重"事在人为"，因此，汉语中动作和行为的主体必然是人，在表达时多以人作为句子中的主语，即使在不明确行为主体的情况下，有时会用泛指的人称代词如"有人"、"大家"、"人们"等作为主语，有时采取无主句的形式，有时用主动的形式表示"隐含"的被动意义。试看钱氏适时地将英语被动句转化为汉语主动句的高超造诣：

[13] The King's wife or mistress has an influence over him; a lover has an influence over her; the chambermaid or valet-de-chambre has an influence over both; and so ad infinitum.

国君为其后宫或外室所左右，彼妇又为其欢子所左右，而两人复各为其贴身奴仆所左右，依此下推。[英国18世纪外交家、作家切斯特菲尔德（Phillip Chesterfield）之语，《管锥编》第1232页]

[14] Every valley shall be exalted, and every mountain and hill shall be made low.

谷升为陵，山夷为壤。（《旧约全书》语，《管锥编》第53页）

[15] Riches and power are attended and followed by folly, and folly in turn by license; whereas poverty and lowliness are attended by sobriety and moderation.

富贵使人愚昧恣肆，而贫贱使人清明在恭。[古希腊教育家、雄辩家伊索克拉底（Isocrates）之语，《管锥编》第五册第22页]

例13中，钱氏巧妙地化去原文形式上的主动句式，熟练地运用汉语中的被动结构，将前一句的宾语转化为下一句的主语，使得紧邻的句子首尾蝉联，上递下接，形式流畅，语意通顺，达到类似"顶针"的修辞效果，无论从表达的形式还是效果上，译文对原文不仅仅是异曲同工，更是略胜一筹。例14和15中，在钱先生的妙笔描摹之下，英语被动化为汉语主动，不甚工整的原文顿时成为对偶句式的译文，形式上的均衡美和意义上的哲理美跃然纸上，笔墨简练而意味深长。

（五）分

分，指依据译语表达之需，将原作的语言单位分搁几处，实际上语表分离而语意不变。

英美人重个体，偏重分析性思维，注重形式论证，这就决定了英语句子强调形式和功能，句法特征是"形合"（陈宏薇等，2004：53），借助语言形式和词汇手段将句子各成分衔接在一起，英语句子的修饰语多且长，句子结构复杂，内嵌成分多，犹如一棵参天大树，盘根错节，枝繁叶茂。诚如严复所言："西文句中名物字，多随举释，如中文之旁支，后乃遥接前文，足意成句。古西文句法，少者二三字，多者数百言。"（罗新璋，1984：136）相对而言，中国人重整体，偏重综合性思维，这就决定了汉语句子的特点是"以意统形"，句法特征是"意合"，句子强调逻辑关联与意义关联而不在于词语之间和句际之间的形式衔接，中文句子的修饰语少且短，句子结构呈直线型发展，仿若一根竹子，节节攀升，似断犹连。针对英汉句式结构的这种差异，著名语言学家王力先生一语道破天机："西洋人做文章把语言化零为整，中国人做文章几乎可以说是化整为零。"（冒国安，2004：92）因此，英译汉时，译者切不可亦步亦趋，硬译死译，必须适时截长为短，化整为零，将原语中词、短语的隐含意义分解出来，译成汉语的小句，从而使原语单句分化为汉语复句，或用汉语的意合结构将英语复杂长句（包括单句和复合句）拆解为几个较短的小句，分化为复句或句群，同时在分化的各部分之间适当调整顺序。如：

[16] Darkness came down on the field and the city, and Amelia was praying for George, who was lying on his face, dead, with a bullet through his heart.

夜色笼罩，城中之妻方祈天保夫无恙，战场上之夫扑卧，一弹穿心，死矣。［英国 19 世纪小说家萨克雷（William Makepeace Thackeray）之语，《管锥编》第 69 页］

原文为并列复合句，后半部分套从句，从句后紧跟两个短语，呈包含式。由于逻辑关系、表达顺序与汉语基本相同，所以钱先生基本上采用顺序法（因 dead 做定语从句中的主语补足语，介词短语 with a bullet through his heart 做方式状语，又表示 dead 的原因，故将两者位置互换，采用逆序法），但他不紧扣其"形"，而是直探其"神"，运用拆句的手段，重新组合。译文呈扩展式，层次分明，意思醒豁（且"城中之妻……"与"战场上之夫……"形式对仗，语意反衬），不显斧凿痕，不露翻译腔，体现译者的神工之笔。

［17］What should doctors say, for example, to a 46-year-old man coming in for a routine physical checkup just before going on vacation with his family who, though he feels in perfect health, is found to have a form of cancer that will cause him to die within six months?

举个例子说吧。一名 46 岁的男子在与家人一起外出度假之前，到医院作例行的身体检查。尽管他感觉自己身体很棒，但还是被查出患有某种癌症，而且只能活六个月。这时，医生该对他说些什么呢？（王永胜译，参见《英语学习》2000 年第 9 期）

原文为一个从句套从句的复合句，几层意思依次包孕下去。为表情达意的需要，译者首先将表示列举的介词短语 for example 单独译出来，自成一句，紧接着将另一个带有两个分词短语的名词短语抽取出来，译为汉语的一个并列句，再将 cancer 的定语从句剥离开来，转换表达方式，译为与前半部构成并列的一个小句，最后将原语中的主干部分再次单列成一句，从而将英语的一个复合句分化为汉语中含有四个句子的句群。原译还可修改：

举例说吧：某位男子，46 岁，携家外出度假之前来例行体检。虽然他自我感觉良好，但医生发现患有癌症，6 个月内就会死去，这时，医生该如何对他说呢？

（六）合

合，指依据译语表达之需，使原作语言单位整合，实际上语表合形而语意不变。

翻译时可根据表达习惯和意义再现的需要，将原文句子进行合并、融合、重铸，亦即"化零为整"，包括单句内合、复句内合、句群内合（黄忠廉、李亚舒，2004：53—55），（将原句子或句群进行合并），这既用于英译汉，也见于汉译英。如：

　　[18] A poem may appear different things to different readers, and all of these meanings may be different from what the author thought he meant. The reader's interpretation may differ from the author's and be equally valid. —It may even be better.

　　诗意随读者而异，仅不可得作者本意，且每或甚于作者本意。[英国诗人、剧作家和文学评论家艾略特（T. S. Eliot）之语，《谈艺录》第647页]

原文为一个句群，包含两个并列句，含有四层意思，译者简化第一个并列句，将 a poem 和 all of these meanings 糅合为一个主语"诗意"，并且贯穿到下一部分，将第二个并列句合为一句，从而将英语句群内合为一个共用主语的汉语并列复句，译文不枝不蔓，言简意赅，清新爽朗。

　　[19] 二十分钟后，阿刘带了衣包在餐室里等法国总管来查过好上岸，舱洞口瞥见方鸿渐在苏小姐后面，手傍着她腰走下扶梯，不禁又诧异，又佩服，又瞧不起，无法表示这种复杂的情绪，便"啐"的一声向痰盂里射出一口浓浓的唾沫。（钱钟书：《围城》，人民文学出版社2004年版，第22页）

　　Twenty minutes later, Ah Liu took his bag of clothes to the dining hall to await the French supervisor to clear him for going ashore. Through the porthole he caught a glimpse of Fang Hung-chien behind Miss Su, descending the gangplank with his hand around her waist. He couldn't repress a feeling of surprise and admiration as well as scorn. Unable to express these complicated feelings in words, he spat a mouthful of thick saliva into the spittoon with a loud "Tsui"! (tr. by Jeanne Kelly & Nathan K. Mao, 2003：25)

中文句子是个典型的流水句，一个主语"阿刘"一连串牵出五个动作，结构虽显复杂，但"形散神不散"，条理清晰，意思明朗，若在英语中照搬句式，势必冗长拖拉，且不符合英语表达规范。因此，译者按原句内容将结构依次切分为四个英语单句，尽管主语都是 Ah Liu，但译者巧妙地分别用时间状语、方式状语、原因状语起始句子，从而避免了结构上的单调，意义上的层次感得到有效保留。

当然，全译转换求"化"的各种方法也是见仁见智，灵活运用，不遵循某一定式，也不恪守某一章法，总的指导原则是"既不能因语文习惯的差异而露出生硬牵强的痕迹,又能完全保存原作的风味"(钱钟书,2002:77)。高明的译者有时也会同时运用几种策略,既能相得益彰地再现原文,又能妙笔生辉地表达译作。如:

[20] I need only the hand of Raphael. His brain I already have. ... I'm the half of a genius! Where in the wide world is my other half? Lodged perhaps in the vulgar soul, the cunning ready fingers of some dull copyist or some trivial artisan who turns out by the dozen his easy prodigies of touch!

吾具拉斐尔之心,只须有其手尔。吾已获天才之半,茫茫大地,将底处觅余半也!安知此巧手不为心神琐浊之画匠所有,徒用以摹古媚俗乎?[美国哲学家、心理学家詹姆斯(Henry James)之语,《管锥编》第1179页]

钱氏"超其象外,得于环中,有居高临远的观点"(2003:162),谙熟中英句法结构的差异,深入透彻地入于原文,对其加以条分缕析,又游刃有余地出于原文,在融会贯通原意的基础上,调整语序,如将 I need only the hand of Raphael 和 His brain I already have 互换位置,并复原 His brain I already have 结构,转换词类,如 of(介词)转化为"为……所有"(动词短语),his easy prodigies of touch(名词短语)转化为"摹古媚俗"(动词短语),并依据中文表达的需要,将前半部"化零为整"(合四句为两句),又将后半部"化整为零"(一拆分为二),使译文清爽明快,结构自然,两部分意思相对独立而又前后相关,蝉联而下。

[21] The soils and climate of the South gave it a competitive advantage in supplying the massive and growing demand for raw cotton by the British and later by New England textile firms. So cotton plantations expanded in the South and Southwest of the United States, especially after Eli Whitney invented the cotton gin in 1793.

在先后为英国和新英格兰的棉纺织厂提供所需的大量原棉方面,南部因其土壤和气候条件具有相对优势,使得棉花种植园在美国的南部和西南部遍地开花,尤其是1793年伊莱·惠特尼发明的扎棉机大大加速了这一进程。(付美榕译,参见《英语学习》2003年第10期)

译者将英文句群融合为一个汉语复句,适当调整语序,如将复杂的介词短语 in supplying ... 前置,转换表达方式,如将 gave it a competitive advantage 转译为"具有相对优势",并采取"增"的策略将 expanded 形象化为"遍地开花",并依据表意需要又将其增化为"大大加速了这一进程"。但美中不足的是，第一部分的句子结构仍显冗长，先言"南部"后表"美国的南部"，似乎不合汉语表达习惯，"在……方面"、"尤其是"等表达方式仍带有或多或少的"翻译腔"。现试译如下：

试译：美国南部土壤肥沃，气候适宜，地理位置优越，先后为英国和新英格兰提供了大量必需的原棉，因而棉花种植园在该地区和西南部遍地开花，而1793年伊莱·惠特尼发明的扎棉机更是加速了这一进程。

"试译"进一步切分原文结构，将 soils, climate 和 a competitive advantage 分别增译为"土壤肥沃"、"气候适宜"、"地理位置优越"，将介词短语 in supplying... 和时间状语从句 especially after... 的内容分化为汉语小句，增加标点符号（尤其是逗号），使得译文句子简洁，逻辑顺畅。

再看一例：

[22] 应该说，在奥地利这样的高福利国家，老人们起码的生活来源是不用担心的，包罗万象的社会福利系统给老人们提供了许多方便，除了名目各异的津贴与保险之外，还有各种各样的优惠，如乘火车，参观博物馆，听歌剧等等，都会因为您是老人而折扣收费，这些优惠甚至还扩展到了来奥地利的外国老年旅游者，只要他们出示必要的身份证明，完全可以和奥地利老年公民享受同等待遇。

I must say, in a country with high social welfare benefits like Austria, aged people needn't worry about their primary needs livelihood. The all-embracing social welfare system facilitates people in their advanced age. In addition to the subsidies and insurances of every description, there are other favors such as traveling by train, visiting museums and attending operas at cut prices all on account of your old age. Such favors are also extended to aged visiting tourists to Austria. They only have to produce their ID or other corresponding certificates and they will enjoy the same privileges like their Austrian counterparts. （李金达译，参见《英语学习》2003年第10期）

一个逗号到底的中文长龙句式在原文中可见一斑。译者直探原文深意，依次将原文切分为五句，分别用介词短语 in addition to、限定词 such 和代词 they 将句群有机地衔接起来，原文中的定语"在奥地利这样的高福利"和"名目各异的"分别转换成了英语中的后置定语 with high social welfare benefits like Austria 和 of every description（当然语序也作了调整）。另外，译者将汉语小句"都会因为您是老人而折扣收费"整合成英语短语 at cut prices all on account of your old age，从而简化结构，"外国老年游客"中的"外国"和"必要的身份证明"中的"必要"根据表意需要而略去未译。总之，译者分别采用分、合、转、换、减的策略，传递了原文内容，增强了译文的可读性。但是，译文中意义的连贯性因切分较多而略显不足，将"应该说"译为口语化很浓的 I must say 似乎与文章文体不符，值得商榷，试译如下：

试译：As it is, in a country with high social welfare benefits like Austria, elderly people need not worry about their basic necessities of life, for an all-embracing social welfare system facilitates them. In addition to the subsidies and insurances of every description, there are other favors such as traveling by train, visiting museums and attending operas at cut prices all on account of an old age. Such favors are also extended to aged visiting tourists to Austria, who, upon producing their ID cards or other corresponding certificates, will enjoy the same privileges like their Austrian counterparts.

综上所述，"化"贯穿于全译过程，从原作的准确理解，到恰当的转换，再到译语中不同方式的精当表达，一路艰辛，必经颠沛和风险。译者的"化"艺如何，全仰仗其扎实的中外文字功底，高深的文学素养，乃至厚重的文化底蕴。具体到全译求"化"的方法，则可细读本章第四节。

第三节　全译的策略：直译＋意译

直译与意译是全译的两大策略，已成定论。典型直译与典型意译并不多，两者兼顾才是全译的主体，且多半体现在话语的微观形式上。

一、直译

（一）直译

直译是既传达原作意义又照顾形式且为译语读者所接受的全译策略。

"传达意义"是首要的，文字搬家，而未达意，全译难辞其咎。"照顾形式"不是刻意为之，逐字/词译只有极少部分是直译，大部分是硬译或死译。"为译语读者所接受"是直译有别于死译或硬译之处，舍此，全译就难以发挥文化传播的效果。如下例的原译是死译或硬译，不是直译：

[1] There is originality and imagery in his poems.
原译：在他的诗里有独具一格和想象力。
试译：他的诗独具一格，想象力丰富。

典型的直译是对译，见本章第四节。直译一般能显出译文与原文较大的形似，换言之，比较容易看出词对词或短语对短语的痕迹。如：

[2] Every State is the best judge of what is required to safeguard its national security.

原译：每一个国家是需要什么来保卫它的国家安全的最好的判决者。

改译：每个国家需要什么来保卫它的国家安全，只有它自己能作出最好的决定。(劳陇译)

试译：每个国家最清楚该如何保障自己的安全。

原译受原文的影响，想用一个单句译出，是略带硬译的直译；改译循意换作复句，语意层次更加分明，但略显啰唆。试译则更倾向意译，尤其是用"最清楚"译 the best judge，已经在语意与形式上达到了高度的融合。

（二）基于命题成分对应对等的直译机制

直译的根本机制是命题成分的对应和对等。

直译适用于思维顺序与语言表达顺序同构的双语单位。如果原文的命题成分（或概念）数基本相等，命题成分的组织序列基本相同，外在的语言显现结构也基本相似，译语就非常容易找到对应块，容易找到匹配对象，整个命题容易直接对应上去，完成语际转换，这一机制目前是机器翻译主要的翻译学基础。如英、俄、汉三语对等直译的例子：

[3] His father lives in Wuhan.

Его отец живёт в Ухане.

他　父亲　住　在　武汉。

三种语言之间概念与概念、意象与意象、命题成分与命题成分之间都是一一对应关系。

二、意译

（一）意译

意译是传达意义不拘原作形式的全译策略。

"传达意义"即再现原作的语里意义和语用价值；"不拘泥于原作形式"，即保持原文的宏观结构特点，不受原文微观语言结构的羁绊，达意重于保形。看例：

[4] The Negro lives on a lonely island of poverty in the midst of a vast ocean of material prosperity.

原译：黑人依然生活在物质汪洋大海中贫乏的孤岛上。

改译：黑人仍生活在贫困的孤岛上，尽管放眼四周，是一片繁华景

象。(叶子南译)

　　试译：黑人生活在贫困中，仿佛身处孤岛，而四周却物欲横流。

原译不是直译，而是拘泥字面的翻译。改译是意译，尚欠简练。试译是典型的意译。

(二) 基于命题成分的意译机制

　　小句的意译以命题成分的转换为基础。小句的命题成分可对应于概念或意象，基于命题成分的增减、转换、分合，也是基于概念或意象的增减、转换和分合，这三大类意译机制可单独运作，也可以综合运作。

　　增与减，指增大和缩小原作信息形式，力求信息量不变，即形式增减，意义力求不变。转与换，指转移和调换原作信息形式，力求信息量不变，即形式转换，意义力求不变。分与合，指分离和融合原作信息形式，力求信息量不变，即形式分合，意义力求不变。增译、减译、转译、换译、分译、合译都是应语用价值和语里意义之需而变换语表形式的全译方法。如：

　　[5] The Negro is still languishing in the corners of American society and finds himself an exile in his own land.

　　原译：黑人依然在美国社会的角落中饱受痛苦，并发现是自己国土上的流亡者。

　　改译：黑人依然在美国社会的角落里过着痛苦的生活，美国虽是他们的家园，而他们却感到流落异乡。(叶子南译)

　　试译：黑人苦挨在美国社会一角，人在家园，却身感异乡。

languishing 本意"忍受煎熬、艰难度日"，可用"苦熬"或"苦挨"概括。still 的意义蕴涵在汉译中，不必译出，这表明同一命题的各个成分在不同语言中表现不一，运用的语言单位（主要是词语）数量有多有少，当原语用得多译语用得少时，就要删减相应的语言单位，用的是"减译"法。finds himself an exile in his own land 一句译作两个小句"人在家园，却身感异乡"，比原译地道，比改译简洁。这表明同一命题的各个成分在不同语言中组配不一，语言单位（主要是词语）结合松紧有别，当原语用得紧译语用得松时，就要分离相应的语言单位，用的是"分译"法。

(三) 基于整个命题的意译机制

　　基于整个命题或命题成分的意译机制，适用于全译中已经模式化和定型化的翻译。这一机制对基于语料库的机器翻译具有理论指导意义。

1. 模式化命题意译机制

　　全译模式化，指译者通过长期的全译实践形成的可重复使用的套路。有个人的，也有从个人变成群体的，进而变成全民所有的。

对单个译者来说，模式化是不断加强的，一个全译高手能信手译来，主要是他的模式化程度高。经常从事国际事务翻译的人，某些内容全译的模式化使他译起来驾轻就熟，预测能力非常强。

模式化翻译的基础是命题的模式化。也就是说在某种情况下，某类小句或复句通常会采用某种译法，这种译法固定下来，就模式化了。如：

　　［6］It's time for doing sth.

　　Пора что делать.

　　译式 A：是干……的时候了。

　　译式 B：该干……了。

上述英俄语句式有两种模式化译法，译式 A 有书面化特点，是欧化句式；译式 B 具有口语化特点，是本土化句式。

每种模式化命题有不少变体，相应的变体也会模式化，所变之处在于给模式的主要构件加上一些限定成分，翻译时也相应的加上。如上述英语句式可在 time 前加上一些限定词，如 first、second、high 等。请看实例：

　　［7］It's the second time that we have been in Moscow.

　　这是我第二次到莫斯科。

2. 定型化命题意译机制

定型化翻译，也称套话翻译，是模式化翻译的进一步发展，指长期以来人们在特定场合表达特定意思的特定句式。定型化翻译在语际转换中有时不能见词解义，只能把它当作整体，按其交际语值表达，最能反映文化价值的转换。最常见的如招呼语"您哪去？"译作 How are you 或者 Hello/Hi 且不用说，就拿 Ура 为例。俄苏影片描写战场，冲锋陷阵时常常高喊"Ура！"，本意是"万岁！"，译作"乌拉！"，是音译，属于直译。译作"冲啊！"，更准确，是意译，也是定型化翻译，不仅情境吻合，连口型也吻合。看实例：

　　［8］Wet paint.

　　Осторожно, окрашено.

　　油漆未干！

三个语种的互译均未照字面译，都是定型化模式，词或短语之间无法对应，事物未变（paint），性状未变（wet），语用价值（警示功能）恒定，各种语言则用了不同的表述形式，保持了整体对应。

第四节 七大全译方法

全译力求完整地传达原作内容，兼顾原作形式，求得风格极似。全译之下的直译与意译是二级范畴，直译与意译交织起来构成了全译的三级范畴，共七大全译策略，即对译、增译、减译、转译、换译、分译和合译，三级范畴中各对范畴还可分出四级范畴，即具体的全译方法。

一、对译

对译是典型的直译，指句内语言单位逐项对换式的全译方法。典型直译主要表现在小句内和小句上，表现在复句、句群以上的不多，而且复句和句群的直译以小句的直译为基础，小句的直译又以词和短语的直译为基础。对译的概率排序大致是：词＞语＞句。对译的特点就是对应，程度达到等量代换的地步。

总体上看，对译用得不多。

（一）词对译

词对译，指词与词的对应替换。词层对译是对译的主体，也是最常用最重要的译法，有时几乎是移字过纸，翻翻双语词典就能解决问题。如下面两例译文与原文几乎字字对应，滴水不漏。

[1] 我是一名学生。
I'm a student.

[2] To see the wind, with a man his eyes, it is unpossible.
观风，凭一个人的眼睛，那是不可能的。（杨自伍译）

（二）语对译

语对译，指短语与短语的对应替换。词与词容易对应，但词与词的组配会受到许多规则管约，加之不同语言的短语组配各有各的特定要求，所以短语层对译比词层对译要少一些。试比较下例的三种译文，不难发现原译中许多短语是对译的。

[3] And I do not mistrust the future; I do not fear what is ahead. For our problems are large, but our heart is larger. Our challenges are great, but our will is greater. And if our flaws are endless, God's love is truly boundless.

原译：而我不是不相信未来；我不害怕即将来临的事情。因为我们的问题是大的,但是我们的心更大。我们的挑战是大的,但是我们的决心更大。如果我们的缺点是没完没了的,上帝的爱是真正的无穷无尽的。

改译:我并非不信任未来;我并不害怕我们面临的问题。我们的问题很多,但我们的心胸更宽广。我们面临的挑战很严峻,但我们的决心坚定无比。如果说我们的弊病层出不穷的话,那么上帝的爱更是真正的广袤无边。(冯庆华用例)

试译:我并非不相信未来;我不害怕面对未来。问题成堆,我们的胸怀更宽广。挑战严峻,我们的决心更坚定。即使我们一无是处,上帝的爱也真切无限。

(三) 句对译

句对译,指句子与句子的对应替换。短语本身加上语气有时可以成句,但并非所有的短语加语气都能成句,所以句子层对译比短语层对译又少许多。如例3,主谓短语 I do not fear 可对译为"我不害怕",但 I do not fear what is ahead 全句就不能对译了。同时,Our challenges are great 等句却是可以对译的。再看一对译的例子:

[4] I must launch out my boat.
我必须撑出我的船去。(冰心译)

二、增译

(一) 增译及其特点

增译,即增加式全译,指从原文出发根据逻辑、句法、修辞的需要在译文中增加一些必要的语言单位的全译方法。按增译使用的频率大小排列,增加的语言单位有词、短语和小句。

由于双语的思维方式、语言文字结构以及习惯表达法的差异,翻译中有时会增加补充某些必要的词量来衔接语义,填补可能出现的语义空缺或短欠,使译文语义更加明确,合乎汉语的习惯表达,达到和原文相似的某种修辞效果。增译可以把原文中隐含的成分或内容,尤其是一些与原文的背景有关的信息,用明显的语言形式表达出来。但对意义并无增加,而是增加信息的凸显度。

(二) 增译原则

增译不是无中生有地随意增加语言单位,而是增加原文中虽无其形但有其意的一些语言单位。为使译文更加通顺达意,所增补的语言单位必须是在修辞、结构或语义上必不可少的,增补后并无蛇足之感。增译必须是最小限度的,切不可增加过多而把全译变成了阐译。

增译的原则:增形不增意。

(三) 增译方法

1. **语法性增译**

原语与译语的语法关系的差异决定了译语表达中要增加某些语言手段以反映原作内容,以词语增加为主。英汉两种语言分属不同的语系,在其构词、句法等方面存在着差异,比如英语中无量词,而汉语中则拥有丰富的量词表达,英语动词一般有严格的时态之分,运用动词的形态变化突出"时"和"态"的不同,而汉语动词没有形态上的变化,句子是通过词汇手段表示"时"(如用可做状语的词)和"态"(如用助词"着、了、过")。英语中复数概念的表达也是通过名词词形的变化来表示的,而汉语则不然,必须添加某些词汇手段来准确地传达原文的含义。

1) 表数性增译

英语名词有单复数之分,见于词尾的变化,汉语名词的复数则主要依赖于词汇手段,其次才是语法手段。因此英语的复数概念意义汉译时,要据具体情况增加表示复数概念的词。

(1) 添加表概数的词。原作用了表概数的语法形式,汉译则用表概数的词,如"一些、许多、各种、几个、大量、批、们、各"等。看例:

[5] You must know the properties of the material before you use it.

原译:在使用前,你必须弄清楚这种材料的各种特性。

试译:使用前必须弄清材料的各种特性。

[6] The moving parts of a machine are often oiled that friction may be greatly reduced.

机器的各个可动部件常常涂上润滑油,以减少摩擦。

两例分别增加了表示复数概念的词"各种"、"各个",不仅语义同原文相似,而且表达更加自然贴切。

(2) 添加表确数的词。原作的内涵,既可用实指,也可用虚指,汉译有时则多用实指,添加表确数的词。如:

[7] You may wonder why the magnet's poles point north and south.

你会感到好奇,为什么磁铁的两极会指南北呢?

the magnet's poles 根据地学知识加了数词"两"。

(3) 汉字叠用,表示英语的复数概念。如:

[8] When the plants died and decayed, they formed layers of organic materials.

原译：植物腐烂时，它们就形成了一层层的有机物。

试译：植物腐烂，形成了一层层的有机物。

[9] Gas and dust clouds, spinning because the galaxy is spinning, collapse due to gravitational attraction and form stars.

气体和尘埃云随着星系旋转，由于引力作用缩成了一颗颗恒星。

两例选用了汉语的特殊方式"叠词"，表达了原文的复数意义，还反映了事物一些形状特征，译文形象生动。

2）表量性增译

英语是无量词的语言，少数英语名词可作表量手段，多数情况下，数词可直接加在名词前面，无需量词。汉语计量时不论物量还是动量，通常要加量词。所以，汉译时需要增补量词。如：

[10] The words "velocity" and "speed" are considered as synonyms unless they are used in technical books.

原译："速率"和"速度"这两个词，如不是用在技术书中，可以认为是同义词。

试译："速率"和"速度"两个词在非技术书籍中视为同义词。

[11] Upon gaining two electrons the alpha particle becomes a helium atom.

α粒子获得两个电子后变成了氦原子。

[12] Aluminum is said to be the thirteenth element in the periodic table.

铝是周期表第十三号元素。

前两例增译数量词"两个"，使语气更加完整，表达更加清晰。另外，翻译英语的序数词时，也要补出量词，例12应汉语表达之需增加了量词"号"。

3）表时性增译

英语有丰富的时态变化，汉语没有，译文要反映动作发生的时间，就增加各种时间助词或副词。如：

[13] Our transmitter is sending out a series of short pulses.

原译：我们的发射机正在发射一系列的短脉冲。

试译：我们的发射机正在连续发射短脉冲。

[14] The high-altitude plane was and still is a remarkable bird.
这种高空飞机过去是现在仍然是很好的飞机。

例13为现在进行时,译文增加"正在",再现了原文的时间概念。例14用了过去时和一般现在时的并列谓语,was and still is 译为"过去是现在仍然是……",虽然加了词,但取得了意似。

4)表态性增译

英语被动句用得多,有的译成主动句才符合汉语习惯,在被主转换时,有时要补出主语或施事者。英语有很多泛指人称的被动句没有出现施事,汉译时则需补出泛指意义的施事,以使句子完整。如:

[15] It was found that luciferin is not a single compound.
人们发现,虫荧光素并不是单一化合物。

[16] Many methods of bleaching had been developed by trial and error and tradition.
通过试验,汲取成功的经验和失败的教训,人类创造了许多漂白方法。

翻译英语祈使句时,可相应地增加"要、请、应该、千万、一定、务必"等词。如:

[17] When the machine is in operation, do keep away from it.
机器运转时,千万不要靠近!

[18] Name five different kinds of matter.
请列举出五种不同的物质。

5)具体化增译

英语表达有时抽象,使用抽象词,汉语表达有时具体,汉译时常以实的形式表达虚的概念,以具体的形象表达抽象的内容。英语中某些不及物动词、形容词和由动词或形容词派生的抽象名词,单独译出意思不够明确,汉译时可据上下文,在其后增添适当的词语,如"状态、工作、过程、作用、方式、情况、问题、部分、领域、系统"等,使其含义变得更具体一些。如:

[19] The various types of machine tools overlap a great deal in their fields of application.
各种机床的应用范围存在着大量的重叠现象。

[20] The development of the field-effect transistor can be traced in term

of these fabrication methods.

场效应晶体管的发展过程可以在这些制造方法中寻踪。

[21] At low frequencies, the DC resistance of a given conductor is essentially the same as its AC resistance.

低频情况下，给定导体的直流电阻与其交流电阻实际相同。

例 19 中 overlap 为不及物动词，其具体化为名词"重叠现象"，添加"现象"一词使语义更加具体连贯。后两例的 development 和 frequencies 都是名词，翻译时在其后加上适当的名词，使其含义更加具体直观。

6) 非谓性增译

非谓语动词以短语或复合结构出现，多含有附加意义，尤其是分词短语、分词独立结构和不定式短语在句中做状语或定语时，往往含有比较含蓄的时间、原因、条件、方式、结果、让步和伴随等意义，字面上又表示不出来，就需加词。如：

[22] The chief difficulty to be overcome in aviation is that of renewing supplies of petrol while in the air.

航空要克服的主要难题是空中加油的问题。

[23] Hydrogen burns in air or oxygen, forming water.

氢气在空气或氧气中燃烧便形成水。

例 22 的不定式短语 to be overcome 含有"将来"之意，加"要"能准确表达其义。例 23 分词短语 forming water 表示前后承接关系，译文增加"便"把前后句意连接起来，表达更为连贯。

7) 结构性增译

为了使语言简练，避免重复，或因表达的习惯使然，或因某些结构上的要求，有时一个英文句子可省略一个或多个句子成分，汉译时通常将其表达完整，否则就不符合汉语的习惯或含义不明。

(1) 还原式增译

英语中也有省略，所省部分可能是主语、谓语、表语、宾语和状语，也可能是谓语的一部分或全部主要成分，省略句极富于变化，翻译时应根据具体情况适当还原词语。

[24] All bodies consist of molecules and molecules of atoms.

物体由分子构成，分子又由原子构成。

[25] Like charge repel each other, but opposite charges attract.

原译：相同的电荷互相排斥，但相反的电荷却互相吸引。

试译：同性电荷相斥，异性电荷相吸。

例 24 原文省略了并列成分的谓语动词，要使译文的结构完整，含义明确，不补出则不成句。例 25 原文第二个小句省去了状语 each other，译文中补出，与前文对应。

（2）列举式增译

列举事物时，英语很少使用概括性词语；分述事物时，也很少使用分述性词语，汉语则相反，汉译时，可能增加概括性词语和分述性词语，这种增译主要用于列举性表达。如：

［26］The frequency, wave length, and speed of sound are closely related.

声音的频率、波长和速度三者密切相关。

［27］The principal functions that may be performed by vacuum tubes are rectification, amplification, oscillation, modulation, and detection.

原译：真空管的五大主要职能是：整流、放大、振荡、调制和检波。

试译：真空管有五大职能：整流、放大、振荡、调制和检波。

［28］There are four main ways of joining together sheets of metal: by bolts or by rivets, by soldering and by welding.

连接金属板的方法主要有四种：一是用螺栓，二是用铆钉，三是用钎焊，四是用熔焊。

例 26 和例 27 分别增加了表示概括性的词语。句中有几个成分并列时，可据并列成分数量的多少，增加对应的数词，并在其后加上"个"、"者"、"大"、"种"、"方面"、"领域"等词。例 28 增加的是分述性词语，加词后的译文层次鲜明，不加则显得干涩，不够连贯。

2. 逻辑性增译

英汉语逻辑有共通之处，也有相别之处，原文若照直译出，汉语逻辑上有时不通，应据需要，添加适当的语言单位，以显原作的隐含之意。

1）事理逻辑性增译

科学文章阐明事理，探讨问题，描述过程，因双语的逻辑与语言对应的方式不同，同一逻辑形式在原语中说得通，在译语中如法炮制，可能就行不通，需添加一些语言手段，才能符合事理逻辑。如：

［29］Atomic cells are very small and very light as compared to ordinary dry cells.

和普通干电池相比原子电池体积小，重量轻。

[30] Speed and reliability are the chief advantage of the electronic computer.

速度快，可靠性高，是电子计算机的两大优点。

例29 原文仅用两个并列形容词 small 和 light 做谓语，指明原子电池的特性"小"和"轻"，在原语里可以理解，直译过来则概念不清，增加"体积"和"重量"，表达更为准确。例30，Speed and reliability 译为"速度快，可靠性高"准确传达了原文的含义，逻辑更加严密。

2) 语言逻辑性增译

词语在原作中组合合理，对等译出，不加语言手段可能不通不畅。另外，各成分之间，句子之间，有时加词才能显出层次，理出条理，明确关系。

(1) 关联词配对出现。复句的关联词有时讲求配对，有时不讲究，应根据译语的复句表达习惯处理，该加时就加。如：

[31] Electricity is produced if acids react more with one metal than the other.

酸与一种金属的反应如果强于另一种金属，则产生电流。

[32] An object, once in motion, will keep on moving because of its inertia.

物体一旦运动，就会因惯性而持续运动。

[33] Force is measured in pounds, no matter how it is produced.

不论力是如何产生的，都可以用磅计算。

英语习惯用一个关联词来表达各成分之间、句子之间的关系，汉语则不然，关联词多成对使用，这样才能使语气连贯，主从句的关系一目了然。如上述三例的"如果……则（就）"、"一旦……就"、"不论……都"，类似的还有"如果……那么"、"虽然……但是"、"不仅……而且"等。

(2) 关联词添加。英汉语句法构成不同，英语往往在小句的基础上通过分词短语、不定式短语、介词短语等附加成分表示"时间、原因、条件、让步"等状语意义，还有一些无连接词的并列句，只用一定的标点符号来分开，因此翻译时必须注意词与词、词组与词组、句子与句子和段落与段落之间的衔接与关联，根据其所暗含的意义、关系增加相应的关联词语。如：

[34] Most of the vapor turns to liquid in the condenser and returns to the flask.

原译：大部分蒸汽先在冷凝器中转化为液体，然后再回到烧瓶中去。

试译：大部分蒸汽经冷凝器凝聚为液体，再回到烧瓶中。

［35］White or shining surfaces reflect heat; dark surfaces absorb it.

白色的或发亮的表面反射热，而黑暗的表面吸收热。

例 34 中 and 连接两个并列的动词谓语，实际表示前后承接关系，增加关联词使原文所表达的含义更加清晰准确，符合科技文体的要求。例 35 是无连接词并列句，两句之间的语气暗含对比和转折，所以译文增加了连词"而"。

3. 修辞性增译

修辞手段使用不同，文章水平可见高低，内容精，形式美，再讲究修辞，译笔一定会出彩。

1）重复性增译

构句手段的重复也是一种增译，汉语中重复较英语多，因为英语可用不同的词代替该重复的地方，如代词、助动词等，汉语则一字一音节，容易重复，重复旨在使译文句子结构匀称完整，表达明确具体。如：

［36］The heart can be safety opened and its valves repaired.

心脏能安全地打开，其瓣膜能安全地修复。

［37］The 12 months of the year were divided into units of 30 or 31 days, except that in non-leap years the month we call February had only 29 days.

一年有 12 个月，分为大月和小月，大月 31 天，小月 30 天。每逢非闰年，2 月只有 29 天。

例 36 是一个由 and 连接的并列句，后一分句承上省略了副词 safety，译文增译出来不仅语义更加明白，而且读起来语气更加完整。例 37 如果不增译，"一年的 12 个月分为 30 或 31 天的单元"则行不通，读者不知所云，增译后语义明确，一目了然。

2）显豁性增译

有的英文句子，若直译出来，显得译笔太秃，或意义晦涩，或简直不成句；若加点缓和语气或补充说明性的文字，译文就含义明确，读起来也流畅了。如：

［38］Piston engines are used for relatively slow planes flying at 20000 feet or less.

活塞式发动机用于飞行速度较低、飞行高度在20000英尺以下的飞机。

[39] Pairs of shared electrons must spin in opposite directions.

共享电子对必须按相反方向旋转。

例38译文若不加词，直译出来则显得含义较模糊，加词后显示了原文的含蓄意义，语言上也显得更加专业，符合科技文体。例39若不用补充词语说明原文的含义，译文会产生歧义。"共享电子"是一起旋转？与哪个方向相反？这句译文在专业上道理不通。正确的译文是：

试译：共享电子对的两个电子必须彼此反向旋转。

3) 分解式增译

英语为了避免重复，几个并列成分共用一个谓语或一个定语的情况很普遍，该表达符合英语的语法习惯，但直译成汉语则不合汉语的表达习惯。如：

[40] Possible changes that occur upon exposure to high temperatures may be categorized into bulk, metallurgical, and surface effects.

高温下可能发生的变化可分为体内效应、合金效应和表面效应。

原文中effects为bulk, metallurgical及surface所共有，所以重复译出。

4) 生动性增译

为了强调，为了明义，为了形成有特殊修辞效果的四字组，为了使句子平稳和富于变化等，常常需要增加一些不悖原意的词语。有时也可以适当发挥译语的优势，如采用四字格，利用对偶、排比等手段丰富表达形式，追求生动等。如：

[41] When an electric current is sent through water it splits the water up into its constituents: oxygen and hydrogen.

电流通过水，会把水分解成组成水的氧元素和氢元素。

译文中增加"元素"两字，也是出于修辞的需要，偶字易安，奇字难适，增词是为了使句子平稳。

三、减译

(一) 减译及其特点

减译，即删减式全译，指从原文出发根据逻辑、句法、修辞的需要在译文中删减一些不必要的语言单位的全译方法。减译不是删掉原文的某些内容，而是为了避免内容重复、文字累赘，使译文更加简练，更符合汉语的习惯，语表形式看似省去了若干语言单位，实际未减意。

由于英汉两种语言在词汇、语法和修辞上的差异，有些词语或句子成分，在英文中是必不可少的，但若搬进译文中去，就会形成冗词赘语或蛇足，影响译文的简洁和通顺。减译则在不破坏原文精神的前提下，过滤掉某些不必要的词语或句子及其成分，使译文更为简洁明了。

（二）减译原则

减译是删去一些可有可无的，或者有了反嫌累赘，或者违背译文语言习惯的语言单位。但省略不是把原文的某些思想内容删去，因为译文中虽无其形而已有其意，或者在译文中是不言而喻的，只是减去原文的某些冗余信息，或出于汉语表达需要不必译出的语言单位。

减译的原则：减形不减意。

（三）减译方法

1. 语法性减译

1）实词减译

据文体特点和汉外语之间的差异，全译转换过程并非词词对应，有些实词也会从语表上省去。

（1）代词减译。英语是形态化语言，一切关系体现在语表形式上。英语通常每句都有主语，人称代词做主语的情况往往多次出现，为了避免重复，汉译时常常可以省略。同时，汉语求意合，语表上比较凝练，英语的各种代词汉译时往往省去不译。如：

[42] Since the airplane's mass is not given, we can find it by using this formula.

原译：飞机的质量并未给出，但是可用这个公式求出来。

试译：飞机质量未给，但可用该公式求出。

[43] As soon as a positive charge approaches an electron, it combines with the latter.

正电荷一旦遇到电子，就与之结合。

[44] The mass of one unit of volume of a material is called its density.

物质单位体积的质量叫做密度。

[45] The gas distributes itself uniformly throughout a container.

气体匀布于容器中。

[46] The volume of the sun is about 1,300,000 times that of the earth.

太阳的体积约为地球的一百三十万倍。

科学文体中做主语的 we、you、they 等人称代词多泛指，非实指，译出反而不得体。例42 译文省去了代词 we；例43，it 的含义承前文的"正电荷"而省去。英语中某些做定语的物主代词，因其关系明确可省略不译，如例44；根据汉语习惯，某些用做宾语或同位语的反身代词常省去不译，如例45；例46 是比较句，其中的指示代词汉译时通常省去。

（2）动词减译。英语各句型都必须用谓语动词，汉语则不然，句中可以没有动词，而直接用形容词、名词或词组做谓语，如"花黑了"、"他哈尔滨人"等。因此，英译汉时常常出现省略动词的现象，有些谓语动词省去不译，句子则更为通畅有力。如：

［47］When the pressure gets low, the boiling point becomes low.
气压低，沸点就低。

［48］It is clear that solids expand and contract as liquids and gases do.
显然，固体也像液体和气体一样膨胀和收缩。

［49］The base bleed unit is used to give an increased range of fire.
这种底部排气装置可以增大射程。

例47 译文省略了动词 gets 和 becomes，按汉语习惯直接用形容词做谓语，译文更紧凑简练。例48 动词 do 在译文中省略，如果从句的谓语动词与主句的谓语动词相同，往往可省略不译。例49，英语中有许多词既是名词，又是动词，它们常与另一动词连用，表达的还是动词的含义，汉译时应译出其动词含义，省去连用的动词。give an increased range 是短语，相当于 increase 的含义，所以直接译为"增大"。

（3）名词减译。英语同一名词常常同时充当主语和表语或其他句子成分，汉译时出于修辞的需要，往往略去一个。此外，有些名词在英文里是必要的，汉译则成了蛇足，也不宜译出。如：

［50］The problem of the age of the earth is one problem we shall approach.
地球的年龄是我们将要探讨的一个问题。

［51］Forces are measured in pounds, ounces, tons, grams, kilograms, and other units commonly called units of weight.
力由磅、盎司、吨、克、公斤和其他一些重量单位来量度。

例50 原文的主语和表语都是 problem，出现了重复，前一个汉译时省去。例51 中心词 units 同其后充当其定语的分词短语中的 units 重复，如译为"被称为重量单位的单位"则不像汉语。

2）虚词减译

虚词的减省，主要指冠词、介词、连词等的减省。有些虚词在英语中有用，在汉语里不一定需要。译出则会使汉语膨化，甚至造成汉语失范。

（1）冠词减译。英汉语中，冠词为英语所独有，用得十分频繁，汉译时常省略冠词，如例 52 和 53。不定冠词 a 相当于数词 one，定冠词 the 相当于指示代词 this，都具有词汇意义，因此不能省，如例 54。

［52］The basic function of the triode is as an amplifier of current.
三极管的基本功能是放大电流。

［53］The total length of the intestines of a newborn baby equals eight times his body length.
新生儿肠道的总长度是身长的 8 倍。

［54］A research group led by him began to solve the problem in 1960s.
他领导的研究小组在 20 世纪 60 年代着手解决这个问题。

（2）介词减译。英语介词用得很多，词与词、词组与词组之间的关系，多用介词来表示，汉语则不然，多通过语序和逻辑关系表示，因此，汉译时许多介词可以省略。如：

［55］The capacitor is a square with all sides a half centimeter long.
电容器为正方形，边长 0.5 厘米。

［56］In the transmission of electric power a high voltage is necessary.
远距离输电必须用高压。

［57］The drag reduction unit potentially increases maximum range by 23%.
这种减阻装置能将最大射程提高 23%。

（3）连词减译。英语连词用得很普遍，词与词、短语与短语、句与句之间多采用形合法，通过一定的连词连接起来，要求结构上完整，一般不能省略；而汉语连词用得较少，词与词之间、句子的结构多采用意合法，通常按一定的时间顺序和逻辑关系排列，语序固定，关系明确，无须连词，所以英语有些并列连词和主从连词往往省略不译。如：

［58］Telephone communication is now widespread and efficient.
现在的电话通信广泛有效。

［59］As the temperature increase, the volume of water becomes greater.

温度增高，水的体积就增大。

[60] Practically all substances expand when heated and contract when cooled.

几乎所有的物质都热胀冷缩。

上述各例的连词汉译时皆被省略，用语序和暗含的逻辑关系表达，充分发挥汉语意合的特点，译文依然清晰明了，硬译出来则显得啰唆。

3）合句式减译

翻译时，原文两个句子有时汉译为一句，或者复句译成单句，此时常常需要省略某些词语或句子成分。如：

[61] When found in the earth, gemstones are often dull-looking and rough. Cut and polished, they sparkle as with an inner fire.

原译：从地里采出来的宝石通常粗糙发暗，经过切削和磨光之后才发光，象内部燃着火似的。

试译：采出的宝石通常粗糙发暗，经削磨后才发光，仿佛在燃烧。

[62] From Florence the river Arno ran down to Pisa, and then it reached the sea.

阿诺河从佛罗伦萨流经比萨入海。

例61，前后两句联系密切，主语相同，其他成分是对同一对象的描述，译文是合句的结果，只保留了一个主语。例62，译文充分运用了汉语的意合优势，用有限的几个词将原文的两句话译成一个连动句，生动地再现了原文。

4）虚设形式减译

英语表示"存在、出现"类的词（如 exist、occur、happen、remain、seem、appear 等）和结构（如 there be），引导强调句型的 it 等，只是一种成句手段，汉译时宜省形式，突出原句的意义中心。如：

[63] It is worthwhile attempting to use an ultra-high-vacuum system for such purposes.

超高真空系统作此用途值得一试。

[64] There exist neither perfect insulators nor perfect conductors.

既没有理想的绝缘体，也没有理想的导体。

例63，it 是形式主语，无实际意义，其后动名词短语才是实际主语，通常将动词不定式、动名词等实际主语或从句译为主语，it 省去不译。例64 用了相当于 there be 的结构，there 本身没有任何词汇意义，可省略。

2. 逻辑性减译

原文逻辑上是通的，照译下来未必通，可能重复，可能多余，也可能悖理。如：

[65] Since transistors are extremely small in size and require only small amounts of energy, they can make previously large equipment much smaller.

原译：晶体管非常小，而且所需要的能量也少，从而，使以前的大设备也变得小多了。

试译：晶体管非常小，所需能量少，因此以前的大设备变得小多了。

[66] Part-time waitress applicants who had worked at a job would receive preference over those who had not.

原译：应聘业余服务员的人，有工作经验的比没有工作经验的优先录取。

试译：业余服务员招聘，有工作经验者优先。

例65，small in size 逻辑上是通的，如果照译，汉语则有画蛇添足的味道，其义已暗含于"小"中，不言自明，无须译出。例66，原文两者比较的逻辑关系十分明确，但原译该省略没省，显得啰嗦，试译删减了被比对象，汉语的逻辑关系相当明了。

3. 修辞性减译

1) 同义性减译

英语有些同义词或/和近义词往往连用，有时表示强调，使意思更加明确，有时表示同一名称的不同说法，有时是出于释义、修辞或以旧词带新词等修辞作用的考虑。汉译时，常常不必或不能译成同义词或/和近义词连用的形式，只能择译其一。如：

[67] Semiconductor devices have no filament or heaters and therefore require no heating power or warmed uptime.

半导体器件没有灯丝，因此不需加热功率或加热时间。

filament 和 heaters 均为"灯丝"之意，and 和 therefore 都有"因此"、"所以"之意，所以各译出一个，省略一个。

2) 简练性减译

语言讲究简洁美，以简驭繁，力求以精短的形式，承载更多的信息，有的词、词组或分句，如果照译，会使译文出现冗词赘语，为了求简洁，这样的词、词组或分句应省去不译。如：

[68] Besides teaching the deaf and dumb he was absorbed in the scientific study of sound, and also in the possibilities of transmitting it by means of electricity or light.

除了教聋哑人外，他还致力于声学和电光传声研究。

[69] The First manned landing on the Moon surface was achieved by American astronauts on July 20, 1969.

1969年7月20日美国宇航员首次登上月球。

例68，also in the possibilities 与前面的 study 由 and 相连，据上下文承接关系可将其深层含义延伸至 study。例69，译文将原文信息进行重组，依靠语境，manned 因后面的 American astronauts 而省，was achieved 因 landing 而省，surface 也因 landing on the Moon 的汉语意思"登月"而省，登月自然是登上月球的表面。

四、转译

（一）转译及其特点

转译，即转移式全译，指照顾译语结构和表达习惯转移原文语言手段的全译活动。转译包括句子成分的单纯位移和位移时相伴而生的句子成分的变化，转移是方向或情况的改变，是单向的行为，包括移位、转化和词义引申。

（二）转译原则

由于原语和译语两种语言语法结构和表达习惯的不同，翻译时应按照译语的语法和表达要求对原语进行相应的转化，转译通常是在语法层面上进行的，是应语用价值和语里意义的需要而进行的语表形式变化，只是形式上的转移，意义力求不变。

转译的原则：移形不易意。

（三）转译方法

1. 移位

移位式转译，指原语句法成分由于译语表达的需要而移动其位的转译方法，主要有定语前移、主从句位置移位、否定部位移位、句子重心移位和状语的移位等。

1）定语前移

英汉语的定语差异较大，根据与中心词的意义关系，汉语定语分为修饰性定语和限制性定语，大多置于中心词之前，而英语定语无论是表示方法，还是它与中心词的意义关系，都比汉语定语复杂，英语的定语前置、后置的情况很普遍，分词短语、不定式短语、介词短语、形容词短语等做定语时常放在被修饰成分之后，翻译时一般要前置。如：

[70] The design calculations will serve as an illustrative application of the theory of semiconductor devices.

这些设计计算将是半导体器件理论的实际应用的明证。

[71] The force to change the motion of a body is proportional to the mass of the body.

改变物体运动的力与其质量成正比。

英语短语位于被修饰语之后做定语，合乎语法习惯，汉译时则遵循汉语的语法规范和习惯，一般将其前移，使原文中介词短语、不定式短语的修饰限定作用表现得更为严谨和充分，译文也显得更加紧凑和简洁。例 70 和 71，原文句子较长，逻辑较严密，译文将后面分离出去的分词短语前置并连成一句，符合原文的风格。

2）主从句位置移位

主从句位置移位，指调整主从句的位置。汉语复合句一般从前主后，受时间顺序原则支配，遵循动作发生的实际次序和逻辑上的因果次序，英语主从句排序则相对灵活，如果英语排序有悖于汉语习惯，就要调换主从位置。如：

[72] A body is negatively charged when it has electrons in excess of its normal number.

所含电子超过正常数目时，物体就带负电。

[73] The volume of a gas becomes smaller when the pressure upon it is increased.

原译：当作用在气体上的压力增大时，气体的体积就缩小。

试译：气体所受压力增大时，体积缩小。

[74] Concrete structures generally do not require much maintenance, internally or externally, if adequate provision is made for good expansion joints and firm foundations.

原译：如果有良好的伸缩缝和坚实的基础，混凝土结构一般不需要大量的室内外维修。

试译：如果伸缩缝良好，基地坚实，室内外混凝土结构一般不需大修。

例 72 和 73 原文暗含一种因果和先后承接的顺序,译文按照逻辑先后顺序处理,从句提前,以符合汉民族的思维习惯。例 74 是典型的条件关系主从复合句,条件从句可前可后,汉语则习惯于先条件后结果,其逻辑依据依然是时序,移位后更符合汉语的语感。

3) 否定部分移位

表达否定概念使用的手段因语言逻辑而显差异,就否定范围而言,汉语的否定对象一般置于否定词之后,英语则不然,常常置于谓语、主语、宾语之前,其意义和逻辑上所否定的对象不一定就是这些成分。汉译时就必须准确判断原文的语用否定对象,有时要转移否定对象。如:

(1) 否定从主语转向谓语

[75] The experiment on the transformation of energy shows that no energy can be created and none destroyed.

能量转换试验表明能量既不能创造也不能消灭。

[76] In general, no new substance forms in a physical change.

原译:一般来说,物理变化中不形成新的物质。

试译:一般来说,物理变化不会产生新物质。

两例都用否定形容词 no 来修饰名词,其否定对象按汉语习惯由主语转至谓语,意义未变,表达更有力。

(2) 否定从谓语转向状语

[77] The craft did not crash because of engine failure.

飞行器并非因引擎故障而坠毁。

[78] You cannot get AIDS by working or attending school with someone who has the disease.

人们不会因为跟艾滋病患者在一起工作或学习而染上艾滋病。

例 77 若译为"……由于引擎故障而没有坠毁",不合逻辑,将原文否定由谓语转向状语,译文才合逻辑。例 78 原文重点不是怎样才不会染上艾滋病,而是告诉人们"不会因为与艾滋病患者一起工作或学习而染上艾滋病",弄清语用重点,有利于否定对象的转移。

(3) 否定从谓语转向补语

[79] Genetic engineering is not developing fast enough.

基因工程发展得不够快。

[80] This electric motor does not work properly.

这台电动机运转得不正常。

例 80 的语用否定对象已从谓语 work 转至状语 properly，does not work 只是字面否定，而作者意念中的否定对象是 properly；例 79 同理。

（4）否定从宾语转向谓语

［81］Semiconductor devices have no filament or heaters and therefore require no heating power or warm-up time.

半导体器件没有灯丝，不需加热功率或加热时间。

英语否定词 no 和 not 可以与名词、动名词、代词等连用，否定宾语，但否定重点一般不是宾语，而是谓语，而汉语的"不"无此用法，一般不说"儿童需要不关心"，汉译时否定词则要移至谓语前。

（5）否定从介词宾语转向谓语

［82］Workers can violate the safety rules on no conditions.

工人任何时候都不能违反安全规则。

为了强调，原文将否定词置于介词短语的宾语之前，译文将它移至谓语之前，增加"任何"一词，取得了相似的强调效果。

（6）否定从主句转向从句

［83］I don't think that he can operate a new electronic computer.

我看他不会用新型电子计算机。

例 83 否定主句的谓语，译作"我不认为他会操作新型电子计算机"未尝不可，但不太顺口，译文将否定移入从句，语义未变，但更像汉语。

4）句子重心移位

句子重心指交际过程中句子的语义重心。英汉语句子重心各有侧重，英语民族重直线思维，习惯于重心句先说，再补叙其他。汉民族则重曲线思维，惯于从侧面说，阐述外围，最后点出重心。反映在语表上，英语句子结构多为重心前置，头短尾长，汉语句式结构多重心后置，头长尾短。汉译时常将原文句首重心后置。如：

［84］The people of a small country can certainly defeat aggression by a big country, if only they dare to rise in struggle, dare to take up arms and grasp in their own hands the destiny of their own country.

原译：小国人民只要敢于起来斗争，敢于拿起武器并掌握自己国家的命运，就一定能打败大国的侵略。

试译：小国人民只要敢于斗争，敢于拿起武器，掌握本国的命运，定能打败大国的侵略。

if 引导的状语从句虽长,却只是说明条件,不是主要的,所以放在主句之后。汉译则强调逻辑顺序,先说条件,再道结果,重点在后,即把主句放在句后。由此可知,汉语若有叙事和表态部分,往往先说事,再表态,英语则相反,先表态。再看例 85,原文环环紧扣。第一环:失望的态度;第二环:失望的原因是延期访问;第三环:访问原定于一月。汉译相反,从事由说起,由因致果。

[85] It was a keen disappointment when I had to postpone the visit which I intended to China in January.

原译:我原来打算在今年一月访问中国,后来不得不推迟,这使我非常失望。

试译:我打算一月访华,后来被迫推迟,我感到非常失望。

5)状语的移位

英语副词(尤其是表程度和方式时)修饰动词时,可在动词前后,修饰不及物动词时,常在其后,汉译时一般置于动词之前。许多介词短语、分词短语、不定式短语等做状语,汉译时也常常前置于谓语动词。如:

[86] Automatics, as their name implies, are machine tools which machine work pieces automatically.

自动化机器,顾名思义,是自动加工工件的机器。

[87] The operator should visually check the hole and drill after each operation.

原译:在每一次操作之后,操作者应目视检查孔和钻头。

试译:每次操作完毕,操作者应目测钻孔和钻头。

以上两例都是整个状语的移位。除了整个状语移位外,状语内部位置也会发生变动,英语同一谓语动词被两个及以上的状语修饰,一般是地点状语在时间状语之前,方式状语又在地点状语之前,这种顺序与汉语相反。英语的时间状语和地点状语,通常是单位越小越在前,单位越大越在后,汉译时,单位越大越在前,单位越小越在后。看例 88:

[88] Boeing-747 was assembled in the new factory at Everett, Washington, U.S.A.

波音-747 由美国华盛顿州埃佛雷特一家新工厂总装。

2. 转化

转化是转移的更进一步,除了其静态位置的移动外,句子成分本身也发生变化。转化在短语、单句和复句三个层面上都有可能发生。转化并不改变内容,而是改变形式,通过形式的转移变化达到意义的极似。

1) 搭配关系转化

翻译实践中,词语修饰关系调整的出发点是努力使译语的铺叙既合乎汉语语言的表达习惯,又合乎英语语句的表意内涵。

(1) 修饰语和被修饰语对调。不同民族对同一事物的思维方式和选取角度有所不同,英汉语的修饰关系和被修饰关系有时恰好相反,汉译时就需要对调。如:

[89] The mathematical model provides determination of the parametric pressure and speed of rotation fluctuation, the static values of the drive being known.

原译:在已知静走驱动值的情况下,这个数学模型可以用来判定压力参数和转速波动参数。

试译:已知静走驱动值,该数学模型可以确定压力参数和转速波动参数。

[90] The world is still engaged in a massive armaments race designed to insure continuing equivalent strength among potential adversaries.

全球仍在进行大规模的军备竞赛,潜在的对手试图继续保持力量的平衡。

例89,parametric pressure 若译为"参数的压力",语义不符原文,读者会不知所云,从专业的角度分析原文译为"压力参数",才是科技术语。例90,equivalent strength 直译为"平衡的力量"也容易理解,但语气不如转化后的译文有力。所以汉译时不可随便直译,应按照原文的逻辑关系将原文的修饰语和被修饰语对调过来,使译文合乎汉语逻辑。

(2) 修饰语转化。汉译时,本来修饰说明某一词语的修饰语有时要转向修饰说明另一词语,甚至是全句,或者相反。如:

[91] In the Aegean, bronze began to supersede copper, particularly for tools and weapons in about 1700BC.

大约公元前1700年,在爱琴海地区青铜开始代替铜,尤其是用于工具和武器制造上。

in about 1700BC 修饰其前面的两个名词 tools and weapons,译文转用作状语。

(3) 并列关系与主次关系转化。原文词语之间是并列关系或主从关系,深层结构却是主次关系或并列关系，汉译时需作转化处理。如：

［92］Fluid sand process has found application in the production of large and steel castings.

流态砂法已用于大型钢铁铸件生产。

large and steel（castings）语表上是并列关系（"大的和钢铁的铸件"），逻辑上却是主次关系，转化后译文简洁地道。

（4）疏状、限定关系与并列关系转化。原文词语之间疏状、限定关系的深层结构是并列关系，汉译时需作转化处理。如：

［93］The electrode is uniformly thin.

电极薄而均匀。

修饰 thin 的副词 uniformly 转译为形容词，结果两者形成了并列关系。

（5）同位关系与限定关系转化。英语形式上有时是同位关系，语义上却是一个词对另一个词的限定，汉译时要将同位关系转为限定关系。如：

［94］A VF carrier system can be operated over any telephone type circuit, wire or radio.

话频载波系统可利用任何电话类型的有线线路或无线线路。

wire or radio 是 telephone type circuit 的同位语，直译体现不出其内在联系，转化为限定关系后，译文更加清晰。

（6）并列关系与种属关系转化。原文词语之间并列关系的深层结构是种属关系，汉译时需作转化处理。如：

［95］Ultrasonic waves ... are reflected at discontinuities or boundaries of materials having different elastic and physical properties.

原译：超声波……在遇到突变点或弹性和物理性能不同的两种物质的分界面时会反射回来。

试译：……遇到突变点或弹性等物理性能不同的两种物质的界面，超声波会发生反射。

elastic and physical properties 语表上为并列结构，译成"弹性和物理性能"，违背了概念种属关系，即"弹性"类属于"物理性能"，不能并列。汉译时要反映两者的种属关系，并列关系就成了种属关系。

2）句子成分转化

转化在单句层表现为句子成分的转化。在不同语言的语法体系中句子成分各居其位，一旦发生语际转换，句子成分多半会随之而变。汉译时英汉语的句子成分发生转化,成分转化和词类转化有部分重合,词类转化涉及的仅是个别词,成分转化则涉及作为句子成分的词或词组,此外词类转化后会引起成分转化,而成分转化不一定带动词类转化。

(1) 主语的转化。原文主语转化为译语的其他成分。

[96] Were there no frictions, transmission of motion would be impossible.

摩擦传递运动。(主语→谓语)

[97] The mechanical energy can be changed back into electrical energy by means of a generator.

发电机将机械能转回为电能。(主语→宾语)

[98] Ultraviolet rays contain a larger amount of energy than visible light does.

紫外线的能量比可见光大。(主语→定语)

[99] 1960's saw the great development of our oil industry with the opening up of the Daqing Oilfield.

随着大庆油田的开发,20世纪60年代我国石油工业有了长足发展。(主语→状语)

有的英语名词由动词派生,仍具有动词的性质,如例96主语transmission就具有动词的内涵,汉译时转为动词谓语。英语被动语态多,汉语少,汉译时英语主语常译成汉语宾语,如例97the mechanical energy译成了汉语把字句的宾语。英语某些及物动词的宾语(表语)译成主语时,原句的主语通常译成这个主语的定语,例98将及物动词的宾语energy译为主语,而原来的主语ultraviolet rays成了译文主语的修饰语。英语表示时间、因果等的词做主语,汉译时主语通常转为汉语的状语,如例99。

(2) 谓语的转化。英译汉照顾汉语的表达习惯,原文的谓语有时也可转化为汉语的主语、宾语、定语和状语。如:

[100] Cotton and linen burn quickly and easily, and smell like burning paper.

棉布和亚麻布都易燃,气味像烧纸一样。(谓语→主语)

[101] The sun affects tremendously both the mind and body of a man.

太阳对人体和精神都有极大的影响。(谓语→宾语)

[102] The landscape of the moon was seen to have mountain ranges and craters great and small.

所见月球表面山脉纵横，火山口或大或小。（谓语→定语）

[103] After more experiments, Galileo succeeded in making a much better telescope.

反复实验后，伽利略成功地制造了一架更好的望远镜。（谓语→状语）

例100原文谓语动词smell译成了名词，谓语也随之转化为主语。例101谓语不转化，译为"太阳极大地影响人的身体和精神"未尝不可，但不如译文符合科技文体的风格。例102将原文的被动谓语译为主语的定语，表达更显紧凑。英语的某些动词谓语或合成谓语难以译成相应的谓语形式，汉译时常转译为状语，如例103。

（3）宾语的转化。英语的宾语也可转化为汉语的主语、谓语、定语、状语等成分，为便于叙述，表语的转化也列入了宾语转化。如：

[104] Water has a density of 62.4 pounds per cubic foot.
水的密度为每立方英尺62.4磅。（宾语→主语）

[105] The lower stretches of rivers show considerable variety.
河流下游情况千变万化。（宾语→谓语）

[106] Much later Heinrich Hertz demonstrated radio waves in a primitive manner.

原译：隔了相当长一段时间，赫兹用一种简单的方法证明了无线电波的存在。

试译：一段时间后，赫兹用简单方法证实了无线电波的存在。（宾语→定语）

[107] He spent the First World War in the Russian Army Signal Corps.
第一次世界大战期间，他在俄国通信兵部队服役。（宾语→状语）

如果宾语与主语关系紧密，是主语的一部分或一种属性等，有时可将宾语转译为主语，原来的主语则转为定语，如例104，密度是水的属性，汉语不说某种物质有多大的密度，而说"……密度是多少"，所以density转化为译文的主语，主语water译成了主语的定语。例105原文的宾语译做汉语的谓语"千变万化"，句子显得通顺自然。英语的宾语转化为汉语的定语，多半由增译引起。例106译文增加了宾语"存在"，不增译则会使读者不知所云，"证实了无线电波"，语气突然中断，增加"存在"使表达更为完整清晰。例107照译为"他在俄国通信兵部队度过了第一次世界大战"未尝不可，却是欧化的译文，原译转化了成分，实现了本土化。

(4) 定语的转化。英译汉中定语可以发生转化，转化为主语、谓语、宾语、状语等。如：

［108］The idea of obtaining potable water from wastewater is a psychologically difficult one for many people to accept.

从污水提取饮用水，人们心理上难以接受。（定语→主语）

［109］With catalysts, the higher rate of reaction between nitrogen and hydrogen is at 500℃.

借助催化剂，氮氢500℃时的反应速度较高。（定语→谓语）

［110］The selectivity measurement was then repeated.

然后，重复测量选择性。（定语→宾语）

［111］No drawing or model of Mr. Mill's contraption survives.

关于米尔先生的新发明，没有图纸或模型遗留下来。（定语→状语）

例108，the idea 带有长定语，主语及其定语的语义所指是一致的，"从污水提取饮用水"是"观念"的内涵，译成定语冗长，直接译为主语，更为明了。英语的形容词做名词的前置定语，汉译时可将两者颠倒，形成主谓关系，形容词作谓语，名词做主语，如例109。例110，主语 measurement 是动名词，译文将其转化为动词后，其修饰语 selectivity 就按语义转化为宾语，这样更符合汉语习惯。例111属于介词短语做定语的转化，英语介词结构中的定语或介词结构充当的定语可以转译成状语，"米尔先生的新发明的图纸或模型没有遗留下来"容易产生歧义，将介词短语转化为状语后，语义清晰，重心明了。

(5) 状语的转化。英译汉中表示地点、方位、范围、处所等的介词短语用作状语，可以转为主语、谓语、宾语和定语等。如：

［112］Throughout the world come into use the same signs and symbols of mathematics.

全世界采用同样的数学记号和符号。（状语→主语）

［113］There are nine known planets in the solar system.

已知太阳系有九大行星。（状语→主语）

［114］The wide application of electronic computers affects tremendously the development of science and technology.

原译：电子计算机的广泛应用，对科学技术发展的影响极大。

试译：电子计算机广泛应用，对科技发展影响极大。（状语→谓

语）

　　[115] Television has been successfully sent by laser, too.
　　用激光发射电视也大获成功。（状语→宾语）
　　[116] The critical temperature is different for different kinds of steel.
　　原译：对于不同类型的钢，它们的临界温度是不同的。
　　试译：不同类型的钢其临界温度不同。（状语→定语）

例112，语表上 the same signs and symbols of mathematics 是主语，进入汉语逻辑，它可以成宾语，原文状语的所指"全世界"成了主语。例113，常见的"there + be +..."句型中地点状语汉译时也常转化为主语。例114，原文的谓语汉译转化为主语，其修饰成分状语也随之发生转化。状语和宾语的语法作用相差很大，但也可发生转化，例115 照译为"电视被激光成功发射"，汉语一般不说，译文先陈述事实"用激光发射电视"，再作出评价"获得了成功"。例116 的原译过于烦琐，不像科技文体的语言风格，既然增加"它们的"做主语的定语，为何不将原文的状语直接转化为定语？意义未变，表达更为简练。

3. 词义引申

所谓引申，指从原语词语的概念义或字面义出发，使其产生符合原文实质的语境义。汉译过程中，词典里找不到与原语对应的词，或者有对应词，但不符合汉语习惯，或者出于修辞等原因的考虑，要使用引申法。大致可归纳为三种：

1) 专业化引申

英语科技文中含有大量的半技术词，借自生活，但进入科技语境，获得了专业化语义。因此，汉译时应基于本义，据所涉专业引申为专业义。如：

　　[117] Task invisible to the user include: reading the data and map files into memory and organizing them for fast retrieval; reacting to the movements of the trackball, and house-keeping.
　　用户不可见功能包括：将数据和导航图文件读入内存处理，以便快速检索，对移动光标作出响应，进行内务修整。

本例至少有三处运用到专业化引申：task（任务）引申为"功能"；retrieval（提取）引申为"检索"；house-keeping 引申为"内务修整"。

2) 具体化引申

具体化引申，又称形象化引申，英汉语不少词语的字面义颇为笼统或抽象，若按字面译出，往往难以明确和准确地转达原文的语里意义和语用意义。这时应当根据特定的语境，以原文的字面语义为基础，用比较具体或形象化的译语引申。如：

[118] For ferocity it has no peer in all the awful annals of human oppression.

原译：其残忍程度，在人类压迫的丑恶历史中，是绝无仅有的。
试译：其残忍程度在人压迫人的丑恶历史中是绝无仅有的。

human oppression 在语义关系上有潜在的动宾关系，即 oppress human 隐含了逻辑主语 human，汉译时化抽象为具体，译成"人压迫人"。

3）抽象化引申

英汉语有些词语的字面语义比较具体或形象，若直接译出，显得牵强，甚至令人费解。这时应当用译语中含义较为概括或抽象的习惯用语引申。如：

[119] Alloy belongs to a half-way house between mixtures and compounds.

原译：合金是介于混合物和化合物之间的中途旅店。
试译：合金是介于混合物和化合物的物质。

[120] The major contributors in component technology have been in the semi-conductors.

原译：元件技术中的主要贡献者是在半导体元件中。
试译：元件技术的主体是半导体元件。

例119，half-way 意为"半途的"或"中途的"；house 意为"房子"或"旅店"等，意义很具体，据上下文，"中途旅店"可作抽象化引申，译为"（中间）物质"才能达意。例120，contributors 意即"贡献者"，表示人，根据句子含义，将"主要贡献者"作进一步概括，译为"主体"。

五、换译

（一）换译及其特点

换译，即交换式全译，指相对或相应的语言表达手段相互交换的全译活动。

换译是获得语义、灵活选择表达手段的必不可少的全译方法。事物的存在往往是彼此相关的，观察和描写事物可以从相对的任何一方面入手，或者从相关的一系列方面入手，共同达到对同一事物的认识，因此上述因素彼此间可以灵活互换。

换是双向行为,包括肯否换译、主被换译、动静换译、语序换译、句型换译、虚实换译、词类换译等。

(二) 换译原则

该方法旨在追求译文通顺流畅,不仅符合汉语的语法规范和表达习惯,而且同原文达到最大限度的相似,易于读者接受。所以,换译是应语用价值和语里意义的需要而进行的语表形式变化。只是形式上的交换,换一表达方法,意义力求不变。

换译的原则:换形不换意。

(三) 换译方法

1. 肯否换译

英语和汉语一样,有肯定否定之分。一般来说,肯定与否定都能对应译出,但是,同一内容,表达方式可以多样纷呈,原文用肯定,译文可以用否定。有时,不作肯否交换,译文不仅不通,不合汉语习惯,甚至会造成误译。汉译时,原文的肯定和否定,需要从相反的角度来传达。

1) 肯定换为否定

原文的结构不带否定语气词,形式上肯定,实际表达否定,或汉语习惯上用否定语气表达时,译者须从逻辑上揭示其否定实质,将原文的肯定语气换译为否定语气。如:

[121] Particle sizes are small, rarely large enough to be seen by the human eye, and very dirty oil still looks very good to eye.

脏油颗粒的尺寸小得肉眼都看不见,因而显得相当干净。

[122] Theory of Relativity worked out by Einstein is now above many people's comprehension.

爱因斯坦提出的"相对论",现在还有不少人理解不了。

例121,原文形式看似肯定,rarely 却含有否定义"不常、很少",译文换用否定语气表达。例122,原文从正面叙述,但"在很多人的理解之上"不符合汉语的习惯,译文变换角度反面表达,译作"理解不了"。

2) 否定换为肯定

与上一种情况相反,有时原文形式否定,实质肯定,汉译时将否定换为肯定。如:

[123] It is impossible that the man-made satellite never loses its orbit velocity.

人造卫星永久保持轨道速度是不可能的。

[124] Metals do not melt until heated to a definite temperature.

金属加热到一定温度才熔化。

例123，原文从反面强调，译文将其换为肯定表达"永久保持"，也能突出原文的强调意义。例124，译文否定换为肯定，表达更为简明直接。

3）双重否定与肯定互换

双重否定即否定之否定，双重否定的深层内涵是肯定，汉译有时为了避免洋腔洋调，要依据语境灵活置换。如：

[125] Variations outside the ranges given are not unlikely.

变化值很有可能超出规定的范围。

[126] We are a nation that must work hard to keep powerful.

我国不努力就不能保持强大。

例125，原文用否定词和表示否定意义的副词表达，换为肯定，用"很"字突出了原文双重否定的效果。例126，是肯定换为双重否定的例子，原文用情态动词must表示强调，译文转而用双重否定突出强调的意味。

2. 主被换译

汉语被动态用得较少，受动者常常是被迫的，表拂意的。较之于汉语，英语被动态用得较多，尤其是在科技语体中，而且受动者并非被迫，也无拂意。在修辞上，英语主动句强调行为主体，被动句强调行为客体，汉语被动句多半表示遭受义。所以英语被动态句所表达的内容，汉语常用主动态表示，汉译时应尽量走出被动的局面。

1）被动句换为带主谓结构的主动句

[127] There are some metals, which possess the power to conduct electricity and ability to be magnetized.

原译：某些金属具有导电的能力和被磁化的能力。

试译：某些金属不但能导电，而且能磁化。

[128] These spikes, called hemagglutinin (HA) and neuraminidase (NA), play a major role in the survival of the virus.

原译：这两种钉状体，一种被称为血球凝集素，简称HA，另一种被称为神经氨酸酶，简称NA，它们在流感病毒的生存上起着重要的作用。

试译：血球凝集素（HA）和神经氨酸酶（NA）两种钉状体，对流感病毒的生存至关重要。

例127，充当主语的人或物有某种能力时，原文若是被动态，应译成汉语的主动态，因为能力是主动性的东西。说"有被磁化的能力"，无异于说"有挨骂的能力"或"有挨打的能力"。例128，原译用两个"被"字是多余的，还有一些可有可无的字眼，试译要简练得多。

2）被动句换为用"的"字结构做主语或表语的判断句

[129] Early cars were very strange: their engine had only one cylinder, and the tires on the wheels were made of iron or solid rubber.

早期的汽车很奇特：发动机只有一个气缸，轮胎是用铁或实心橡胶制成的。

[130] Fastened on the crankshaft is an eccentric (off center) disk.

固定在曲轴上面的是一只偏心盘。

[131] Produced by electrons are the X-rays, which allow the doctor to look inside a patient's body.

电子产生的是 X 射线，能帮助医生透视病人的身体。

例129，将原文被动句换为"的"字结构做表语的判断句。如果原文着重的不是受事所受的行为，而是行为所涉及的性状，如时间、地点、方式、方法、原因、结果、目的等，这类句子则常译作汉语的判断句；例130 和131，原文都是倒装语序的被动句，译文将其换为用"的"字结构做主语的判断句，"被"字无需出现。

3）被动句换为中动句

[132] Sugar can be dissolved in water.

糖可溶于水。

[133] He found that by heating milk to about 145℃ for 30 minutes most bacteria were killed.

他发现，把牛奶加热到145℃左右，持续30分钟，多数细菌会杀死。

例132 和133 的译文是意念被动句，即形式主动意义被动。这种译法一般适于原文主语为非生命物的被动句，译文谓语动词前有时加上"可、会、能、应、要、需要"等词。

4）被动句换为无主句

科技文章常常强调如何做，而不介意谁在做，这是被动态用得较多的主要原因。汉译时，可采用无主句，将原文的主语译成汉语的宾语，无需补出施事。如：

[134] Through this manifold center, nine wells are connected and con-

trolled.

这种集合管路中心可连通和控制九口油井。

［135］An interesting method of providing illumination was used in a few mines near the sea.

沿海少数矿井用过一种有趣的照明方法。

3. 动静换译

动静换译与词类转换密切相关，多半是其他词与动词的互换。动静换译反映的是事物的运动与静止两种运动状态，以及同一运动状态的动静两种语言表达形式。英语造句倾向于多用名词，叙述多呈静态，构成静态句，汉语则多倾向于用动词，叙述一般呈动态，构成动态句。英汉互译中有时需要动静换译。如：

［136］All employees must have a complete understanding of and dedication to the aims of the company.

原译：本公司的所有雇员都必须对公司的宗旨有一个彻底的理解和献身。

试译：凡本公司雇员需彻底理解公司之宗旨，并为之献身。

［137］Automation involves a detailed and continuous knowledge of the functioning of the machine system, so that the best corrective actions can be applied immediately they become necessary.

自动化要求不断细察机器系统的运作，一有必要，便立即采取最佳校正措施。

例136，原文用了动名词 understanding 和 dedication，类似用法在科学文体中比较常见，动名词的表达比较客观、准确。入句后，汉语则多用动词来表达类似的概念，换用动词表达后的译文表达更加明确。例137，knowledge 原是静态词，被前后的两个动态词 continuous 和 functioning 修饰，因此获得了动态性质，换为动态词"细察"。

4. 语序换译

任何语言的语序有常态，也有变态。能照顾原语语序的多半倾向直译，语序换译多半倾向于意译。英语句子以主谓语为核心，句子骨干突出，句内其他各成分通过语法手段、词汇手段围绕中心，由主到次，递相叠加，形成"由一到多"的散射性结构。而汉语无发达形态，句子以动词为中心，以时间先后、逻辑事理为顺序，横向铺叙，形成"由多归一"的流水式结构。汉译时，译者应按汉语造句法的特点重新组合排列，该顺译则顺译，该逆译则逆译，顺其规律，以免出现过于欧化或逻辑杂乱的译文。如：

［138］The importance of oceanography as a key to the understanding of our plant is, seldom as well appreciated.

原译：海洋学是认识我们的星球的关键，其重要性人们却很少理解。

试译：海洋学是认识我们星球的关键，其重要性却不太为人所知。

［139］The election system is such that such a large majority ordinarily cannot be attained on a major law unless at least a large part of the three major groups — business, agriculture, and labor — support it.

原译：除非某项重大议案获得商业、农业和劳工三大社会集团中至少是大部分人的支持，否则这项议案通常也不可能获得（国会）的大多数支持。这就是所谓选举制。

试译：某项重大议案至少要获得商业、农业和劳工三大社会集团大部分人的支持，否则也不可能获得（国会）多数人的支持。这就是选举制度。

例138，as a key to the understanding of our plant 做 oceanography 的限定成分，插于主谓之间，若译作主语的前置定语，句子则过于欧化，译文将其转换为分句，按汉语叙事逻辑把它放在句首，用"其"字与后分句自然衔接，译文自然流畅。例139由主到次，由一到多，句子成分递相叠加，完全按英语的思维方式从前到后依次展开，顺势而下，汉译大反其道，按深层逻辑关系从后向前逆译，为汉民族文化心理所接受。

5. 句型换译

1）四种句型的互换

由于两个民族思维、表达习惯以及两种语言句法功能的差异，表达同样的意义和语气可能用不同的句型，因而，有时需要将原文中的语气换用一种更易为译语读者所接受和理解的表达方法，更为准确、鲜明地表达原文的语义内涵。如：

［140］But one basic difference of opinion concerns the question of whether or not the city as such is to be preserved.

原译：但是一个根本的意见分歧是：像目前这样的城市是否还要保存下去？

试译：但是，根本的分歧是：这样的城市是否要保存？（陈→陈＋疑）

[141] The broader question of how late it is in teens of military balance cannot be definitely answered.

原译：更大的问题是：从军事力量对比来看，我们还落后多少年？对于这个问题，我们不能做出明确的答复。

试译：从军事力量对比看，我们还落后多少年？这个问题更大，难以作答。（陈→疑＋陈＋陈）

[142] Soon there would be no Poland to guarantee!

原译：很快就根本不会有波兰的存在了，还需要什么担保呢？

试译：波兰将亡，何需担保？（感→陈＋疑）

例141，原译照顾原语语序，因而出现"对于这个问题"这一必要的重复，试译先将问题内涵摆出，在思维上将 the broader question 与 answered 拉近，译起来更凝练。例142，原文意为"很快就没有波兰需要担保了"，不仅费解，也容易误解。译文把原文拆为两句，感叹句改为疑问句，原意豁然贯通。

2）单句与复句的换译

英语有分词独立结构、不定式短语、定语从句等多种修饰成分，汉语有连动句、兼语句、紧缩句、主谓谓语句等，汉译时应据汉语习惯，利用汉语特有的句法形式，在不变原意的前提下，进行单复句换译。

（1）单句换为复句。英语有分词独立结构、不定式短语，汉语没有，英语动名词词组、介词词组等广泛应用，译作汉语的分句，于是原文的单句换为汉语的复句。如：

[143] With a frozen supply of extra embryos, a woman can undergo a second transfer procedure at a later date without to take drugs and go through painful surgery to retrieve new eggs.

有了冷冻胚胎供应，妇女日后再次接受胚胎移植时，就无须服药，也无须再经痛苦，手术取卵。（介词短语→从句）

[144] The discovery of metals made possible the construction of more intricate and useful devices.

原译：使得有可能制造更为复杂和有用的器械是金属的发现。

试译：发现了金属，人类才能制造更复杂更有用的器械。（名词词组→从句）

[145] Cold and drought tolerant, the new variety is adaptable to north China.

这种新品种（由于）耐寒耐旱，（因此）适合在中国北方生长。

（形容词短语→分句）

例143，两个介词短语一前一后正好构成因果关系，主句在语意上反而退居从属地位。例144，原文主谓语间隐含因果关系，试译增添表因果关系的连词，名词词组译作分句，原语单句成了译语复句。例145，形容词短语 cold...tolerant 置于句首作为独立成分，表示原因，译文用两个小句表达原文，前后暗含因果关系。

（2）复句换为单句。同一思想，英语可用复句表达，汉语则用单句更简练，常见的方式包括：不同成分的从句有时译作所对应的成分，如英语主语从句译作汉语的主语等，有的译作其他成分，如原语方式状语译成汉译的定语等。如：

[146] That a moving body has kinetic energy is an important theory.
运动物体具有动能是一项重要的理论。（主语从句→主语）

[147] Something that weights one kilogram on the earth would weigh only 166 grams on the moon.
原译：在地球上重一公斤的东西到月球上却只有166克重。
试译：地球上一千克的物体到月球上只有166克。（定语从句→定语）

[148] China was the big unknown quantity until 1953, when a census was carried out.
1953年人口普查前，中国人口还是未知数。（状语从句→状语）

[149] There is no air and water on the moon. That's why no living things can live there.
月球上没有空气和水，是生物在月球上不能生存的原因。（表语从句→表语）

[150] A step-down transformer can reduce a voltage to whatever value is desired.
原译：降压变压器能把电压降低到所需要的任何数值。
试译：降压器能把电压降至所需电压。（宾语从句→宾语）

[151] Petroleum as it is found in the earth is a combination of several fractions.
地下发现的石油是由几种馏分组成的混合物。（方式状语从句→定语）

[152] Metals have important mechanical properties one of which is their machinability.

可加工性是金属的重要性能之一。(定语从句→主语)

［153］A strict vegetarian is a person who never in his life eats anything derived from animals.

原译：严格的素食者终生都不食用动物性食品。

试译：真正的素食者终生不吃动物制品。(定语从句→谓语)

［154］I had the honor of seeing Prime Minister Chou Enlai who visited Africa in 1963.

周恩来总理1963年访问非洲时，我有幸见过他。(定语从句→状语)

［155］The fact that plastics do not rust at all is shown in this example.

本例证明了塑料完全不生锈的事实。(同位语从句→定语)

3) 复句内部换译

复句，无论是并列复句，还是主从复句，或者是两类复句之间，有时可以互换；在语际转换中复句逻辑关系在不同语种中有不同的表现方式，各类复句内部的转换更是极为活跃。如：

［156］Some pathogenic bacteria live constantly in the body but cause no trouble unless there are changes in body, which lower its resistance, such as local irritation, fatigue, heat or cold, or hunger or thirst.

有些致病菌一直存于体内，但不致病，除非体内发生了局部刺激、疲劳、冷热、饥饿或干渴等变化，降低了抵抗力。(定语从句→并列分句)

［157］The earth turns round its axis as it travels about the sun.

地球一面绕太阳运行，一面绕地轴自转。(时间状语从句→并列分句)

［158］It has heightened tensions between rich and poor nations; it has introduced a widened range of issues for potential conflict.

原译：对环境问题的关心不仅使富国和穷国之间的关系更紧张，而且还可能引起更大范围的种种矛盾问题。

试译：这不仅激化了穷富国之间的关系，而且激起了更大的潜在性冲突。(并列分句→递进关系从句)

［159］Rust is an abrasive and can cause damage to the injection components.

铁锈具有磨蚀作用，能损坏喷射元件。(并列分句→原因关系从句)

例 156，which 引导的定语从句修饰 changes，中间被 in body 隔开，such as 引导的介词短语也修饰 changes，把 which 引导的定语从句译作并列句。例 157，as 引导的时间状语从句暗含伴随关系，译文添加"一面……一面……"把时间状语从句译作并列句，表达更为形象生动。例 158，原文以分号隔开并列句，深层语义关系含有前后递进关系。例 159，"磨蚀作用"是原因，"损坏"是结果，两者是因果关系，而不是并列关系。再看几例：

[160] When winds blow sand particles against a large rock for a long time, the softer layer of the rock are slowly worn away.

原译：由于风将砂粒刮起来，碰撞大岩石，久而久之，较松软的岩石层就被慢慢地磨损。

试译：风刮砂起，碰撞大岩石，久而久之，松软的岩层就慢慢风化掉了。（时间状语从句→原因从句）

[161] Where there is an object in the path of the beam of light, it can be seen.

原译：如果光束通道上有物体，就能看到它。

试译：物体如果在光束通道上，就能看到。（地点状语从句→条件从句）

[162] Electricity which is passed through the thin tungsten wire inside the bulb makes the wire very hot.

原译：当电通过灯泡里的细钨丝时，会使钨丝变得很热。

试译：电流通过灯泡的细钨丝，钨丝就会发热。（定语从句→时间从句）

[163] They were short of sticks to make frames for the climbing vines, without which the yield would be halved.

他们缺搭葡萄架的杆子，葡萄产量会减少一半。（定语从句→条件从句）

[164] Iron, which is not so strong as steel, finds wide application.

铁的强度虽不如钢，但用途仍然广泛。（定语从句→让步从句）

[165] They set up a state of their own, where they would be free to keep Negroes as slaves.

原译：他们建立起自己的国家，在那里他们可以随心所欲地把黑人当作奴隶。

试译：他们建立国家，可以随心所欲地奴役黑人。（定语从句→目的从句）

[166] In the late 1960s, a type of filter was introduced in Britain and else where that would have made cigarettes safer.

20世纪60年代后期,英国等曾采用过滤嘴减少香烟的危害。(定语从句→连动句)

[167] The researchers found that the giraffe's jugular vein, which carries blood from the head back to the heart, has lots of one-way valves in it.

研究人员发现,长颈鹿的颈静脉(能把血液从头部送回心脏)有许多单向瓣膜。(定语从句→汉语的注释式插说成分)

6. 虚实换译

虚实换译即通常所说的抽象与具体的转换,与转译的引申法相近。

1) 以虚换实

(1) 抽象概念具体化。指将原文词语的抽象内涵用译语具体词语表示出来。如:

[168] In August 1999 the Indian Draft Nuclear Doctrine called for deployment of a triad of "aircraft, mobile land-missiles & sea-based assets" to deliver nuclear weapons.

原译:1999年8月,《印度核原则草案》呼吁部署"由飞机、地面移动和海上发射国家力量"组成的三位一体的核力量。

试译:1999年8月,《印度核原则草案》要求部署"飞机机载导弹、地面移动导弹和海上发射导弹"三位一体的核力量。

原文 assets(国家资产)用词笼统,是印度军方的隐晦说法,有意模糊媒体视听,实则指导弹核武器。汉译具体化,只有译作"导弹",才符合汉语的表达,即使是重复多次也无伤大雅。

(2) 普通词义具体化。指将概括性强且语义笼统宽泛的词义范围缩小,使之具体化。如:

[169] The pupil of the eye responds to the changes of light intensity.

瞳孔可随光线的强弱而扩缩。

respond to 本义"对……反应",用于译文,显得笼统抽象,根据原文意义具体化,译作"随……扩缩",译文确切。

2) 以实转虚

以实转虚指原文具体或详细的文字,可用更概括的译语词表达。

(1) 具体词义的概括。有些词语的字面语义比较具体或形象,但若直译而出,有时则显牵强——不合译语表达习惯;有时甚至还会令人费解。在这种情况下，就应当用译语中含义较为概括或抽象的习惯用语对原语进行转换。

［170］This lobbying was particularly offset by U. S. and Chinese diplomacy after Indian's tests.

原译：在印度进行核试验之后，美国和中国的外交在一定程度上抵消了这种呼声。

试译：印度核试验之后，美中两国的外交努力在一定程度上抵消了这种呼声。

diplomacy，跟其他抽象名词相似，可以指跟"外交"有关的许多概念，如"外交政策、外交活动、外交手腕、外交策略、外交措施"等，这时具体化为"外交努力"，概念上有统领作用，语义上有包孕功能，换得恰如其分。

（2）描述文字的概括。描述是实描，常与叙述结合起来，有时细描可以转为概括性描写，或者换个角度说，会更简洁一些。如：

［171］They reach their programmed positions within a few seconds of each other and detonate. Anything nearby is a goner.

原译：导弹相继以几秒之差到达程序目标起爆。附近的一切都是一个无可挽救的东西。

试译：导弹以几秒之差相继到达程序制导目标引爆，周围一切顷刻化为灰烬。

goner，即"无可挽救的人（或物）"，意义具体直观，但照译则文理不通，因此基于goner的内涵及联想意义，将其概括性描述为"化为灰烬"。

7. 词类换译

英汉语都有名词、动词、形容词、副词、介词、连词等词类，也有彼此不同的词类，即使是同一词类，句法功能也不尽相同，英语一词多类、一词多义的现象极为普遍，两种语言中各类词的运用频率也不同，如英语广用名词，汉语广用动词等，因此，汉译时应自由运用汉语来表达原文的内涵。

1）换译为名词

英语的动词、形容词、副词、代词等均可换译为汉语的名词。如：

［172］Laser acts differently from light from common sources.
激光的作用不同于普通光源发出的光。（动词→名词）

［173］The instrument is characterized by its compactness and portability.

这种仪器的特点是结构紧凑，携带方便。（动词→名词）

英语动词分为两类：状态动词和动作动词，前者呈相对静止状态，并非真正的动作。表示主语的特征或状态时，为了适应汉语的表达，有的可转译为名词。如例172和173，动词谓语译作了名词，原有的主语成了该名词的定语。再如：

［174］The cutting tool must be strong, tough, hard, and wear resistant.

刀具必须具有强度、硬度、韧性和耐磨性。（形容词→名词）

［175］History develops by the replacement of the old by the news.

原译：历史是以新事物代替旧事物而发展的。

试译：新旧事物更替，推动了历史的发展。（形容词→名词）

［176］Both the compounds are acids. The former is strong, the latter weak.

这两种化合物都是酸：前者是强酸，后者是弱酸。（形容词→名词）

［177］Oxygen is one of the important elements in the physical world, it is very active chemically.

氧是物质世界的重要元素之一，其化学性能很活泼。（副词→名词）

［178］Though we cannot see it, there is air all around us.

原译：虽然我们看不见空气，但我们周围处处是空气。

试译：空气看不见，却在我们四周。（代词→名词）

［179］The greater the number of the free electrons in a material, the better its conductivity.

材料的自由电子数越多，导电性越好。（代词→名词）

［180］The unit of weight is the gram, that of length is the meter, and that of capacity is the litre.

重量单位是克，长度单位是公尺，容积单位是公升。（代词→名词）

某些表事物特征的英语形容词做表语，汉译时往往在其相应名词后加"性、体、度"等构词词缀，更具名词性标志，如例174。英语某些形容词前加定冠词the，已成名词。指人，则常在其后加"人、者、员"等词；指物，则常加"事情、事物、东西、问题"等词，如例175和176。科技文章中有不少以名词为词根构成的副词,它们往往含有"在……方面"或"用……方法"等意义,为使译文通顺,常将其译为名词,如例177。英语人称代词、物主代词和指示代词用得比较广泛,以避重复,汉译时,有时要译出它所代替的名词,意思才会明确,如例178、179和180。

2) 换译为动词

与英语相比,汉语多用动词。英语一句往往只用一个谓语动词,汉语则用几个动词。汉译时英语的名词、介词、形容词、副词等均可换译为汉语的动词。如:

[181] A one-celled animal or plant cannot, of course, survive the destruction of its one cell.

原译:单细胞的动物或植物,在仅有的一个细胞被破坏后当然就不能生存。

试译:单细胞动物或植物,唯一的细胞破坏后自然就不存在了。(名词→动词)

[182] The chlorine from salt is used for bleaching paper and textiles.

原译:用食盐制取的氯被用来漂白纸张和纺织品。

试译:盐中取氯,可用于漂白纸张和纺织品。(介词→动词)

[183] We are all familiar with the fact that nothing in nature will either start or stop moving of itself.

原译:我们都熟悉这样一个事实:自然界中没有一个物体会自行开始运动或自行停止运动。

试译:我们都熟悉:自然界任何物体运动不会自行开始或自行停止。(形容词→动词)

[184] The force due to the motion of molecules tends to keep them apart.

原译:由于分子运动而引起的力能使分子分离。

试译:分子运动产生的力能使分子分离。(副词→动词)

由动词派生的名词和具有动作意味的名词往往可以转译成动词,如例181。英语的词间关系借用介词常常表示潜含动作意义,汉译时可转译为动词,如例182。某些英语形容词表示情感、感受、知觉、信念等意义,在句中做表语,可译成汉语的动词,如例183。英语有些做表语的副词或复合宾语中的副词(做宾语补语),往往可译成汉语中的动词,如例184。

3) 换译为形容词

表示事物的称谓和性状的词也可能变为性质等,因此名词、副词可换译为形容词。如：

[185] The nuclear power system designed in China is of great precision.

原译：中国设计的核动力系统质量是相当精确的。（名词→形容词）

试译：中国设计的核动力系统质量相当精确。

[186] He routinely radioed another agent on the ground.

他跟另一个地勤人员进行了例行的无线电联络。（副词→形容词）

[187] His basic studies on the retina are considered the foundation for practically every advance in the neurophysiology of vision.

人们认为，他对视网膜的重要研究，奠定了视神经生理学每一次实际进展的基础。（副词→形容词）

英语常用名词表达某物的性质，汉译时可换译为汉语的形容词，如例185。英语动词译成汉语名词，或者英语形容词译成汉语名词时，修饰动词或形容词的副词往往换译成形容词，如例186和187。

4）换译为副词

事物及其属性、行为可以转换为性状，所以名词、形容词等可换译为副词。如：

[188] A steady increase of load on a part will cause it to deform gradually.

均匀增加零件的负荷会使零件逐渐变形。（形容词→副词）

[189] Below 4℃ water is in continuous expansion instead of continuous contraction.

4℃以下水不断膨胀，而非不断收缩。（形容词→副词）

[190] The influence that this genius has had on science continues at the 100th anniversary of his birth.

这位天才诞辰一百周年后还在影响科学的发展。（动词→副词）

英语名词换译成汉语动词时，原来修饰名词的形容词自然换译成副词，如例188和189。例190，原文用名词做主语，译文将其换译为动词做谓语，原文谓语动词 continues 按照汉语的表达习惯就换译为副词，成了谓语的状语。

六、分译

（一）分译及其特点

分译，即拆分式全译，指将原文拆成若干片段，使其中的词、短语或小句译成相应的译语单位。

分译不只限于把原句简单地切开，它还包括把原句的一个或几个词语或小句游离出来，甚至有可能从句中的几个不同地方把若干个成分提取出来，独立组成相应的译语单位。游离或提取时往往需要增加、重复或省略词语，有时候甚至需要重新打散安排语序。

分译出来的成分与原单位大小有的相等，如单词分译出的成分仍是单词，短语分译出的成分仍是短语；也有不相等的，小单位可分译出大成分，大单位可分译出小成分。就应用范围而言，小至词语大至复句都可分译。

（二）分译原则

分译时不仅要看句子本身，还要考虑上下文的连贯以及文体风格。比如，有些句子孤立地看用分译法较好，但从全篇看显得不连贯，就必须改变译法。另外，翻译长句时也不能忽视文体。如果用汉语短句翻译詹姆士·乔伊斯的意识流小说《尤利西斯》，原文风格会丧失殆尽。

分译时，必须考虑被拆分的部分的意思相对完整，顾及前后各部分的逻辑联系。必要时，可以添加某些汉语词语，把隐含的意思充分表达出来。需要注意的是由于英语长句涵盖的信息量较大，译完后须对照原文认真审校，以防漏译。

分译的原则：分形不损意。

（三）分译方法

1. 单词分译

英语的个别单词令译者棘手，若单独照译，颇似蛇足；若不译出，又损原意。此时，要依照句意，译成一个小句。能分译成句的单词，多为副词和形容词，动词和名词有时也可以分译。

1) 形容词分译

[191] Alchemists made resultless efforts to transform one metal into another.

炼金术士试图把一种金属变为另一种金属，完全是徒劳。

[192] Recently, very fuzzy pictures of heavy atoms have been made

with the use of a specially designed electron microscope.

最近，使用专门设计的电子显微镜，已经能拍摄重原子照片，只是非常模糊。

例191和192原文均将形容词用作评价性文字融入事实叙述中，做定语，而汉语则习惯将事实与评价分开表述，先摆事实，再作评价。

2）副词分译

［193］In practice it is found that loads up to 65 ton per connection can be satisfactorily accommodated.

实践表明，每个节点可承受荷载65吨。这种情况颇令人满意。

［194］The time could have been more profitably spent in making a detailed investigation.

如果当初做一番仔细调查，效果会更好。

例193和194原文均将副词用作评价性文字融入事实叙述中，做状语，而汉语则习惯将事实与评价分开表述，先摆事实，再作评价。

3）动词分译

［195］In those days, a cart that used an engine instead of a horse was thought to be dangerous.

当时认为，车靠发动机驱动而不用马拉是危险的。

［196］The scarcity of good actors in this town is astounding.

该市优秀演员缺乏，真令人吃惊。

例195将原句的动词谓语游离出来，将原语被动句转换为译语主动句；例196将动词分译后，构成复句，后分句的主语靠意会，当然也可添加指示代词"这"。

4）名词分译

［197］As a secret training base for a new plane, it was an excellent site, its remoteness effectively masking its activity.

原译：它作为新型飞机的秘密训练基地是很理想的；它地处边陲，人们不易了解其中的活动。

试译：作为新型飞机的秘密训练基地它是很理想的：地处边陲，不易发现。

原文的名词主语remoteness译为独立小句，与"不易发现"形成因果关系。

2. 短语分译

较之于单词分译，短语分译更常见，因为短语有时是一个句子的浓缩。能分译成一个或几个小句的短语，通常有名词性短语、动词不定式短语、分词短语、介词短语等。

1）名词短语分译

有的名词短语，若按原结构译出，或显得转折太大，译笔太秃，或显得意义残缺，不好理解。汉译时，常增加一些词语，以进一步说明含义，缓和语气，其结果，短语变成了小句。如：

［198］The wrong power-line connection will damage the motor.
电源接错了，会损坏电动机。

［199］Lower temperatures are associated with lower growth rates.
温度低，生长速度就慢。

［200］The infinitesimal amount of nuclear fuel required makes it possible to build power reactors in any part of the world.
原译：因为所需的核燃料极少，所以可能把动力反应堆建在世界上的任何地方。
试译：动力反应堆所需的核燃料极少，可以建在世界的任何地方。

这三个例子表明，英语名词短语常做主语，主谓间多含有条件、因果等逻辑关系，照译则带有欧化味道，不合汉语习惯，若分译为汉语复句中的分句，更能显豁原文的逻辑含义。

2）不定式短语分译

［201］Several theories of atomic structure were produced when the electron was discovered, only to be discarded when more information about the atom was obtained.
原译：发现电子后出现了若干种原子结构学说，后来获得了关于原子的大量资料，这些学说便被抛弃了。
试译：发现电子之后提出了几种原子结构学说，随着资料增多，都被抛弃了。

［202］To find the hottest and coldest parts of the solar system on Mercury is quite strange.
人们发现太阳系中最冷处和最热处都在水星上，这是颇为奇怪的。

例 201 后面的不定式短语实际是分句的省略，前面省去了 several theories of atomic structure were。例 202，英语不定式短语做主语，形式较长，可以分译为独立的分句。

3）分词短语分译

［203］A diode placed in a circuit acts like a valve, allowing current to flow in only one direction.

原译：装在线路中的二极管像阀门一样，只允许电流按一个方向流动。

试译：装在线路中的二极管如同阀门，只许电流单向流动。

［204］Being a gas, carbon monoxide very easily permeates through the lumps of iron oxide.

原译：一氧化碳是气体，因此很容易渗透到氧化铁里去。

试译：一氧化碳是气体，很容易渗入氧化铁。

英语分词短语往往有附加的状语含义，汉译时可将时间、条件、原因、目的、结果等从属意义表达出来。例203分词短语表结果义，例204分词短语表原因义。

4）介词短语分译

［205］Hydrogen is the lightest element with an atomic weight of 1.008.

氢是最轻的元素，原子量为1.008。

［206］The terminals of the tube are made in the form of pins at the base of the tube.

真空管的支脚做成针状，装在管子底部。

例205，介词短语是element的定语，所起的作用却不是修饰限制，而是附加说明。例206将介词短语分译出来，先说形状，后说方位，层次分明，是地道的汉语。

3. 单句分译

单句分译，指原文单句范围内的分译，主要包括词和短语分译为小句，使原语单句变为译语复句，实际上是单词分译和短语分译的补充和综合应用。其原因主要是原语单句表达了比较丰富的思想，需用译语复句表达。

1）单词、短语分译为单句，形成复句

单词或短语分译后，有的只是分译为一个词组，原文单句依然译为单句，而有的则分译为小句，原文单句随之转译为复句。如：

［207］Lathe sizes range from very little lathes with the length of the bed in several inches to very large ones turning a work many feet in length.

车床有大有小，小的只有几英寸，大的能车削数英尺长的工件。

[208] Engineered to meet California state seismic requirements, the houses are constructed of 14-inch walls, using the earth from the site mixed with 7 percent cement as a binding force.

为了满足加州的工程防震要求，这些房子用 14 英寸厚的墙建成，利用宅基的泥土，掺入 7% 的水泥，以增强黏合力。

例 207，是简单句，介词短语 from … lathes … to very … ones 是修饰谓语动词 range 的状语，介词短语 with the length of 及分词短语 turning a work many feet in length 分别是修饰 lathes 及 ones 的定语。译文将这些介词短语和分词短语分译出，先总说，后分说，层次鲜明，传达了原文的内容。例 208，主句是 the houses are constructed of 14-inch walls，句首过去分词短语 Engineered to meet California state seismic requirements 是原因状语，照译作状语句尾，现在分词短语 using the earth from the site mixed with 7 percent cement as a binding force 是方式状语，则译作三个小句，原语小句成了译语复句。

2) 短语分译为单句，形成句群

原文单句比较复杂，有很多附加成分，含几层相对独立的意思，若将其主次成分拆开，分译为一个个独立的句子，原语单句就可变为两个或两个以上的译语句子，形成句群。如：

[209] They react to form a salt, a substance with quite different properties from those of acids or bases.

它们发生反应，生成盐。盐的性质迥异于酸或碱。

4. 复句分译

1) 简单复句分译为多重复句

英语常用"聚拢型"思维方式，喜欢将众多信息凝聚于一个句子，习用长句表达复杂思想，汉语则不同，常用若干短句分层叙述。汉译时，常将英语长句分译成汉语短句。如：

[210] The isolation of the rural world because of distance and the lack of transport facilities is compounded by the paucity of the information media.

原译：因为距离远，交通工具缺乏，使农村社会与外界隔绝，这种隔绝，又由于信息媒介不足，而变得更加严重。

试译：因为地处偏远，交通工具缺乏，农村与外界隔绝，加之信息媒介不足，这种隔绝就更加严重了。

该句含有两个原因状语和介词短语，共有两层意思：其一，由于地处偏远，缺乏交通工具，农村与外界隔绝；其二，由于信息媒介不足，这种隔绝更加严重。原文为并列复句,试译成了多重复句。

2) 主从复句分译为句群

[211] And all this was done in the heart of a crowded city with very little storage space, so that the arrival of each part had to be scheduled to the minute, and the construction work so organized that there was no delay and no one got in another's way.

一切都在某个拥挤的城市中心进行。贮料空间非常小,所以每次进料的时间分秒不差;工地进度也是如此,不容拖延,互不相碍。

例211是主从复句,原文状语复杂。状语 in the heart of a crowded city 与主干部分关系紧密,构成了完整的语义;而短语 with very little storage space 与后续部分逻辑关系很强。译文用了断句法,依据各层次内容之间的紧密程度,把原句处理成两个单独的小句,而且译文第二句还使用了分号,以区分细小层次。

3) 并列复句分译为句群

[212] Another example of salt is potassium nitrate, KNO$_3$, a colorless solid which, mixed with charcoal and a little sulfur, makes gunpowder.

硝酸钾(KNO$_3$)也是一种盐。它是一种无色的固体,可与木炭和少许的硫混制火药。

例212是并列复句,含有 which 引导的定语从句,译文将定语从句分译,译文前一小句描述硝酸钾的类属,后两个小句讲述形色及其性能,分译后译文层次更加鲜明。

5. 分译调序

一般来讲,英语句子长,动词少,词序灵活,讲究平衡;而汉语句子短,动词多,语序比较固定,连词用得较少,靠词序和逻辑关系来组织成句。翻译长句时必须弄清原文结构关系,分清主次,基于逻辑层次按汉语习惯重新组合。

1) 顺序译

人类的思维有很多共性,语言表达有相通之处。如果英语长句内容按逻辑关系安排,基本上按动作发生的时间先后安排,与汉语表达习惯一致,汉译时按意群顺序拆成几部分,依次译出。如:

[213] Even when we turn off the beside lamp and are fast asleep, electricity is working for us, driving our refrigerators, heating our water, or keeping our rooms air-conditioned.

这是一个复合句，主句为 electricity is working for us，句首是 when 引导的让步状语从句，主句之后是三个现在分词短语做伴随状语，共有五层意思。逻辑关系和表达顺序与汉语完全一致。可译为：

  即使在我们关掉床头灯，沉入梦乡的时候，电仍在为我们工作：帮我们开动电冰箱，把水加热，或调节室内温度。

2）逆序译

英语长句结构层次有时与汉语相反，汉译时则从后面译起，由后至前，这叫逆序译。英语长句的层次通常不合汉语习惯，所以逆序译可能多于顺序译。如：

  [214] Miniature inspection robots are ideally suited to these tasks because they can provide valuable, high-resolution, real-time video and other data regarding the condition or status of a remote location within the plant, system, or component in addition to performing light work capacity such as loose-parts retrievals.

本例为主从复合句，主句在前，原因状语从句在后，由 because 引导。其宾语为 video and other data，宾语有三个一致定语，即 valuable、high-resolution 和 real-time，而介词短语 regarding...or component 做 data 的后置定语，其中 within 引导了介词短语，限定了 remote location 所处的位置，而介词短语 in addition to...retrievals 做状语，表示附加内容，说明机器人的功能。全句结构与汉语的先因后果的习惯正好相反。试译为：

  小型检测机器人能完成诸如松动部件复原之类的轻微工作，此外，还能为工厂、系统或者元件的远程条件或状态提供重要的高分辨率实时视频和其他数据，所以非常适于执行上述任务。

3）综合译：顺序译和逆序译并不只是单纯地使用一种，有时要把两种方法综合使用，或按照时间的先后，或按照逻辑顺序，顺逆结合、主次分明地对全句综合处理。

  [215] Computer languages may range from detailed low level close to that immediately understood by the particular computer, to the sophisticated high level which can be rendered automatically acceptable to a wide range of computers.

  计算机语言有高低级之分。低级语言比较烦琐，近乎特定计算机能直接理解的语言，高级语言比较复杂，适用范围广，广为计算机自动接受。

"range from ... to ..."这种结构，照译则是生搬硬套，显得生涩难懂。译文将原句结构顺序打乱，重新组合，在保持整体顺序译的同时，将其中两部分内容提出单独表述。

七、合译

（一）合译及其特点

合译，即融合式全译，指译文在语表形式上发生整合，原文的几个语言单位整合为一个语言单位。合句可以避免语言的拖沓和重复，使译文更加严谨、简洁、紧凑。

合译能提供比较完整紧凑的信息，可以使译文主次分明，意思连贯，文字精练简洁。如原文小句可以压缩为译语小句的一个成分等。

（二）合译原则

合译的主要目的是为了使译文更符合译语的表达习惯，表达更趋向于简洁、洗练。是否合译，要酌情考虑。求简但不能陋简，压缩得读不明白，合译则适得其反了。

合译的原则：合形不损意。

（三）合译方法

1. 单句合译

原语单句内某个短语或某些词浓缩为译语的一个词，从而使译句简练。

1）单句部分合译

　　［216］When this question is answered, even better and cheaper magnetic materials can be developed.

　　原译：如果这一问题得到解决，就能研制出更好、更便宜的磁性材料。

　　试译：这个问题一旦解决，就能研制出更好更便宜的磁性材料。

　　［217］The percentage of wells going on gas lift has increased considerably in recent years — particularly since the end of World War II.

　　近几年来，特别是第二次世界大战之后，气举井的比例有了较大的增长。

例216，试译用"一旦"可将 when ... is (answered) 的内涵包容进去，使译文更简洁。例217，"气举井"是短语 wells going on gas lift 的缩合，原文短语变成了汉语术语。

2）单句整体合译

[218] Intermittent lift is used on wells with fluid volumes that are relatively low, or wells that have the following characteristics: (1) high PI with low bottom hole pressure; (2) low PI with low bottom hole pressure.

间歇气举既可适用于低产井，也可适用于采油指数高、井底压力低，或者采油指数与井底压力都低的井。

[219] The mantle of your high office has been placed on your shoulder at a time when the world at large and this Organization are going through an exceptionally critical phase.

原译：正当全世界和本组织处于一个异常危急的时期中，这个崇高职务的重担落到了你的肩上。

试译：你受命于全世界和本组织危难之际，位高责重呀。

例218，"低产井"是 wells with fluid volumes that are relatively low 的高度浓缩，原文包括小句 that are relatively low，这是原文描述性文字术语化的结果。例219，从句 when the world at large and this Organization are going through an exceptionally critical phase 浓缩成了译句的一个状语。

2. 复句合译

有的命题，单句与复句均可以表达，复句融合为单句主要以意义传达为中心，充分运用汉语优势及其所独有的特殊句式，如兼语句、连动句、主谓短语等，采取最简练的表述手段。如：

[220] In other words mineral substances which are found on the earth must be extracted by digging, boring holes, artificial explosions, or similar operations which make them available to us.

换言之，地球上已探明的矿物必须经过挖掘、钻孔、人工爆破等方式才能开采出来。

[221] Natural chemical reactions also take place when iron rusts, or when peat is formed.

铁生锈和泥煤的形成也是天然的化学反应。

[222] Yet they all have in common something which distinguishes them from all other compounds that are not acids, bases and salts: when dissolved in water, they can conduct an electric current.

酸、碱、盐有别于非酸、碱、盐的共性是溶于水后能导电。

[223] On many steep mountain slopes the erosional agents are so active

that they even scour and remove fresh rock before it has been appreciably softened by weathering.

原译：在许多陡峭的山坡上，侵蚀营力十分活跃，甚至于在风化作用使新鲜岩石明显地变松软以前就把它冲刷和搬运走了。

试译：在许多陡坡上，侵蚀营力十分活跃，风化松软之前新岩石就被冲刷搬运走了。

例220，原文定语从句 which make them available to us 省略未译，其意思包含在"开采出来"之中，这样原文的主从复合句就合译为单句。例221，译文将原文的两个状语从句换译为两个短语，复句合译为单句，表达更简练。例222 由冒号分开的两个并列分句组成：前分句带两个定语从句，后分句是带时间状语从句的主从复合句。理解原文后可摆脱原文的结构，把含有五个分句的多重复句译为单句。层次减少了，译文更明确。例223，原文为三层复句关系，译文将原文 before 引导的状语从句换译为状语，这样译文就只有两层复句关系了，复句融合为新的复句。

3. 句群合译

1）单句和复句合译为单句

[224] It is passed through a stationary medium. This medium may be either a solid or else a liquid that is held by a solid.

它穿过固定介质——一种固体或被固体挡住的液体。

原文前一句为单句，后一复句是对前文 medium 的补充说明，将其合二为一，用破折号连接，破折号起解释说明的作用。

2）句群整体合译为单句

[225] The various processes which may be used in fabricating a monolithic circuit are briefly reviewed. The advantages and disadvantages of each process are enumerated.

原译：本文扼要地叙述了用来制造单块电路的各种工艺及其优缺点。

试译：本文简述了单块电路的各种制造工艺及其优缺点。

[226] The boiling points of hydrocarbons are different. They can be removed from petroleum by controlling their temperature.

原译：各种碳氢化合物的沸点不同，通过温度控制可将其从石油里分馏出来。

试译：通过温度控制可将沸点不同的各种碳氢化合物从石油里分馏

出来。

例 225，原文前一句为一个较长的复句，后一句为单句，后一句的 each process 同前句的 processes 意义关联，译文将其合二为一，不仅避免了重复，而且表达也更为紧凑、严密。例 226 原译，两句子之间有因果关系，英语的因果句群合译为汉语的因果复句；试译则合译为单句。

3）两个单句合译为复句

[227] John had been picked up by another ship. The ship's captain had sent out a message.

约翰被另外一艘船救起，因为他遇险的那艘船的船长发出了求救信号。

前后两个单句之间也是因果关系，译文运用汉语的连接词，再现了原文句群果因顺序。

4）单句和复句合译为复句

[228] They can kill living cells, causing bad burns. They can destroy the proper functioning of cells and turn them into cancer cells. They can change the genes, which control heredity.

它们能杀死活细胞，引起严重烧伤；能妨碍细胞发挥正常的功能，将其转变为癌细胞；还能改变控制遗传的基因。

原文由三个小句构成，其中有单句，有复句，讲述的是同一个对象 they 的不同功能，各功能之间是并列关系，译文换用分号将其连接起来，使表达不至于太过松散，语义之间的联系更加紧密。

4. 译语重铸

译语重铸，指按照原文的内容及其逻辑重点，抛开原文的叙述排列顺序，解构原文，按译语思维和表达习惯，重新组织内容。有时甚至需要像炼钢一样，将原文内容剥离出来，彻底摆脱原文形式的束缚，进行杂糅和重铸，换用译语读者接受的方式表达。可以说，重铸是对以上几种变换规律的综合运用。

[229] But without Adolph Hitler, who was possessed of a demoniac personality, a granite will, uncanny instincts, a cold ruthlessness, a remarkable intellect, a soaring imagination and — until toward the end, when drunk with power and success, he overreached himself — an amazing capacity to size up people and situations, there almost certainly would never have

been a Third Reich.

句中 there almost certainly would never have been a Third Reich 是主干部分，Adolph Hitler 带有非限定性定语从句，中间插入了由破折号分开、until 引起的时间状语，时间状语又带有时间从句，原文表达顺序与汉语宏观一致，微观有别，可以综合处理。试比较：

  原译：然而，如果没有阿道夫·希特勒，那就几乎可以肯定不会有第三帝国。因为阿道夫·希特勒有着恶魔般的性格、花岗石般的意志、不可思议的本能、无情的冷酷、杰出的智力、深远的想象力，以及对人和局势惊人的判断力。这种判断力和胜利使他冲昏了头脑而自不量力，终于弄巧成拙。

  试译：然而，没有阿道夫·希特勒，几乎不可能产生第三帝国。因为他性如恶魔，志如花岗，本能非凡，冷酷无情，智力超群，想象力丰富，对人对事判断准确。他被权力和胜利冲昏了头脑，自不量力，终于弄巧成拙。

第三章 变译方法论

第一节 变译的轴心：摄取

由变译的本质可知，变译的行为是摄取，这是变译活动的轴心。

摄取是有效的吸收，吸收之中有选择，有取舍，有消化，有反嚼，不是一般的完完整整的输入。摄取属于翻译活动的语用策略，大而言之，是文化交流层面的策略，体现了文化价值，是翻译主体性的最大限度的体现，是宏观的翻译策略。摄取原作内外有益的东西，其结果是译作在宏观上不同于原作。

摄取包括内容的吸取和形式的改造。

一、吸取内容

（一）吸取原作之内的内容

据研究（黄忠廉，2002：156），摘译、编译、译述、缩译、综述、述评、译评、译写、改译、阐译、参译和仿作等十二种变译方法，以原作内容保留的多寡和新内容的添加为准，摘译、编译、译述、缩译、综述等可归为一类，其全部信息来自原作，变译者在原作范围内发挥主观能动性，变译的信息量不超过原作范围。（见图6）

观察图6，由下往上看，线AB逐渐缩短至线 A_1B_1，至线 A_nB_n，直至点O，由摘→编→述→缩→综，全译的份额逐渐紧缩，表明由全译发展到综述，交叉点O是综述转向述评的临界点，跨过交点O就开始吸收原作之外的信息了。△OAB 图示的是全部信息来自原作之内的变译世界。

（二）吸取原作内外的内容

与吸取原作之内信息的变译相比，还存在另一类变译方式，即述评、译评、译写、改译、阐译、参译、仿作等，其全部信息来自原作内外，变译者在原作范围内外发挥主观能动性,变译的信息超出原作范围。

图6 变译体系结构图

△OAB 指信息来自原作之内的变译,△OCD 指信息来自原作内外的变译

观察图6,继续往上看,由点 O 逐渐扩展到线 C_nD_n,至线 C_1D_1,直至线 CD,创作的内容逐渐增加,途经评→写→改→阐→参→仿等,创作的份额达到极致,直至译者的独创。△OCD 图示的是全部信息来自原作内外的变译世界。

二、改造形式

(一) 译作形式随内容而变

内容与形式是变译的一大矛盾,摄取是解决这一矛盾的战略,变通是解决问题的战术。变译是满足特殊条件下特定读者特殊需求的翻译策略。这里的特殊需求就是指特殊条件下特定读者对内容的要求。面对文本,不同的读

者会有不同的需求，有需要片断的，有需要核心内容的，有需要浓缩性内容的，译者明白读者的所需，将这一动机变化为变译的指南，对原作内容进行变通。内容因此而发生了变化。

内容决定形式，在内容与形式的关系中内容起决定性作用。在变译中，有什么样的内容需求，就有什么样的形式相配。如果读者需要原作中的部分信息，就会出现摘译式文本；如果需要浓缩性信息，就会出现缩译式文本，如果需要综合性信息，就会出现综述；如果需要阐释性文本，就会出现阐译，等等。

原作的内容因其随接受语境的变化而显出不同的价值，包括整体内容的价值和其中部分内容的价值。形式随内容而改变的变译方法在变译中占多数，包括：摘译、某些编译、某些译述、缩译、综述、述评、某些译评、某些改译、某些阐译、某些译写、少量参译和仿作。

（二）原作内容不变译作形式变

内容决定形式，不等于说原作内容只有一种形式。语用条件不同，同一内容可有多种形式。如原作的内容不错，但段序不当，可以调整再译，这就涉及编译。又如原作的诗歌形式译作了散文形式，这是改译，如瞿秋白用散文体译高尔基的《海燕》，戈宝权恢复了原作的散文诗形式。再如对外国某首小诗的赏析，先将原诗译出，再加以评析的文字，是译评。

内容不变形式变的变译方法在变译中占少数，包括：某些编译、某些译述、某些译评、某些改译、某些阐译、某些译写。

第二节　摄取的精髓：变

摄取的结果是译作不同于原作，不同的原因在于其精髓——变。

一、变的内涵

变是变化之一种，即变通，但倾向于大的变化，宏观的变化，质的变化。

"变化"一词分为"变"与"化"，是一对范畴，在哲学范畴史上，两者的区别是顿变渐化。对于变与化，周敦颐承《中庸》"动则变，变则化"的思想，提到了运动的相对稳定的化与显著变动的变两种形式。张载在解释《周易》变化思想时，认为"变，言其著；化，言其渐"。变是一种迅速的、显著的变化形式；化是一种缓慢的不觉的变化形式。变指顿变，骤变；化指渐化，不显著的变化（张立文，2001：303）。

变译理论之核心为"变",指"性质、状态或情况跟原来有了不同"[①],相应的英语意义为 change, become different[②];"变无不通,变则可久"。

二、变的形式

内容的变与化,都可以体现在结构和数量上,区别在于前者程度大,后者程度小。内容、结构与数量的变化是相通的,变译中三合一多,单打一少,分开阐释旨在说明问题。变通的结果有三种形态,变大,变小,变优,可归为三种形式:

(一) 内容上大变

与原作相比,变译作品的内容发生较大的变化,引起了译作的质变。例如,原作用例不适于译语读者,换上新例,改译出来的文字内容上明显不同于原作,这表明变译使原作的信息变优,引起了质变。又如,读者需要原作最精短的信息,缩译出来的文字明显少于原作,这表明变译使原作的信息变少,也会引起质变。

(二) 数量上大变

与原作相比,变译作品的构成要素数量发生较大的变化,引起了译作的质变。例如,对原作信息量的摘取,摘译出来的文字明显少于原作,这表明变译使原作信息变少,引起了质变;又如,在原作全译基础上添写和评论,译写和译评出来的文字明显多于原作,这表明变译使原作信息变多,也会引起质变。

(三) 结构上大变

与原作相比,变译作品的构成要素结构发生较大的变化,引起了译作的质变。在原作变译基础上添写和评论,照样是译写和译评,文字可能与原作差不多,但结构不同于原作,这表明变译使原作信息变优,增值,引起了质变。又如,原作数十篇,综述为一篇,原作的结构荡然无存,结构更是发生了巨变,这表明变译使原作信息集约,也引起了质变。

[①] 李行健主编:《现代汉语规范词典》,外语教学与研究出版社、语文出版社2004年版。
[②] 吴景荣、程镇球主编:《新时代汉英大词典》,商务印书馆2000年版。

第三节　变译的策略：变通＋(全译)

一、变通

变通，指"处理事情时，对规定等酌情作非原则性的变动"①，相应的英语意义为 be flexible, make changes according to specific conditions②；《辞海》解释为"灵活运用，不拘常规"；《易·系辞下》解释更深刻："变通者，趣时者也"，趣时，即趋时。此变更并非要彻底地改变原有事物，而是在不改变其根本属性的基础上的变更，并且还要考虑到具体的情况。"通权达变"，则为"变通"。

借助哲学上对"变"的界定，考虑到变译的本质，变通的内涵可认定为：变通是为了满足特定条件下特定读者的特殊需求而对原作较大的灵活变动的行为，包括增、减、编、述、缩、并、改、仿等八种。在此只做梗概式阐述，第四节的十二种变译方法会深化对八种变通策略的认识。

(一) 增

增，指在原作基础上增加信息，可分为释、评、写。其显著特征是译文信息量大于原作信息量。

1. 释

释，即阐释，是在译文中对原作某部分内容的解释，包括释典（解释典故）、释古（用现代的语言解释古代的）、释义（解释词义或文义）、释疑（解释疑难点）等。释的总原因是译语读者对某些内容不甚了解，这些内容或历史久远，或文化内涵丰富艰深，或过于专业化，或使人生疑，不解释不足以让读者明白，不足以使信息传播畅通无阻。释随文而作，代替通常的脚注和尾注，它融入译文之中，使译文的信息量大于原作。

文化一旦产生，其交流就是必然的。没有文化交流，就没有文化发展。交流是不可避免的，无论谁都挡不住。一种文化既有其民族性，又有时代性。一个民族自己创造文化，并不断发展，成为传统文化，这是文化的民族性。一个民族创造了文化，同时在发展过程中它又必然接受别的民族的文化，进行文化交流，这就是文化的时代性。民族性与时代性有矛盾，但又统一，缺一不可。继承传统文化，就是保持文化的民族性；吸收外国文化，进

---

① 李行健主编：《现代汉语规范词典》，外语教学与研究出版社、语文出版社2004年版。
② 吴景荣、程镇球主编：《新时代汉英大词典》，商务印书馆2000年版。

行文化交流，就是保持文化的时代性。所以文化的民族性与时代性这个问题是会贯彻始终的。旅游经济的蓬勃发展为世界各国文化的交流提供了一个良好的契机，在文化交流过程中，如何把中国传统的文化译介到国外进而能被外国人所理解，是目前旅游界也是翻译界所共同面临的一个问题。好比典故，不管是中国的"三顾茅庐"，还是国外的 jump the couch（跳沙发——意指某个人情绪非常激动，已经陷入到不能自拔的地步），不了解这些典故的时代背景，译语读者又如何能理解其真正的含义呢？此时，解释是免不了的。译作的内容理所当然就更丰富了，尽管此时对原文语义上的忠实度会打一定的折扣。例如：

（桃花源）始建于晋，初兴于唐，鼎盛于宋，大毁于元，时兴时衰于明清，萧条于民国，渐复于解放后，大规模修复开发于 1990。

Taohuayuan (the peach flower source) was first built in the Jin Dynasty (256—439 A. D), began to take shape in the Tang Dynasty (618—709), flourished in the Song Dynasty (960—1297), and went to ruin in the Yuan Dynasty (1297—1368). With ups and downs through the Ming and Qing Dynasties (1368—1911), it was almost abandoned in the times of the Republic of China (1912—1949). Its restoration was made from the year 1949 and a large-scale expansion and development began in 1990.（贾文波，2003）

汉语突出历朝历代是为了表示其历史悠久、文化丰富，因为中国人一看就明白，而国外读者可能就不太清楚。汉语原文用词精当，连贯流畅，且朗朗上口，一目了然。但在译文中有几处必须阐释清楚，否则会导致译文读者的困惑："晋、唐、宋、元、明、清、民国、解放后"具体是什么年代？国外游客不见得清楚，而这又是理解原文内容的关键信息，必须在译文中增添注释（译文加画线部分）。

2. 评

评，即评论，是对所译的内容进行批评或发表议论，包括评估（评价和估计所译的内容）、评价（评定所译内容的价值高低）、评介（评价所译内容并介绍相关情况）、评判（判定所译内容的是非优劣）、评析（评价所译内容并加以分析）等。评的目的就是为了让读者更深入地理解所译内容，知其价值所在。

"评"包括"鉴赏"和"批评"。鉴赏是对原作的品鉴和赏析。鉴赏之中有一定的评价，但不是主体，鉴赏允许偏好，说某原作如何如何，是鉴赏。批评以鉴赏为先导，道出鉴赏的内在依据，批评不仅仅只是针对"缺点"，还应该包括"优点"的评价。以"优"补"缺"，这样的批评才能提高读者对译本的鉴别能力与审美意识。

3. 写

写，指在译文中添写与所译部分相关的内容。按空间位置可分：译前写、译后写和译中写。译前写一般是交代背景，为后面所译内容做铺垫；译后写一般是追加添上，对前面所译内容补充；译中写一般是承上启下，巧妙嵌入，为译文补充内容，增大信息量。

翻译中的"写"是根据特定读者的要求，增加与原作相关的内容，除了阐发和评论外，它还包括添加、补充和拓展性创作。写加大了译作的信息量，加大了创作的成分。如：

> 苔干有清热降压、通经脉、壮筋骨、去口臭、解热毒酒毒及治疗心脏病、神经官能症、消化不良、贫血诸功效。
>
> <u>Taigan has been believed to be able to produce certain medical effects</u>, namely, to allay a fever, to reduce hypertension, to strengthen physical and mental functions, to relieve halitosis and to dispel the effects of alcohol. <u>Taigan can also be served as a medical diet</u> for those who are suffering from heart failure, neurosis, indigestion and anemia. （刘俊烈译）

以上广告的译文中画线部分 Taigan has been believed to be able to produce certain medical effects 和 Taigan can also be served as a medical diet 是译者添写上去的。增加了译文的可读性和可信度，从而发挥了广告语应有的功能。

（二）减

减是总体上去掉原作中在译者看来读者所不需要的信息内容。

有时去掉的是原作的残枝败叶，挤掉的是水分，表现为对原作的取舍。译者竭力提高变译的供求吻合程度。从翻译现实来看，需要是翻译活动的最初动力，凡是直接或间接地与读者需求吻合程度较高的信息即可保留，凡是与之相偏离或关系微小的信息即可舍去。减的显著特征是译文信息量明显小于原文信息量。

减表现为以少显多，以个别反映一般，以一斑窥全豹等。减的目的在于以小见大，以少胜多，以需要为标准，让有用信息的价值充分展示出来。吕叔湘 1979 年翻译了赵元任的 *A Grammar of Spoken Chinese*（《中国话的文法》）。原书供英语读者使用，共 847 页，但吕叔湘译的《汉语口语语法》却只有 378 页，内容减少了一半还多。究其因，原文针对的是外国读者，论述的繁简不一定符合中国读者的需要，因此翻译的时候，斟酌情况，重要的地方全译，多数地方删繁就简，少数地方从略，但是就内容来说，没有实质性的削减。

著名的 *CNN World Report* 栏目组承担着与全世界 120 个国家和地区电视广播公司的节目交流工作，其观众既有英美等英语国家的人士，也包括世界上 100 个国家以英语为外语的人士。这些电视观众的文化背景迥异，英语水平也有很大的差异，加之电视语言的瞬时性，因此，译者的表达要简洁，用经济的语言表达丰富的思想，尽量删去可有可无的词句，但又不影响表达内容的完整和准确。对于电视新闻这种特殊的文体，译文中采取"删减"的手段，尽管显得背"信"弃"意"，但这种符合英语新闻报道的"不信"是完全必要的。

（三）编

编即编辑，指将原作内容条理化、有序化，使之更完美、更精致的行为，包括编选（从原作中选取一部分加以整理）、编排（按一定的顺序将原作内容重新排列先后）、编写（将原作提供的材料加以整理，写成译语文字）等。原文在此可是句群、段落、文/书，亦可是多文多书，对其编辑，旨在使主旨更加鲜明，依主旨的需要去组织原作材料，使内容非常明确集中，能给人留下清晰深刻的印象，使内容单一，为中心服务。

编译必须充分理解原作，仔细斟酌保持原作内容的相对完整性。出色的译者总能全局在胸，紧扣局部，既忠于原作的灵魂，又利于读者理解与接受。这正是译者要编译好一篇译文应该遵循的。与一般的翻译一样，理解是进行编译工作的关键，编译者只有准确地理解原文，才能综观"全局"，抓住原文的核心或有参考价值的部分，避免断章取义或以点带面，把曲解原作的可能性减到尽量小的程度。一个高明的编译者应该具有较高的鉴别能力和分析能力，以保证用优化的结构传出原作的内容或部分内容。相反，一个蹩脚的编译者往往"丢了西瓜，捡了芝麻"，或者虽然费尽心机却仍不能向读者提供最佳信息。

由此可见，编要付出更多的劳动，甚至要复杂得多。译者在动笔之前要反复阅读原文，虚心向各类工具书求教，直到完全理解，然后考虑哪些段落需要字斟句酌地译出，哪些可以适当地删减一带而过。译好之后还要反复修改直至自己满意为止。初试编译者最好首先将全文译出，然后再决定词句的取舍。对于较为粗糙的原作，聪明的编译者应既是译者又是编辑，在不影响原作内容的情况下将译文重组段落，或顺叙或倒叙或插叙，总之做到条理清楚，以更符合中国读者的阅读习惯。有些较长的原文还可给每个大段另立小标题，使读者看到编译文便对文章一目了然。

（四）述

述，即将内容写下或说出，包括转述（把基本或主要内容简练地表达出来）和复述（将内容重说一遍），不斤斤于字比句次，只求把意义传达出来，是地道的舍形取意。述基于原作的内容，改变原作表达形式，一般用叙述语言传达内容，所以有摘有编，更有概括。舍细节，求粗略是其特征。如：

> 饭店采用低楼层设计，亭园水榭，绿树成荫，阔落庭院，配合瑰丽豪华的大堂，自然成为北京最热门的聚会地点。
>
> Luxuriant water gardens and a courtyard highlight the Hotel's low-rise setting.

"亭园水榭"、"阔落庭院"等，分别用英文转述为 Luxuriant water gardens 和 a courtyard，加上动词 highlight 来陈述与 the Hotel's low-rise setting 的关系，这是译述。

从以上例子我们可以看出，译述显示出了极大的灵活性，可以说，它解放了译者。但译述时不能带个人情感和主观态度，而应该客观地反映原文全部或部分内容，即"述而不作"。最典型的例子莫过于林琴南的翻译，不懂外文却翻译外国文学作品达 180 多种，林所采用的就是他人口授，自己追记的方法，即转述的方法。所以，林译小说显得自然流畅而绝无翻译腔，在中国产生了深远的影响。

（五）缩

缩，即压缩或浓缩，是减少事物内部不需要的部分，从而增加所需部分的相对含量的方法。变译中的"缩"是对原作内容的浓缩，用非常凝练的译语将原作压缩，信息量由大变小，远小于原作，篇幅由长变短。

我们常说："缩减开支"等，这里的"缩减"两字意义相近。但变通手段中的"缩减"既有相同之处，也有不同之处。所谓相同，两者都使原文信息减少。不同则在于"减"是纯粹去掉原文中的冗余信息。而"缩"除了去掉一些不需要的信息外，还要用非常凝练的译语把原文的核心内容表达出来，这里涉及译者的"创造"。

中文广告撰稿人在广告写作中的浮夸风是显而易见的。如果忠实地翻译成英文，其英文版本必然不堪卒读。只有对这类修饰词丰富、信息过剩的广告进行"浓缩"，才能达到广告的效应。

（六）并

并，即合并，是根据需要将原作中同类或有先后逻辑关系的两个及其有关的部分合并。相关联的部分可能是句、句群、段、篇、章，甚至是书。译文信息量可能会大于原文，也可能小于原文信息量。

并的原因有两种。一是原作结构不妥当，缺乏条理，本该在一起的，结果分割两地，主要表现在句、句群和段的层面上。二是据读者要求，把原作相关部分或多篇原作合并为一，多表现为篇、章和书。合并之前，原作视需要或全译，或变译，全译的条件是原作信息重要且篇幅短小，变译的前提是篇幅大或多，且信息冗余。

综述是并的具体体现。一方面要求综述者充分掌握有关资料，并对有关讨论有一定的了解和研究；另一方面要求综述者对这些资料作出鉴别、筛选、整理和评论。比如把关于某一专题的许多观点相同或相似的文章收集起来，然后从每篇文章中选取一部分，中间加上一些串联的文字，个别的也可多多少少再加一点自己的看法，就成为自己的"新作"。

（七）改

改即改变，使原作发生明显的变化，改变内容或形式，包括改换（改掉原作中的内容或形式，换成适合译语读者的内容或形式）、改编（据原作内容采用另一种体裁重写）和改造（修改整个原作，以便译作适合新的要求）等。

改，给人直观感觉就是改变了原作的模样。体裁变了，原说明文变记叙文，莎翁的十四行诗变成中国儿歌，情诗变成打油诗；结构变了，原长篇小说变摘要；风格变了，将 *Rip Van Winkle* 中的可怕老太婆的话译成贤良淑女的，把《西游记》中的孙悟空的口吻译成西方上帝的。诺基亚著名的中文广告词"科技以人为本"，即使让 1000 位翻译家分头重新把它译成英文，译文绝不会都是 connecting people。该广告中文文本从修辞学上讲都已经达到很高的水平，句子精辟程度和可读性都不比原文差。而译文的意境往往都比原文更深远。

因此，改，有为了适应译语本土的，也有为了避免"食洋不化"或原作"水土不服"的，有为了译者更好地沟通原作与读者的需求的，还有为了克服原作之不足的。在这种情况下，改肯定是少不了的，或改变情节，或改变例证，或改变形式。有所改，有所不改，在于特定条件，在于特定读者，更在于对译作的特定要求。

（八）仿

仿，即模仿，照某种现有的方法或式样学着做。

从发展的角度看，万事起于模仿。为学术界所公认的中国第一部全面系统研究汉语语法的专著《马氏文通》，尽管不是译著，却是和译著具有同样的渊源背景的著作，它系统地模仿了西方的传统语法，对中国语法的研究作出开创性的贡献，的确做到了马建忠所说的"探夫自有文字以来至今未宣之秘奥，启其缄滕，导后人以先路"。应该肯定，马建忠的工作，既是模仿，又是创造，既带来前所未有的异国治学之道，又使汉语语法研究在一个全新的基础上获得了发展。

翻译中的模仿，首先要求译者充分领悟原作，在此基础之上，再进行临摹。模仿的内容既能被译语读者所接受，形式也与原作相仿。比如翻译汉语广告时既可模仿英语中成功的广告先例，也可套用英美等国脍炙人口的名诗佳句。例如，"红玫相机新奉献"（"红玫"相机广告）被仿作为 My love is like a red, red rose, 仿彭斯名句 "My love is like a red, red rose".（杨全红用例）。"今日的风采，昨夜的绿世界"（"绿世界"化妆品广告）译为 "Give me Green World, or Give me yesterday"。（刘泽权用例）仿作美国独立战争期间著名诗人亨利鼓舞人民战斗精神的名句 "Give me liberty, or give me deat"。这两则广告译得巧妙优雅，颇有诗化功能，抓住了英语读者的审美情趣，借助名诗的靓装招揽顾客，可谓匠心独运，引人入胜。

但是模仿久了，译者也会对原作有更深层次的认识，也许看不惯原作中的某些东西，对其改动改动，当然是为比较顺眼起见的缘故。这就是仿作——仿照原作内容或译语作品的内容和形式进行译语创作的活动。在某种程度上，仿作更接近译语创作，好比描红，但绝不是依葫芦画瓢，描红也是一种创作。

二、全译

全译，也称完整性翻译，是译者将甲语文化信息转换成乙语以求得风格极似的思维活动和语际活动。全译力求保留原文的内容、形式和风格。详尽论述见第二章。

变译有时包含全译，或在全译基础上变通，如全译之后加以评论，或在变译之后变通，如在摘删之后再译。

第四节　十二种变译方法

一、摘译

（一）摘译及其特点

摘译，顾名思义，指先摘后译的变译方法。

"摘"的古义之一是"选取",如李贺《南园》诗云:"寻章摘句老雕虫,晓月当帘挂玉弓"里的"寻章摘句",概括了摘译活动中"摘"的基本内涵。"摘"的对象可以是书中的一章,文中的一段,段中的一句,句中的一词,然后将其完整地翻译出来。

摘译的关键是"摘",因为它决定了摘译活动的意义和摘译文的价值。一般说来,"摘"即采撷原作精华,但"精华"的厘定标准是动态的。有时,在原作者看来或者从原作的信息结构看是精华的部分,译者不一定认为是精华。同样,译者认为是精髓的东西,读者不一定认为是精髓。"精华"的确定,要考虑知识信息的价值因素、时代政治因素,特别是读者的审美取向、兴趣爱好和期待视野。一旦选取了对象,就要按照全译的方式,将其完整地传译出来。"摘"与"译"的顺序,是先摘后译,而不是先译后摘。否则,就违背了摘译的一个初衷:提高效率。

从翻译实践看,摘译较适于自然科学和社会科学文献的翻译,如科技年报、政府文件、技术报告、学术论文和著作、调查报告、新闻报道、发言讲话、操作指南、书刊目录、协会组织机构等。摘译的孪生兄弟节译则多用于文学类文本的翻译,如小说、诗歌、剧本、回忆录、采访录等。如《钢铁是怎样炼成的》这部苏联的文学巨著基本上同我国主流意识形态和政治文化精神相一致,它所弘扬的为共产主义奋斗的精神与我国当时为国家重建所倡导的奉献精神相合拍,这部作品自首次被译成中文后,就成为家喻户晓、长盛不衰的畅销书,保尔精神也启迪和教育了中国上下几代人。出于当时的历史、政治需求和意识形态的制约,当年译者在翻译过程中对作品进行了大量的删节或取舍,其中删掉了保尔加入"工人反对派"以及与两个女友间的爱情故事等在当时有损保尔崇高形象的情节,在当时的政治气候下,人们只能看到节译本,直到20世纪90年代该书的全译本才增补上删除的多达4万字左右篇幅的内容(郝吉环,2004:55)。

(二) 摘译的方法

摘译活动有自己特殊的程序,要运用一定的方法。在方法的运用上还要注意一些技术问题。

1. 摘译程序

同全译相比,摘译多了一道"摘"的程序。摘译的过程为:理解—摘选—(理解)—全译。摘译首先要求译者在宏观层面上透彻地把握原作的内容,在此基础之上区分内容的主次,确定值得翻译的最有价值的内容。其次是将原作最有价值的部分抽取出来。一次摘选有时不够,还要进行第二次摘选,因为从原作中抽取的部分,可能还有"水分"可挤,即在语言表述上显得啰唆繁复,可以去掉某些词句,以使关键信息更加突出,但要注意删减之后句段的逻辑衔接与连贯问题。确定了摘译对象,有时还需要进行第二次理解活动,如确定特殊的或最新的技术词语的含义,以及原文有无科学性错误。第一次理解为宏观的、整体的、粗略的理解,第二次理解则是微观的、局部的、精细的理解。最后,在准确领悟原意的基础上进行全译。

2. 微观摘译方法

段以下的语篇层面的摘译方法统称为微观摘译方法,包括摘词语译、摘句译和摘段译。

1) 摘词语译

摘取词语翻译是摘译的一种特殊形式,此方法所产生的摘译文不能形成独立的语篇,仅作为学术写作讨论或论证的一种手段,为写作服务。后面将要讨论的变译方法之一——参译也会用到。这里摘译的词语一般都是一书一文中的核心概念。有时一个核心概念或观点在一位学者的多部著作或文章中出现,使得摘译源无法确定。例如,田传茂(2003a)研究对话式英语幽默的建构手段,认为"为了保证会话的顺利进行,双方必须遵守一些基本原则,特别是'合作原则'(the Principle of Cooperation)"。其中的"合作原则"就是摘词语译,摘自美国著名语言哲学家格莱斯(H. Paul Grice)的名篇《逻辑与会话》(*Logic and Conversation*, 1975)。看具体的例子。

> The shift of emphasis from understanding the other to understanding the world of his work implies a corresponding shift in the conception of the *hermeneutical circle*. By hermeneutical circle Romanticist thinkers meant that the understanding of a text cannot be an objective procedure in the sense of scientific objectivity, but necessarily involves a *pre-comprehension* which expresses the way in which the reader has already understood himself and his world. Therefore, a kind of circularity occurs between understanding a text and understanding oneself. Such is in condensed terms the principle of the "hermeneutical circle". (刘宓庆用例)

摘译文:阐释学循环圈(hermeneutical circle);前理解(pre-comprehension)

上文是法国当代阐释学家利科关于文本阐释的一段论述。其中有两个关键概念:*hermeneutical circle* 和 *pre-comprehension*。前者认为:主体对文本的理解不可能是一个纯客观的过程,它不可避免地牵涉主体本身的一个前理解〔此概念中的 *hermeneutical* 一词源于 Hermes(赫尔墨斯)。赫尔墨斯是希腊神话中众神的信使,由于传达神的旨意不可避免地会添加自己的阐释,"阐

第三章 变译方法论　　　　　　　　　　　　　　　　　　　　107

释学/解释学（hermeneutics）"因之得名］。后者指主体的潜在经验和能力。这两个概念可用于有关文本诠释的研究文章中，作为佐证或对其进行讨论。

2）摘句译

摘句译就是段中摘句译，其单位可以是一个句子，也可以是一个句群。该方法适用于段中存在中心句（群）的情形。就科技文章而言，段落的中心句（群）是那些表述事实和结论的句子，其他叙述条件、原因、推理的说明句、展开句、衬托句可以略去。如：

Blame beer gut on genes

A beer-gut gene that gives fellas flabby tummies has been discovered by scientists. The medical breakthrough proves that guzzling ale is not the only reason why men develop saggy stomachs. They can also inherit from their parents a body make-up much more likely to run to fat. The beer-gut gene was tracked down by Italian experts. They found that men with a particular variant of it called DD were twice as likely to get fat. And they are also significantly more likely to put on the pounds around their midriff. Dr. Carol Cooper said: "This sounds like a New Year's gift for all those guys who are tubby round the middle but aren't ready to give up the trips to the boozer. You're stuck with the genes you're born with, which could be just the excuse lardy lads who like a drink are looking for." Dr. Pasquale Strazzullo warned the findings might not apply to British men—because the research was based entirely on Italians. (《中国日报》网站，2003/01/13)

意大利科学家发现，体内携带一种被称做 DD 的啤酒肚基因变体的男子发胖的几率是常人的两倍。

上文是一则科技新闻报道。科学家最新发现，男子啤酒肚的产生源于体内一种叫做 DD 的特殊基因变体。段中第 5 句正是这一科学新发现的核心内容，因此将其作为摘译对象。这是单句摘译。要注意的是，原句中代词 they 和 it 指代不清，摘译时要还原为其所指代的具体对象。又如：

Oceans becoming more acidic

The world's oceans are slowly getting more acidic, say scientists. The researchers from California say the change is taking place in response to higher levels of carbon dioxide in the atmosphere. The lowering of the waters' pH value is not great at the moment but could pose a serious threat to current marine life if it continues, they warn. Ken Caldeira and Michael Wickett, from the Lawrence Livermore National Laboratory, report their concerns in the journal *Nature*. <u>Increasing use of fossil fuels means more carbon dioxide is going into the air, and most of it will eventually be absorbed by seawater. Once in the water, it reacts to form carbonic acid.</u> Scientists believe that the oceans have already become slightly more acidic over the last century. But these researchers have tried to predict what will happen in the future by combining what we know about the history of the oceans with computer models of climate change … (下略)(《中国日报》网站，2003/09/26)

摘译文：越来越多的化石燃料消耗意味着更多的二氧化碳被排放到空气中，而且大部分最终将被海水吸收。二氧化碳一旦进入水中，就会发生反应形成碳酸。

原文的中心题旨是海水的酸性化程度正在提高。海水之所以酸性化，是由于二氧化碳进入海水，并被海水吸收，而二氧化碳来自于石油、煤炭等化石燃料的燃烧排放。例中第5句和第6句，即画线部分指明了题旨——海水酸性化的原因，因此选其作为摘译对象。这是句群摘译。

上面两例都是篇中摘句（群）译，还可以是书中摘句（群）译，如"所谓翻译，是在译语中用最切近而又最自然的对等语再现原语的信息，首先是意义，其次是文体"，是国内译学研究者在其书文中频繁引用的摘译文，摘自 E. A. Nida 与 C. R. Taber 合著的《翻译的理论与实践》(*The Theory and Practice of Translation*, 1969)，这里为节省篇幅，不附原文。

还有一种比较特殊的摘译，那就是标题摘译。摘译标题也能传达原作的关键信息。这种摘译方法比较适合于新闻标题的翻译，因为新闻标题一般都包含了文章最重要的信息，新闻传播学里有所谓"题好一半文"的说法。新闻标题的摘译一般围绕某个重要事件的外刊报道，如党的"十六大"外刊新闻报道标题摘译，中国载人宇宙飞船首次成功环地飞行的外刊新闻标题摘译等。

标题摘译介于摘词译与摘句译之间，因为标题的语言单位可以是一个词（组），也可以是一个句子，如 *Global warming a bigger threat to poor*（全球变暖加剧贫穷），*Ice collapse speeds up glaciers*（南极冰架坍塌加速冰河流动）。

3）摘段译

摘段译中的"段"，可以是一篇文章中的"段"，也可以是一本书中的"段"；段的数目没有限制，可以是一段，也可以是数段，一切视段落内容的重要性、整体性和译者/读者的需要而定。摘段译一般应完整地保存所选取段落的形式结构。当然，在原文语言多繁复、欠精练的情况下，容许删去枝叶，即那些无关要旨的词句。若是段群摘译，还应注意段群之间的衔接与连贯。另外，学术论文的摘要在结构形式上表现为一个独立的段落，其翻译是一种特殊的摘段译。下面分别就篇中摘段译、书中摘段译、段群摘译以及摘要摘译举例说明。如：

Aboriginals got to America first

A "LOST TRIBE" that reached America from Australia may have been the first native Americans, according to a new theory…（下略）（《中国日报》网站，2004/09/09）

一种新理论认为，一个来自澳大利亚的"迷失部落"可能是美洲最早的土著居民。

文章第一段就回答了标题设置的悬念："谁是第一批踏足美洲的人？"因此，摘译选取首段作为翻译对象。不过，要注意的是，一个段落有时只有一个句子，此时的摘段译就是摘句译。也就是说，摘句译和摘段译在一定条件下可以相互转化。又如：

Between the symbol and the referent there is no relation other than the indirect one, which consists in its being used by someone to stand for a referent. Symbol and Referent, that is to say, are not connected directly (and when, for grammatical reasons, we imply such a relation, it will merely be an imputed, as opposed to a real, relation) but only indirectly round the two sides of the triangle.

摘译文：符号与所指对象之间除了间接关系之外没有相联的关系，这种间接关系就是符号被用来代表所指。这就是说，符号与所指不是直接相关的——即使出于语法上的考虑暗示有这样的关系时，那也只不过是推导性的，不是什么实在关系——二者只是沿三角形的两条边延伸，产生间接关系。（刘宓庆用例）

《意义的意义》是奥格登与瑞恰兹研究语言意义的名著，其中有关"指称三角图式"的论述广为人们摘译引用。刘宓庆（2001：249）在讨论"指号论意义观"时摘选并翻译了书中一个相关的关键段落（即上例）。注意译文将原文的圆括号换成破折号，使附加语与正文融为一体。再如：

Salmonella Enteritidis emerged as a major egg-associated pathogen in the late 20th century. Epidemiologic data from England, Wales, and the United States indicate that *S.* Enteritidis filled the ecologic niche vacated by eradication of *S*. Gallinarum from poultry, leading to an epidemic increase in human infections. We tested this hypothesis by retrospective analysis of epidemiologic surveys in Germany and demonstrated that the number of human *S*. Enteritidis cases is inversely related to the prevalence of *S*. Gallinarum in poultry. Mathematical models combining epidemiology with population biology suggest that *S*. Gallinarum competitively excluded *S*. Enteritidis from poultry flocks early in the 20th century.

摘译文：20世纪晚期，肠炎沙门氏菌已成为一种与蛋相关的主要致病菌。来自英格兰、威尔士及美国的流行病学数据表明肠炎沙门氏菌因家禽鸡沙门氏菌的消灭而充斥于生态小环境中，导致了人类感染流行的增加。通过对德国流行病学监测的回顾性分析验证了这种假设，证明了肠炎沙门氏菌病例数与家禽鸡沙门氏菌的流行呈负相关。基于流行病学与种群生物学建立的数学模型表明20世纪早期由于家禽群集鸡沙门氏菌竞争性排斥肠炎沙门氏菌。(《中国人兽共患病杂志》2001年第1期，第118页)

上例是一篇英语学术论文的摘要及其翻译。摘要虽然从属于文章，但却是相对独立的语篇单位，是文章思想的浓缩和精华，因此经常作为摘译对象。再看一例：

Smart Glass Knows When It Needs Another Beer

[1] Drink up that beer — another will soon be whisked to the table thanks to a hi-tech pint glass that tells bar staff when it needs refilling.

[2] Developed by a Japanese electronics company, the intelligent glass is fitted with a radio-frequency coil in its base and emits a signal to a receiver set in the table when it's empty, *New Scientist* magazine reported Thursday.

[3] The glassware system works by coating each glass with a clear, conducting material, enabling it to measure exactly how much liquid has been sipped or guzzled.

[4] When empty, the glass sends an electronic cry for more beer from the table to waiters equipped with hand-held computers on frequencies similar to those used by mobile phones.

[5] A team from the Mitsubishi Electric Research Laboratories working in Cambridge, Massachusetts has made the first prototypes, but may find it hard to sell the idea to Britons.

[6] "It sounds like a fun idea, but I don't think it would work in our

pubs," said a spokesman for J. D. Wetherspoon, which runs over 500 pubs in Britain.

［7］"The tradition in Britain is to get up and go to the bar for a round of drinks, not to have a waiter bring beers to the table, no matter how quickly," he said.（《中国日报》网站，2002/04/09）

摘译文：据周四的《新科学家》杂志报道，一家日本电子公司研制出一种智能啤酒杯。这种酒杯将一个可以发射无线电频率的线圈置于杯子底部，这样当酒杯空了的时候线圈就会向吧台的接收仪器发出信号。

这种智能酒杯的工作原理是给酒杯涂上一层光洁的传导材料，这样无论顾客是小啜还是狂饮，这套系统都可以测量出酒杯中还剩下多少酒。

当酒杯空了的时候，它就会从顾客坐的桌子发出电子提示声提醒服务生需要添酒了，而服务生手中则拿着可以接收频率的掌中电脑，与手机发出频率的道理差不多。

上例原文是一篇科技新闻报道。第一段是引子，引出发明智能酒杯的新闻，第二、三、四段介绍这种智能啤酒杯的工作原理，最后三段是关于该新型酒杯的市场前景。显然原文最重要的信息是第二、三、四段。这是篇中摘段群译，书中摘段群译方法类似，从略。

3. 宏观摘译方法

微观和宏观摘译方法的划分以摘译对象语篇结构的相对完整性为依据。词、词组、句、句群、段、段群的语篇结构，从内容和形式结构看，完整性和独立性均较差，特别是词和词组摘译文，不能构成独立的文本。摘要的语篇结构，虽然相对完整，但因其篇幅短小似段，归入微观摘译方法。书中的章节，语篇的独立性较强，思想情节自成体系，而且形式结构完整，其翻译属于宏观摘译。

摘章节译，即从书中抽取一章一节或几章几节翻译，在翻译实践中较为常见，习惯上称为节译。进行节译的原因是多方面的，可能是译者在有限的人力物力条件下为了让读者先睹为快，也可能书中只有个别章节较有价值，还可能是译者出于某种特殊目的。摘章节译一般要求保持所摘取部分的原貌，但特殊情况下也允许进行第二次"摘取"，即在选定章节后，再在选定的章节中摘选重要的句段，但要严格依照原作的语篇结构顺序，注意句段的衔接与连贯。摘译文应体现原章节的基本面貌。

我国古典名著《红楼梦》早期的译本大都是摘译本。这些译本选取的章节不等，有的相当于国内120回本的80回，有的只相当于40—50回，但基本反映了《红楼梦》的故事情节。科学著作方面的摘章节译，如哥白尼的《天球运行论》(*De Revolutionibus Orbium Coelestium*)，先有李启斌的节译本（主要是前言和第一卷），由科学出版社于1973年出版，然后才有叶式辉的全译本和张卜天先生的重译本。从某种意义上讲，著作的章节摘译是全译的先导，它在第一时间将原作中最精华的部分奉献给读者。若广受欢迎，就会出现全译本。若全译有瑕疵，就会出现重译。受篇幅限制，这里不拟就摘章节译举例说明。

4. 摘译的技术问题

在摘译的格式和摘译方法的运用上，有几个基本的技术问题需要注意。

1）摘译文的标注问题

翻译实践中，摘译的标注方式多种多样，如"……摘译"，"……（摘译）"，"据……摘译"，"摘译自……"，"……节译"，"节译自……"，"据……选译"，"……删译"，等等。实际上，"摘"与"选"同义，"节"与"删"同义，前者与后者只是从不同的角度看待同一翻译行为。摘译文的标注可采用"原作标题+（摘译）"。这种标注法的优点是既直截了当，又清楚明了。读者一眼就可以看出译文是摘译，以及摘自哪篇文章。实践中有的摘译文未用圆括弧将"摘译"两字括起，这易生误解。读者可能认为原文就是摘录，所读的不过是全译罢了。如果摘译文弃用原作标题而另拟标题，则不宜采用这种标注法，下文再议。

2）关于作者姓名、译者姓名以及摘译源信息的问题

从国内报纸杂志的摘译文的实际情况看，不少摘译文未署原作者姓名，将译者姓名置于文尾的圆括弧内，或者干脆不提供译者姓名。绝大部分摘译文都未提供摘译源信息。规范的摘译文必须提供作者姓名、译者姓名以及摘译源信息。若译文标注采用"原作标题+（摘译）"，则可在标题下注明："作者姓名+著"，在文尾的圆括弧内标明："译者姓名+'摘译自'+摘译源信息。"摘译源信息包括原作者姓名、书或文章名、出版年份、起止页码。若是文章，还要提供所发表的杂志名。如果摘译文另拟标题，则在标题下注明："作者姓名+著"和"译者姓名+摘译/节译/选译/删译"，在文尾的圆括弧内只需标明摘译源信息以及"译文标题为译者所加"字样。

3）关于摘译文的标题

摘译文标题一般应采用原作标题，理由上文已作交代。如果原作标题不能准确概括摘译文的内容，也容许译者变更标题。另拟标题应遵循切题、传神、精当的原则。也就是说，新标题要点明摘译文最关键的信息，起到画龙

点睛的作用。标题的变更涉及摘译文的标注问题。若摘译文另拟标题，则摘译文的标注不宜采用"原作标题＋（摘译）"的方法，因为原标题已不存在，新标题只是代表摘译文，并不代表源文本。在这种情况下，摘译文只用新标题，"（摘译）"略去，在标题下标明："作者姓名＋著"和"译者姓名＋摘译"。

4) 关于摘删部分的标记

在某些情况下，要对所摘或所删的部分做上适当的标记，如向报纸杂志、广播电视、出版社投的摘译稿件，因为摘译文需要审校核对。比较方便的方法是对所摘取的部分标上下画线，或者对删去的部分标上单删除线。也可用文字进行说明，如"摘自（某书）第5—10页"，"摘自（某杂志）第6—8页"等。

（三）摘译的原则

摘译，作为最基本的一种变译活动，怎么摘，如何译，均有原则可循，并非可以随意为之，否则就蜕变为胡译、乱译。摘译的总体原则是：大处着眼，小处着手，去粗取精，去伪存真，各取所需，有所为，有所不为。具体说来，摘译的原则包括：

1. 内容的重要性

任何文本，其内容都有主次之分，轻重之别。例如一篇文学作品，既有低潮，也有高潮；一部科技文献，既有前人的研究成果（陈旧信息）介绍，也有自己的推陈出新或者独创。这就要求译者要有较高的人文与科学素养，以及很强的辨识能力。一名合格的摘译者，要有一双慧眼，能从原作纷繁芜杂的信息中准确地抓住其核心内容，就像打蛇要打七寸。最重要、最新奇、最有价值的内容，正是读者感兴趣的东西，也是摘译活动的出发点和目的地。

2. 选择的针对性

确定最重要的内容作为摘译对象之后，还须考虑"重要性"的衡量标准。就摘译活动而言，"内容重要性"的标准是动态的。以不同的视角为出发点，选定的内容可能不一样。可以说，摘译者（也许是某个组织）采用的标准决定了翻译内容的取舍。如果译者只是考虑原作的语篇内容结构，那么，那个客观存在的内容核心就是摘译的对象。如果译者考虑的是读者的特殊兴趣和目的，则摘译的对象不一定是原作内容结构中最重要的部分，而是与读者最利害攸关、迎合读者的兴趣而非知识诉求或者特殊目的的部分。例如有人摘译2004年美国国会报告，就选取了其中与中国密切相关的部分为翻译对象。

此外，摘译文读者对象的选择也直接影响摘译对象的确定。以新技术发明文献的摘译为例，若是针对普通读者，则着重于原文中有关该技术发明的作用与功能以及对人们日常生活的影响；若是针对专门技术人员，则着重于该技术发明的过程和结果。例如读者为专业人员的国家级学术期刊《国外塑料》在其征稿简则中将摘译对象确定为原作的"技术关键和重要数据信息"。

3. 内容的简要性

选定摘译对象之后，译者可能会发现，原文个别词句啰唆多余，因此译者在翻译前还可进行第二次摘删的工作，以使主题变得更鲜明，文字更精练，中心更突出，尽可能地节省读者的阅读时间，使其能一眼即看出所需信息。

摘译为了求"简"，可以删减词、句、段。但是必须注意，在保存原作重要信息的前提下，这种删减不能影响译文语篇词、句、段之间的逻辑衔接。摘译与编译不同，一般不能增加衔接词句，要始终保持原文的本来面目。如果摘删影响叙述的逻辑衔接与连贯，即使此种摘删不涉及原文的重要内容，也是不容许的。

4. 结构的整体性

摘译文当然不可能保存原作的整体面貌。既然是摘译，译文只能是原作的一部分。这里所强调的结构的整体性，是指一旦摘译对象确定之后，所摘部分的语篇结构特点应尽可能地加以保存，一般不对原文的语篇形式和内容作出变动，除非原文的语言累赘繁复，需要第二次摘删。因此，相对于全译而言，摘译文结构的整体性只是局部结构的整体性而已。

5. 翻译的客观性

译者在选定翻译对象之后，应采用全译的策略，不能运用其他变译方法，例如不能改变对象的宏观结构，不能改变原文的写作风格，不能添加摘译者个人的观点。增减词语，词序调整，都应是全译范畴之内的技巧，而不是变译范畴中那种导致原文形式结构和思想内容产生质变的增词添句、顺序大变动。

摘译各原则之间是相互联系、相互影响的。例如，内容的重要性决定了对原文内容的选择具有针对性，因为原文总有主次之分，轻重之别，甚至优劣并存，择优汰劣正是摘译极其重要的前导性、基础性工作，这就要求摘选要有针对性；反之，选择有了针对性，就可以保证所选内容是原作中最有价值的内容，同时也保证了摘译工作本身的价值。

内容的简要性、结构的整体性和翻译的客观性之间也是紧密联系的。内容的简要性不能与结构的整体性相抵触。译者不能为了传译原作的关键内容而将目光仅仅局限于重要的词句，还应注意词句之间的衔接与连贯，否则就会破坏摘译文结构的相对完整性。同时，只有保存原作局部结构的整体性才可能有翻译的客观性，反之亦然。

二、编译

（一）编译及其特点

编译，指对原作加工整理然后翻译的变译方法。

据《现代汉语词典》（1999年版），编译包括编辑和翻译。编辑与翻译，像一对连体的孪生兄弟，在编译活动中形影不离，缺一不成其为编译。就编辑和翻译的关系而言，编辑服务于翻译。就"编"和"译"的顺序来说，是先编后译，不是先翻译后编写。就编译的重心而言，应是原作最有价值的内容。就编译文和原作的关系而言，原文的内容和形式发生了变化，但主题思想和宏观篇章结构得以保存。就编译的比例而言，是译大于编，即翻译的内容大于编写的内容，后者从属于前者，为前者服务。此外，编译还必须考虑读者的特殊诉求。

编译的加工是指将原作制成新作，以达到翻译的特定要求；另一层意思是使原文更完善，更能为译文读者所接受。整理则指使原文更加条理化，或据译者（或读者）要求更具针对性，调整局部秩序，使之有序化。从内容看，编译可能有删有增。原作中重复、次要、有知识逻辑性错误的内容被删去，连缀思想、加强逻辑性的文字被增补到译文之中。要注意的是，删不能伤及原作之"筋骨"，原文的骨架应予保存；增的内容不能与原文内容相抵触，更不能取而代之唱主角，只能是原文的补缀。从形式看，编译文对原文的词、句、段的顺序有不同程度的局部调整，但整体的架构还在，能够看到原作的大致轮廓。

从理论上讲，编译几乎适用于任何文体范式。但相对而言，编译较适于新闻报道、学术论文、新学术领域等的译介。

（二）编译的方法

同全译相比，编译多一道编辑程序。同摘译相比，编译除了摘选外，还包括合并、调序、增添等手段。这些编译技巧分开来看，可视作微观的编译方法，它们可运用于从词句到篇章的各个语篇层次的翻译。而它们在不同语篇层次上的综合运用，又可看做宏观的编译方法。就一篇完整的作品的编译来看，是有一定程序可循的。

1. 编译程序

就编译而言，第一步是像全译那样，通读原作，直至透彻领悟。在全盘理解原作这一环节，首先要抓住原作主题，进而按照与主题的远近关系，对作者的观点和论据进行归纳、排序，然后根据观点和论据之间的联系，把握文本的内在逻辑走向。能够反映原作特色的内容要特别注意，文本的整体语言风格以及决定予以摘选部分的语言特色和细微之处要能了然于胸。

第二步是编辑。编辑主要是对原作的内容和结构进行的增减、合并与调序。删减的主要是那些与原作主题关系疏远或不相干的内容，重复啰唆的内容，模棱两可的内容，犯有事实性、知识性、逻辑性错误的内容，以及构成文化冲突或者对目标语读者有害的内容。增加的是加强原作主旨以及逻辑纽带的词句。合并的是原作中松散的词、句、段。调整的是原作中颠倒、混乱的语篇结构。所有这些具体的编辑工作的目的在于创造一个内容完整、主题明确、条理清晰的编译作品。

第三步是翻译。这里的翻译是全译意义上的翻译。编译者要严格按照全译程序一丝不苟地翻译所摘选的原作内容，不再容许任意增删，避难就易，述其大意。原作局部的语篇内容、结构与语言风格要忠实地予以保存。

2. 编译基本技巧

编译基本技巧主要是指编译中"编"的技巧，包括摘取、合并、增添、调序等技巧。

1）摘取法

摘取是编译最常用、最主要的方法，因此有人把编译称为"摘编"。摘取的对象一般是原作中与主题最为密切的论点和论据，以及能反映原作特色的内容。当然，如果篇幅允许，摘取对象可进一步扩大，一些解释性的重要论据也可包括进来。在编译实践中，摘取法必须同其他编译技巧一起运用，不可能单独运用，否则，就成了摘译。下面的例子主要运用了摘取与合并两种技巧。

[1] Generally speaking, a wetland is a marsh, swamp, bog, or similar area. Water is the main factor that determines whether an area will have this designation. Interacting with other environmental factors, it causes the development of specific kinds of soil, plant life, and animal life. Though a wetland may not always be flooded, it is usually wet most of the year.

[2] Marshes are usually flat areas that are most often covered with shallow water. They may be fed by springs, streams, runoff from surrounding land, rain, or ocean tides. Marsh vegetation consists mostly of soft-stemmed plants such as water lilies, cattails, reeds, and several varieties of hardy grasses. These plants may grow out of the water. Or they may float on it.

They may even exist completely submerged.

　　[3] Although marshes are often covered by standing water, swamps contain moving water. Swamps are usually water logged in winter and early spring. However, they are often quite dry during the summer. Unlike marshes, with their soft-stemmed growths, swamps have a plentiful supply of large trees. Swamps may develop in valleys, beside lakes or ponds, or along the edges, or flood plains, of rivers.

　　[4] Bogs are wetlands with very poor drainage. They form most often in low, forested areas called kettleholes. Dead plants, as they decay, create a spongy bog soil called peat. Some bogs have layers of peat forty feet deep. This soil is so acid that only acid-loving plants can live there.

　　编译文：一般说来，湿地指沼泽，滩涂，泥沼，或类似的地貌。决定湿地类别的主要依据是水。例如，沼泽通常指常年为浅水覆盖的平坦区域，而且积水通常是一潭死水。滩涂亦为水所覆盖，却有流水。泥沼则是泄水状况很差的湿地。（田传茂，2000：175—176）

　　原作分为四段，其主旨是介绍湿地的类型和特点。与主题有关的句子都标上了下划线。从编译文可以看出，原作的宏观语篇结构，即思维逻辑的发展顺序，得以保存。此编译文的具体操作过程为：首先确定主题，即湿地介绍；然后摘取与主题最为密切的内容，即湿地的类型与特点；为了准确地说明沼泽的特点，译者还运用了合并法，将第三段首句的前半部分合并到第二段的首句，这是合句法，而原作四段并作一段，这是合段法。另外，为了行文流畅，译者在编译文中增加了"例如"一词，这是增添。

　　2）合并法

　　合并法其实也是全译的一种技巧。词、句、段的分合在全译中是一种常态，只不过在编译中运用得更加自由灵活罢了。编译中的合并，除了相邻的词、句、段的融合外，还可以是不相邻的词、句、段的组合，甚至是一段的一个子句与另一段的一个子句的结合。更准确地说，这种合并已是嫁接。下面是世界著名的英国物理学家斯蒂芬·霍金的文章《生命起源及人的未来》(*The Origin of Life and Future of Humans*) 的第一段：

　　[1] By far the most complex systems that we have are our own bodies. [2] Life seems to have originated in the primordial oceans that covered the Earth four billion years ago. [3] How this happened we don't know. [4] It may be that random collisions between atoms built up macromolecules that could reproduce themselves and assemble themselves into more complicated

structures. [5] What we do know is that by three and a half billion years ago the highly complicated molecule DNA had emerged. [6] DNA is the basis for all life on Earth. [7] It has a double helix structure, like a spiral staircase, which was discovered by Francis Crick and James Watson in the Cavendish lab at Cambridge in 1953. [8] The two strands of the double helix are linked by pairs of nucleic acids like the treads in a spiral staircase. [9] There are four kinds of nucleic acids. [10] I won't try to pronounce their names because my speech synthesizer makes a mess of them. [11] Obviously it was not designed for molecular biologists. [12] But I can refer to them by their initials, C, G, A, and T. [13] The order in which the different nucleic acids occur along the spiral staircase carries the genetic information that enables the DNA molecule to assemble an organism around it and reproduce itself. [14] As the DNA made copies of itself there would have been occasional errors in the order of the nucleic acids along the spiral. [15] In most cases the mistakes in copying would have made the DNA unable to reproduce itself. [16] Such genetic errors, or mutations as they are called, would die out. [17] But in a few cases the error or mutation would increase the chances of the DNA surviving and reproducing. [18] This natural selection of mutations was first proposed by another Cambridge man, Charles Darwin, in 1857, though he didn't know the mechanism for it. [19] Thus the information content in the sequence of nucleic acids would gradually evolve and increase in complexity. (《英语世界》2000年第10期,第91—92页)

  编译文:生命可能起源于40亿年前覆盖着地球的原始海洋。我们能够确定的是,35亿年前,高度复杂的分子DNA就出现了。DNA是地球上所有生命的基础。它具有像螺旋式楼梯一样的双螺旋结构,其两股由成对的核酸联结。核酸有四种。这些不同的核酸,携带着基因信息,像螺旋式楼梯排成序列,使DNA分子能围绕它聚集成一个有机体并自我复制。DNA自我复制时,偶尔会在核酸的螺旋序列上出错。大多数情况下,复制中的错误会使DNA自我复制终止。这些基因错误,即所谓变异,会自行消失。但在少数情况下,错误或变异会增加DNA存活和复制的机会。核酸序列中的信息含量就这样逐渐进化并越来越复杂。

  上例原文讲述的主题是生命的起源。因此,摘取的内容应以此为依据,无关的或关系不密切的内容要删去。注意编译中删减的对象,不一定是完整的句子和段落,可以是词、词组和子句。例如,原文中第7句中定语从句

which was discovered by Francis Crick and James Watson in the Cavendish lab at Cambridge in 1953 与第 8 句的比喻 like the treads in a spiral staircase，内容与原作主题关系不紧密，译者将其删掉了。同时，第 7 句的前半部分与第 8 句关系紧密，译者将其合成一句，并将重复的 double helix 省略不译。编译中，某些词、句、段删减之后，要注意剩下部分的衔接与连贯，以及思想的完整性。合并法可以帮助译者达到这些要求。另外，语篇成分的合并不一定是相邻的句段，合并的依据在于其内容的密切相关性。

3）增添法

编译的增添词句要大大高于摘译。摘译中的增添仅服务于句段的衔接与连贯，其使用频率和数量应严格控制。一句话，在摘译中，尽量不用增添，以保持作品的原貌。而编译则不同，除了着眼于衔接与连贯的增添词句外，还可以是为了突出原作的主题思想而增添词句。例如，

中山大学概况

中山大学，原名广东大学，由中国民族主义革命先驱孙中山先生于 1924 年亲手创办。1926 年，为纪念孙中山先生，改名为中山大学。

中山大学是一所以文理科为基础的综合性大学。自国家设立重点大学制度以来，中山大学一直是全国重点大学之一，是华南地区培养高层次人才的重要基地。

中山医科大学的前身——博济医学堂成立于 1866 年，是中国最早设立的西医学府，孙中山先生曾于 1886 年在此学医和从事革命活动。为纪念孙中山先生，1957 年学校改名为中山医学院。1985 年，改名为中山医科大学。

中山医科大学是一所多学院、多形式办学的综合性医科大学。在医学遗传学、眼科学、肿瘤学、寄生虫学、内科肾脏病学、器官移植、传染性肝病、生物医学工程及分子医学等方面科学研究成绩显著，达到国家先进水平。

2001 年 10 月 26 日，中山大学与中山医科大学合并，组成新的中山大学。

合并后的中山大学是一所包括人文科学、社会科学、自然科学、医学、技术科学和管理科学的多学科综合性大学。下设 20 个学院——岭南学院、人文科学院、外国语学院、管理学院、法学院、政治与公共事务管理学院、地球与环境科学学院、生命科学学院、物理科学与工程学院、信息科学与技术学院、软件学院、数学与计算科学学院、网络与教育学院、教育学院、高等继续教育学院、研究生院、中山医学院、公共

卫生学院、光华口腔医学院、护理学院和8所附属医院。

合并后的中山大学学科更加齐全、力量更加雄厚。共有中国语言文学、历史学、（哲学）数学、物理学、化学、生物学、光学工程、基础医学、生物医学工程、工商管理等11个博士、硕士学位授予权一级学科，博士学位授予权覆盖了104个学科专业，硕士学位授予权覆盖了165个学科专业，有临床医学专业博士学位点以及工商管理硕士（MBA）、公共管理硕士（MPA）、法律硕士（JD）、计算机技术硕士、环境工程硕士、临床医学硕士、口腔医学硕士等7个专业硕士学位点。拥有中国语言文学、历史学、数学、物理学、化学、生物学、基础医学、临床医学、管理学等9个博士后科研流动站；中国古代文学、光学、高分子化学与物理、动物学（含昆虫学）、眼科学、寄生虫学和内科学（肾病）等7个国家重点学科以及31个广东省重点学科。

合并后中山大学共有国家级、省部级重点实验室、研究中心、工程中心等18个。拥有港澳珠江三角洲研究中心、逻辑与认知研究所、马克思主义哲学与中国现代化研究所、行政管理研究中心等4个教育部人文学科重点研究基地。拥有哲学、中国语言文学、历史学、物理学、化学、生物学等6个国家文理科基础科学研究和教学人才培养基地；有国家大学生文化素质教育基地1个，还拥有中国第一个大学生体育训练基地。学校的整体综合实力已稳定地居于全国一流大学的行列。

合并后，中山大学师资力量更为雄厚。全校有教职工10700余人，其中教授600多人，副教授1300多人。有博士生导师350多人，有中国科学院院士3人、中国工程院院士3人，教育部"长江学者"特聘教授6人，国家级有突出贡献的中青年专家15人，获国家杰出青年基金资助16人。在校各类学生33000多人，其中博士、硕士研究生6200多人，外国留学生370多人。

合并后的中山大学图书馆藏书近400万册，各类期刊15000余种，并开展国际联机检索服务。中山大学地处广东，毗邻港澳，对外学术交流活跃。合并后，对外交流领域更为广阔。

合并后，广东省和国家教育部分三年投入12亿元人民币重点建设合并后的中山大学，这将有力地促进合并后的中山大学快速发展。

合并后的中山大学共设三个校区：广州南校区（原中山大学）、广州北校区（原中山医科大学）和珠海校区，分别坐落在珠江两岸和南海之滨，总面积达5.04平方公里。广州南北两个校区树木葱茏，绿草如茵，红墙碧瓦，曲径通幽；珠海校区依山面海，景色宜人，均是不可多得的读书治学的胜境。

编译文:

A Snapshot of Zhongshan University
Name and History

On October 26, 2001, Zhongshan University and Sun Yat-sen University of Medical Sciences merged into the present Zhongshan University. The former Zhongshan University, originally known as Guangdong University, was founded in 1924 by Dr. Sun Yat-sen (also known as Sun Zhongshan), a great democratic revolutionist in Chinese history. It was renamed Zhongshan University in 1926 in commemoration of Dr. Sun after his death. Sun Yat-sen University of Medical Sciences originated from Boji Medical College founded in 1886, where Dr. Sun once studied and worked. The former Zhongshan University was one of the key universities in China while Sun Yat-sen University of Medical Sciences was in the top four universities of its kind. The amalgamation of the two strong institutions into the present Zhongshan (Sun Yat-sen) University heralds the beginning of an exciting new area for the university.

Campuses

The University has three campuses which covers a total area of 5.04 square kilometers. Guangzhou Southern Campus (formerly Zhongshan University Campus) and Guangzhou Northern Campus (campus of the former Sun Sat-sen University of Medical Sciences) are located south and north of the Pearl River, while the new campus in Zhuhai lies to the west of the South China Sea. All three are beautiful campuses with avenues of green trees and patches of lush grass, providing pleasant environments for study and research.

The University's Vision

Zhongshan (Sun Yat-sen) University, one of the key universities in China, seeks to sustain and enhance its excellence as an institution of higher learning through outstanding teaching and research so as to produce well-rounded graduates to provide leadership and service for the societies they serve.

Schools/Colleges

Zhongshan University is a multi-disciplinary university with 18 schools and colleges, namely, School of Humanities, School of Foreign Languages, School of Management, School of Law, School of Political Science and Public Administration, School of Earth and Environment Sciences, School of Life Science, School of Physics and Engineering, School of Chemistry and Chemical Engineering, School of Information Science and Technology, School of Software Engineering, School of Mathematics and Computation Science, School of Education, School of Public Health, School of Nursing Studies, Guanghua School of Stomatology, Ling Nan (University) College and Zhong-shan Medical College. It also has other education institutions such as the Graduate School, School of Network Education and School of Continuing Education.

Laboratories/Research Centers/Bases

Zhongshan University ranks firmly among the top universities in China because of its comprehensive strength. Apart from 18 state-level or provincial-level laboratories, research centers, and engineering centers, the University has 4 humanities research bases appointed by the Ministry of Education, namely, Hong Kong-Macao-Pearl River Delta Research Center, Logic and Cognition Research Institute, Marxist Philosophy and China Modernization Research Institute, and Administration Research Center. In addition to 6 national research bases for liberal arts (philosophy, Chinese language and literature, history) and for sciences (physics, chemistry, biology), and one research base for Chinese students quality education, the University also boasts the first sports training base in China for college students.

Post-graduate Programs

At present the University is offering 104 doctoral programs and 165 master's programs. These research programs cover a wide range including language and literature, history, philosophy, mathematics, physics, chemistry, biology, optics engineering, pre-clinical medicine, biomedicine, and business administration.

Academic Staff

The University has a faculty and staff body of over 10,700 people. Among them more than 600 are full professors, over 1300 associate professors, 350 doctoral supervisors. There are 3 CAS academicians, 3 CAE academicians, 6 awarded by the Ministry of Education as "Yangtze River Scholars" (exceptional talents), 15 young and middle-aged awarded state-level Outstanding Experts and 16 granted as National Outstanding Youths.

Students

On campus the University has 26,430 undergraduates, 6,200 post-graduates and 370 overseas students.

Library

The University library uses an integrated online library system and has a collection of about 4,000,000 bound volumes and more than 15,000 journal subscriptions.

International Exchanges

The University, located in Guangdong Province and adjacent to Hong Kong and Macao, is actively involved in academic exchanges with the outside world. The merging of the two universities this year provides the present Zhongshan University with even wider academic exchange opportunities.

Financial Aid

Apart from previous financial supports, the Guangdong Provincial Government and the Ministry of Education are to provide the present Zhongshan University with a financial aid of RMB1.2 billion yuan in the coming three years. (张美芳译)

对照原文不难发现，编译者增加了 11 个小标题，目的是为了使原文中的 11 个信息要点一目了然。除此之外，译文中还有两处明显增译。第一处是在第一段结尾增加了一句：The amalgamation of the two strong institutions into the present Zhongshan (Sun Yat-sen) University heralds the beginning of an exciting new area for the university （两所强校的联合，标志着新中山大学进入了振奋人心的新纪元）。正如编译者自己所说，此增译是为了呼应文章的起始句，说明合并的意义（张美芳，2004：97—98）。

第二处是增加了 The University's Vision （大学目标）整段：Zhongshan (Sun Yat-sen) University, one of the key universities in China, seeks to sustain and enhance its excellence as an institution of higher learning through outstanding teaching and research so as to produce well-rounded graduates to provide leadership and service for the societies they serve. （作为全国重点大学之一，中山大学的目标是：突出教研，追求卓越，造就英才，服务社群。）此增译的理由是，原文基本上是统计数字的罗列与文字资料的拼凑，整篇文章的调子不够高。因此，译者根据整个语篇的思想与基调，增加此部分以提高整篇文章的视角，强化译文的宣传功能。

4) 调序法

编译的目的之一是使译文结构合理，条理清晰。而实现结构合理、条理清晰的主要手段就是调序法。调序的对象一般是句段，也可以是词、词组和子句，不过后一种调序已是全译意义上的调序法。调序的原因主要是原作在时空与思维逻辑上的模糊、混乱，有时是因为原作的思维走向与译语文化表达同样思想时的思维逻辑不一致或相矛盾。因此，调序法可相应的细分为：调整时间顺序，调整空间顺序，调整事物内部联系的阐述顺序，以及调整论证说理的结构。下面以思维逻辑顺序的调整为例，讨论编译中句段顺序的调整。

（1）调整句序

英语文化思维方式与汉语文化的思维方式存在诸多差异。陈定安（1998：275）指出，中国人重个人感受和心领神会，重心理时空和时间顺序，反映在语言上，则重意合，无主句及主语省略句多，主动语态用得多，连词用得少，文章求全面，不怕重复，词句求平衡与对称；西方人重形式论证，崇尚个体思维，重分析，反映在语言上，则重形合，非人称主语用得多，被动句用得多，主语一般不能省略，连词、介词用得多，等等。

从叙事方式看，英语一般按照时间顺序从现在向过去推进；汉语正好相反，由过去向现在推进。从逻辑推理方式看，英语一般是先结论/结果，后分析/论据/原因；汉语则一般要先摆出分析/论据/原因，再得出结论/结果。因此，在编译作品时，不仅要注意原作本身内在逻辑上的纰漏，还应注意原作时空和思维逻辑上与译语的差异。逻辑重组也是调序的内涵之一。例如：

> She found herself minus the leg one week after consulting a doctor about a persistent swelling she attributed to hard work and play in New York City — it was an inoperable bone tumor. While it saved her life, an ensuing year of chemotherapy reduced the once stunning model to a bald shadow of her former self.

原译：在询问医生为什么持续肿胀一个星期之后，她失去了一条腿。她曾认为是由于工作劳累和在纽约市游玩造成的。这是一个不宜手术的骨瘤。虽然手术挽救了她的生命，但接踵而来的长达一年的化疗使这位一度艳丽销魂的时装模特儿秀发脱落，枯瘦如柴，失尽昔日风采。

译文理解准确，表达流畅，但有一个问题，就是照搬原作的内在逻辑结构，使汉语读者对所述事件的因果关系难以把握，滋生许多疑问。李运兴（2003：207）说，"这位译者没有注意到汉语更重自然时序的临摹性强的特点，致使译文多处发生连贯失调。比如，'失去一条腿'的原因是什么？既然'不宜手术'，怎么'手术挽救了她的生命'？"。因此，译者必须对原文句序进行调整,以符合汉语自然时序的思维逻辑。

改译:她腿上出现了一个持续不消的肿块,原以为是在纽约又工作又游玩累的,看医生之后才知道是骨瘤,而且不宜手术。一周之后她便截去了那条腿。截肢虽然挽救了她的生命,但接踵而来的长达一年的化疗使这位一度艳丽消魂的时装模特儿秀发脱落,枯瘦如柴,失尽昔日风采。(李运兴译)

逻辑重组的译文主要对原作第一句的顺序进行了大幅调整,句子前半部分放到句尾,句子后半部分提前,这样表达思想更符合汉语的习惯。

(2) 调整段序

句序调整包括子句、单句、句群顺序的调整,由于篇幅关系,上文仅讨论了子句顺序的调整。单句、句群顺序的调整与子句一样。编译中由于各种原因,如作品本身结构上的问题,语言文化与思维差异的问题,段落之间的顺序有时也需要调整(具体操作请参阅篇内和篇际编译实例)。

3. 语篇编译

从语篇层级看,编译的对象可以是句子、句群、段落、篇章、著作,也可以是几文几书。但句子、句群、段落、章节属于一文一书的部分,都不是独立完整的语篇单位,因此不作为编译单位看待。实践中编译的对象一般为一文一书,或几文几书。相应的,编译的类型分为篇内编译、篇际编译、书内编译和书际编译。语篇编译遵循编译的原则,综合运用各种编译技巧,创造出主题明确、材料典型集中、结构合理、条理清晰、篇幅适当的译文。

1) 篇内编译

按照编译的基本程序,首先通读整篇文章,抓住文章主题和最重要的、最有特色的内容和信息,然后确定是否需要调整所摘取的内容,是否需要增加衔接性或突出原作主题的词句,最后整合成编译文。请看下例:

Algebra Points the Way to a Happy Marriage

[1] A mathematician says he can predict with almost total accuracy which newly wed couples will enjoy a happy marriage — using two lines of algebra.

[2] Professor James Murray says the two formulae he devised have a 94 percent success rate when it comes to forecasting whether a couple will stay together, the *Daily Telegraph* said Friday.

[3] The formulae were calculated during a 10-year study of 700 couples in the United States conducted by Murray, a mathematics professor at the

University of Washington, Seattle.

[4] The experiment, conducted with the help of a psychologist, involved observing the couples during a 15-minute conversation when they were newly married, Murray said. He presented his findings to a conference in Dundee, Scotland, for the first time Thursday, the Telegraph said.

[5] A couple's ability to communicate on subjects such as sex, child-rearing or money was measured using a scale that gave positive points for good signals, such as smiles and affectionate gestures, and negative points for bad signals, such as rolling of the eyes, mocking and coldness.

[6] "We used an accepted psychological scoring system to award them points, such as minus three for scorn and plus two for humor," Murray, the author of "Mathematics for Marriage", told the newspaper.

[7] The points were then converted into algebraic terms enabling the study's authors to make divorce projections. The results were fed into two equations — one for the husband and one for the wife.

[8] The couples were checked every two years and the model predicted which marriages failed with almost complete accuracy. (《科技英语学习》2003年第9期，第3—4页)

编译文：

婚姻是否幸福　代数指路

[1] 英国《每日电讯报》星期五报道，位于美国西雅图的华盛顿大学的数学教授詹姆斯·穆雷设计出两个数学公式，可以用来预测夫妻的离合。

[2] 在一位心理学家的帮助下，穆雷对新婚夫妇十五分钟内的交谈情况进行了观察，并用一种仪器，对夫妻双方在诸如性生活、抚养孩子或金钱话题上的交际能力进行了测量，对夫妻交谈中诸如微笑和亲昵动作之类的积极信号打正分，而对翻眼珠子、嘲笑和冷冰冰的态度之类的消极信号打负分。

[3] "我们使用一种为公众认可的心理评分系统，给夫妇打分，比如谁嘲笑对方就判谁负三分，谁能说出幽默的话就判谁正三分。"作为《婚姻数学》的作者，穆雷对《每日电讯报》如是说。

[4] 所得到的分数再转换成代数语言，输入分别为丈夫和妻子设计的两个方程式。研究者据此作出离婚预测。

[5] 上述两个公式是穆雷历经十年，对七百对美国夫妇进行研究

之后得出的，其预测的准确性高达百分之九十四。

原作显然是一篇新闻报道，但文头信息（包括新闻社名、作者名、时间、地点）被略去。第1段为新闻导语，简要介绍新闻的主要内容，与下面正文内容间接重复，编译时可略去不译。原作第2段作为首段翻译，但中间部分（have a 94 percent success rate）要抠出来，与第3段前半部分合并，作为结论，置于译文的尾部；第3段的后半部分与第2段剩下的部分合并作为译文第1段，以详细说明文中主人公的身份。

此外，译文首段中出现的时间"星期五"要根据原文文头信息调整，转换为年月日，使译文读者有更明确的时间概念。《每日电讯报》所在国亦须用增词法指明。原文第4段与第5段合并。第6段直接引语应予以保留，因为直接引语、统计数字、文头等是新闻体裁的特色。第7段逻辑不顺，需要调整，即将第2句插入到第1句的中间。逻辑顺序调整在新闻编译中比较常见，因为新闻写作者为了赶时间，写作中出现逻辑混乱是常有的事情。末段与主题联系不紧密，删去。

另外要指出的是，编译文的标题既可直接采用原作标题，如上面的编译文，也可另拟标题，原则是标题要能突出编译文的中心内容。

2）篇际编译

篇际编译一般是选取关于同一主题的多篇文章，进行编辑和翻译，篇数一般不超过五篇。进行篇际编译的原因和目的多种多样，有时是因为某一篇文章不能反映或涵盖该主题或领域的全貌，有时是因为一篇文章的内容偏颇，不完全符合事实。如新闻编译，编译者有时需要综合一国或多国多家媒体的多篇报道文章，才能确定事实或公众的真实态度，这时篇际编译就变得非常必要。篇际编译，即将多篇化而为一，需要花费译者更多的精力，进行信息的筛选、整合，调整信息的结构，考虑衔接与连贯。下面是两篇关于9·11恐怖袭击的报道文章，分别摘自《华盛顿邮报》和《纽约时报》。

原文一：

Terrorists Hijack 4 Airliners, Destroy World Trade Center, Hit Pentagon; Hundreds Dead Bush Promises Retribution; Military Put on Highest Alert

By Michael Grunwald

(Wednesday, September 12, 2001)

... （1—3段略）

[4] U. S. military forces at home and abroad were placed on their high-

est state of alert, and a loose network of Navy warships was deployed along both coasts for air defense.

[5] The terrorists hijacked four California-bound planes from three airports on the Eastern Seaboard; the airliners were loaded with the maximum amount of fuel, suggesting a well-financed, well-coordinated plot. First, two planes slammed into the World Trade Center. Then an American Airlines plane out of Dulles International Airport ripped through the newly renovated walls of the Pentagon, perhaps the world's most secure office building. A fourth jet crashed 80 miles southeast of Pittsburgh, shortly after it was hijacked and turned in the direction of Washington.

[6] None of the 266 people aboard the four planes survived. There were even more horrific but still untallied casualties in the World Trade Center and the Pentagon, which together provided office space for more than 70,000 people. At just one of the firms with offices in the World Trade Center, the Marsh & McLennan insurance brokerage, 1,200 of its 1,700 employees were unaccounted for last night.

[7] The spectacular collapse of the Trade Center's historic twin towers and another less recognizable skyscraper during the rescue operations caused even more bloodshed. At least 300 New York firefighters and 85 police officers are presumed dead. The preliminary list of victims included the conservative commentator Barbara K. Olson, "Frasier" executive producer David Angell and two hockey scouts from the Los Angeles Kings.

[8] No one claimed responsibility for the attacks, but federal officials said they suspect the involvement of Islamic extremists with links to fugitive terrorist Osama bin Laden, who has been implicated in the 1998 bombings of two U.S. embassies in Africa and several other attacks. Law enforcement sources said there is already evidence implicating bin Laden's militant network in the attack, and politicians from both parties predicted a major and immediate escalation in America's worldwide war against terrorism.

[9] In a grim address to the nation last night, President Bush denounced the attacks as a failed attempt to frighten the United States, and promised to hunt down those responsible. "We will make no distinction," he said, "between the terrorists who committed these acts and those who harbor them."

第三章　变译方法论 ——————————————————— 129

[10] Bush vowed that America would continue to function "without interruption," and federal offices and Congress are scheduled to be open today. But the New York Stock Exchange and Nasdaq Stock Market will remain closed, along with most businesses in lower Manhattan. And yesterday was a day of extraordinary interruptions — for the President, for federal Washington and for the country.

[11] Bush was in a classroom in Florida yesterday morning when the attacks began and spent the day on the move for security reasons, flying to military bases in Louisiana and then Nebraska before returning to Washington in the evening. At one point at Barksdale Air Force Base in Louisiana, the Prepsident rode in a camouflaged, armored Humvee, guarded by machine gun-toting soldiers in fatigues.

[12] Vice President Cheney and first lady Laura Bush were whisked away to undisclosed locations in the morning, and congressional leaders were temporarily moved to a secure facility 75 miles west of Washington. The White House, the Capitol, the Supreme Court, the State Department and the Treasury Department were evacuated, along with federal buildings nationwide and the United Nations in New York.

[13] Private buildings also were shut down, from the Space Needle in Seattle to the Sears Tower in Chicago to Walt Disney World in Orlando. America's borders with Canada and Mexico were sealed. New York's mayoral primary was abruptly postponed. So was Major League Baseball's schedule for the night.

[14] Wireless networks buckled under the barrage of cell phone calls. The besieged Internet search engine Google told Web surfers to try radio or TV instead. Amtrak train and Greyhound bus operations were also halted in the Northeast.

[15] Last night, fires were still burning amid the rubble of the World Trade Center, and pools of highly flammable jet fuel continued to hinder rescue teams searching through waist-deep rubble.

[16] The Federal Emergency Management Agency dispatched eight search-and-rescue teams to New York and four teams to the Pentagon. The Department of Health and Human Services sent medical teams and mortuary teams, and activated a national medical emergency cadre of 7,000 volunteers

for the first time.

[17] The Empire State Building went dark as a symbol of national mourning. In Washington, Republicans and Democrats presented a united front in condemning the attacks; members of Congress delivered a spontaneous rendition of "God Bless America" after a news conference on the Capitol steps.

[18] "We are outraged at this cowardly attack on the people of the United States," the leaders of Congress said in a bipartisan statement. "Our heartfelt prayers are with the victims and their families, and we stand strongly united behind the President as our commander-in-chief."

[19] The impact of the attacks reverberated not just in the United States but in every major capital. European and Asian airlines canceled all flights to the United States and recalled or diverted those already in the air. Flights over London, Paris and other capitals were re-routed over less populous areas. London's financial district was largely evacuated; security was bolstered around U.S. schools and embassies in many countries.

[20] Panic buying caused oil and gold prices to soar while stock investors in all major foreign markets dumped shares in the most frenzied wave of selling since the 1987 crash. In the Middle East, China and the Yugoslav republic of Serbia, some people welcomed the attacks, but an array of international leaders pledged support for the victims.

[21] Israeli Prime Minister Ariel Sharon condemned the attack in blistering terms, and described it as a "turning point" in the global war against terrorism. Palestinian leader Yasser Arafat condemned the attack as well, although some Palestinians in Israeli-occupied territories and Lebanon celebrated with glee.

[22] But amid all the sadness and all the outrage, there were questions about lax security and inadequate intelligence, as Americans tried to fathom how such a catastrophe could happen with no apparent warning. On at least two of the airliners, according to federal officials, the hijackers were armed with nothing but knives. How did they get away with it?

[23] In fact, counterterrorism experts have talked in recent years about cyber-attacks and biological attacks. Security officials issued warnings just last month about bin Laden's threats to American installations abroad.

[24] But yesterday's attacks caught a vast security apparatus off guard. The military command center in Colorado's Cheyenne Mountain, responsible for U. S. air defenses, received word just 10 minutes before the first aircraft struck the World Trade Center that an American plane had been hijacked. The notification came too late for fighter jets to take action, a senior Air Force officer said.

[25] The disaster began to unfold at 8: 48 a. m. when American Airlines Flight 11, carrying 92 people from Boston to Los Angeles, crashed into the North Tower of the World Trade Center, the landmark glass-and-steel complex at the southern tip of Manhattan that provided office space for 50000 workers. Islamic militants had detonated a bomb there in 1993, killing six people. Yesterday's terrorism turned out to be far worse.

[26] Eighteen minutes later, United Airlines Flight 175, carrying 65 people on the same Boston-to-Los Angeles route, tore through the South Tower with an even larger explosion. The collisions shrouded New York's helter-skelter financial district in pallid ash, and created mass pandemonium inside and outside the towers. Workers were screaming, running for stairways, gasping for air. Several of them began leaping to their death from the upper floors.

[27] But the scene soon shifted from America's financial mecca to its military fortress. At about 9: 40 a. m. , American Airlines Flight 77, carrying 64 people from Dulles to Los Angeles, barreled into the west wing of the Pentagon in yet another fiery collision, destroying at least four of the five rings that encircle the world's largest office building. A Pentagon spokesman called the casualties "extensive", although they were clearly not as extensive as New York's.

[28] The Federal Aviation Administration promptly banned takeoffs nationwide, ordered domestic flights to land at the nearest airport and diverted international flights to Canada. But officials soon confirmed that a fourth plane, United Airlines Flight 93, carrying 45 people from Newark to San Francisco, had crashed in Shanksville, Pa. It had been hijacked as well—one passenger called 911 from a cell phone—and had been heading toward Washington when it went down.

[29] Then it was back to the World Trade Center. Shortly before 10 a. m. , the South Tower collapsed with an earthshaking roar. Smoke re-

placed steel as if the building had suddenly imploded. <u>A half-hour later, the North Tower collapsed.</u> Mayor Rudolph Giuliani publicly urged New Yorkers to stay calm and stay put—unless they were below Canal Street in lower Manhattan.

...（30—Y41 段略）

原文二：

Hijacked Jets Destroy Twin Towers and Hit Pentagon
By SERGE SCHMEMANN
(Wednesday, September 12, 2001)

...（1—2 段略）

[3] Then an American Airlines Boeing 757 left Washington's Dulles International Airport bound for Los Angeles, but instead hit the western part of the Pentagon, the military headquarters where 24,000 people work, at 9:40 a. m. <u>Finally, United Airlines Flight 93, a Boeing 757 flying from Newark to San Francisco, crashed near Pittsburgh,</u> raising the possibility that its hijackers had failed in whatever their mission was.

[4] In all, 266 people perished in the four planes and several score more were known dead elsewhere. Numerous firefighters, police officers and other rescue workers who responded to the initial disaster in Lower Manhattan were killed or injured when the buildings collapsed. Hundreds were treated for cuts, broken bones, burns and smoke inhalation.

[5] By 8 p. m., police officer volunteers using dogs had found four bodies in the smoldering, stories-high pile of rubble where the towers had once stood and had taken them to a makeshift morgue in the lobby of an office building at Vesey and West Streets.

[6] But the real carnage was concealed for now by the twisted, smoking, ash-choked carcasses of the twin towers, in which tens of thousands of people used to work on a weekday. <u>The collapse of the towers caused another World Trade Center building to fall 10 hours later, and several other buildings in the area were damaged or aflame.</u>

[7] "I have a sense it's a horrendous number of lives lost," said Mayor Rudolph W. Giuliani. "Right now we have to focus on saving as many lives as possible."

[8] <u>The Mayor warned that "the numbers are going to be very, very

high".

[9] He added that the medical examiner's office will be ready "to deal with thousands and thousands of bodies if they have to".

[10] <u>Within an hour, the United States was on a war footing. The military was put on the highest state of alert</u>, National Guard units were called out in Washington and New York and two aircraft carriers were dispatched to New York harbor. President Bush remained aloft in Air Force One, following a secretive route and making only brief stopovers at Air Force bases in Louisiana and Nebraska. His wife and daughters were evacuated to a secure, unidentified location. The White House, the Pentagon and the Capitol were evacuated, except for the Situation Room in the White House where Vice President Cheney remained in charge, giving the eerie impression of a national capital virtually stripped of its key institutions.

... (11—17 段略)

[18] The repercussions of the attack swiftly spread across the nation. <u>Air traffic across the United States was halted at least until today and international flights were diverted to Canada.</u> Borders with Canada and Mexico were closed. Most federal buildings across the country were shut down. Major skyscrapers and a variety of other sites, ranging from Disney theme parks to the Golden Gate Bridge and United Nations headquarters in New York, were evacuated. But it was in New York that the calamity achieved levels of horror and destruction known only in war.

[19] <u>The largest city in the United States, the financial capital of the world, was virtually closed down. Transportation into Manhattan was halted, as was much of public transport within the city. Parts of Lower Manhattan were without power. Major stock exchanges closed. Primary elections for mayor and other city offices were cancelled.</u> Thousands of workers, released from their offices in Lower Manhattan but with no way to get home except by foot, set off in vast streams, down the avenues and across the bridges under a beautiful, clear sky, accompanied by the unceasing serenade of sirens.

[20] While doctors and nurses at hospitals across the city tended to hundreds of damaged people, a disquieting sense grew throughout the day at other triage centers and emergency rooms that there would, actually, be less work: the morgues were going to be busiest.

编译文：

美国遭受恐怖袭击 世贸中心被毁 五角大楼遭袭

[1] 据美国主流媒体综合报道，9月11日上午，恐怖分子劫持了由美国东海岸的三个机场飞往加利福尼亚州的四架客机，机上满载燃料。首先是两架飞机撞入世贸中心大厦。接着一架美国航空公司的飞机撞穿了美国国防部五角大楼重新翻修的墙壁。第四架飞机被劫持之后，飞往美国首都华盛顿，但不久就在宾夕法尼亚州西南部城市匹兹堡东南部80英里处坠毁。

[2] 这一美国历史上史无前例的大灾难从美国东部时间9月11日上午8点48分开始。美国航空公司的一架由波士顿飞往洛杉矶的767波音客机撞上了世贸中心双子塔中的北塔。十八分钟之后，美国联合航空公司的一架由波士顿飞往洛杉矶的175航班客机撞上了南塔。大约9点40分，美国航空公司的另一架757波音客机撞上了五角大楼的西翼，撞毁了围绕五角大楼的五道护栏中的四道。最后，第四架被劫持的美国联合航空公司的757波音客机，阴谋未遂，在宾州的山克斯维尔坠毁。四架客机上共有266名乘客和机组人员，无一幸免。

[3] 恐怖袭击发生后，美国联邦紧急事务管理局立即向纽约和华盛顿分别派遣了8个和4个搜救小组，并首次动用了应付紧急情况的全国七千名自愿医疗人员。美国卫生部也向灾难现场派遣了医疗队和收尸队。近10点钟时，双子塔中的南塔倒塌了。半个小时之后，北塔也倒塌了。受双子塔倒塌的影响，世贸中心的另一幢摩天大楼于十个小时之后也倒塌了。此外，该地区还有几幢建筑受损或者燃起大火。据估计，世贸中心双子塔和另外一座摩天大楼的垮塌致使正在营救现场进行营救的至少300名消防队员、85名警察以及其他救援人员失去了生命。世贸中心和五角大楼的伤亡人数将非常惊人，但目前还未统计出来。纽约市市长朱利安尼警告说，"伤亡人数会很高，很高"。直至11日夜晚，大火还在燃烧。齐腰高的碎石和成堆的高易燃飞机燃料使营救小组难于进行搜救。

[4] 灾难发生时，美国总统布什正在佛罗里达州的一所学校视察。在得知恐怖袭击消息后，出于安全原因，布什乘坐他的空军一号从一个军事基地飞往另一个军事基地，处于不断运动之中。副总统切尼、第一夫人劳拉、国会领导人、联合国总部以及白宫、国会、最高法院、国务院、财政部还有其他联邦政府机构都被疏散到安全处所。私营建筑场所，如位于奥兰多的迪斯尼乐园等也被关闭。美加和美墨边界被封锁。

第三章 变译方法论 135

美国当局还加强了各类学校、各国大使馆以及公共设施的安全保卫措施。

［5］政府的全局工作暂时由仍然坐镇白宫现场指挥室的副总统切尼负责。事件发生一小时之后，美国已进入战争状态，布置在本土和国外的美军已处于最高警备状态。美国海军舰艇已在太平洋和大西洋沿岸布防，进行空中防御。

［6］全美的空中交通至少要暂停到9月12日，国际航班改道飞往加拿大。欧洲和亚洲的航空公司取消了飞往美国的航班，正在飞行途中的客机，或者被招回，或者改飞他国。飞经伦敦、巴黎和其他国家首都上空的客机，调整了航向，飞经人口稀少的地区。

［7］恐怖袭击事件使纽约几乎瘫痪。通向曼哈顿的交通，以及该市相当一部分的公共交通陷入停顿状态。下曼哈顿的部分地区停电。该市的市长初选、市政办公以及社会公共活动都取消了。人们疯狂的抢购导致石油和黄金价格飙升，国外主要股市的股票投资者疯狂地抛售股票。

［8］美国总统布什在恐怖袭击事件发生的当晚向全国人民发表了严肃讲话。他对连续发生的四起恐怖袭击表示谴责，并承诺一定要抓住那些恐怖分子。他说，"对于那些已实施了犯罪的恐怖分子和那些窝藏庇护恐怖分子的人，我们将一视同仁"。同时他还向人们保证，美国政府将"毫不间断地"运转，各联邦办事机构和美国国会按时于9月12日开始办公。不过，纽约证券交易所、纳斯达克股票市场以及下曼哈顿地区的大多数商业机构将继续关闭。美国国会领导人在两党联合声明中说，"我们对这一针对美国人民的胆怯的恐怖袭击表示极大的愤慨。我们衷心地祈求上帝保佑那些受害者及其家属。我们团结一致地支持布什总统"。

［9］世界有些地方如中东和南斯拉夫的塞尔维亚共和国对袭击事件幸灾乐祸。但大多数外国政府领导人坚定地支持受害者。以色列总理沙龙对恐怖袭击发表了措辞严厉的谴责。巴勒斯坦领导人阿拉法特也谴责了此次恐怖袭击。

［10］无人宣布对此次恐怖袭击负责，但美国联邦政府官员说，他们怀疑与在逃的恐怖分子首领奥萨马·本·拉登关系密切的伊斯兰极端主义分子卷入了此次恐怖袭击阴谋。

［11］此次恐怖袭击灾难使人们对美国机场松懈的安全防范措施以及情报收集的不充分性提出了质疑。

国外新闻，特别是有关突发事件新闻的采写与报道，除了现场收集信息外，从各大媒体获取新闻线索也是一种重要的手段。面对铺天盖地的报道，新闻采写者不可能参阅所有的报道文章之后再编写新闻。他必须有一双慧眼，从纷繁的报道中选取几篇权威报道文章，然后综合编译，并在第一时间将新闻报道给国内读者。例如，2001年发生在美国的9·11恐怖袭击事件，可以从美国两大权威媒体《纽约时报》和《华盛顿邮报》选取头版头条文章，进行编译报道。新闻篇际编译的优势是可以对各种事实、数据两相求证，在内容上相互弥补。

与科技情报编译不同，新闻编译需要注意它特殊的体裁，如它的结构形式、组成要素以及语言风格。新闻一般由标题、导语、正文（即主体与背景）和结尾组成；其结构形式一般有金字塔、倒金字塔、倒正混合结构等三种，其中倒金字塔结构最常用；其组成要素包括人物、时间、地点、事件、原因、经过和结果（即人们常说的五个W和一个H）。新闻语言简明、流畅、通俗、活泼，多直接引语。新闻的编译，包括篇际编译，必须考虑这些特点。此外，编译的新闻还应交代新闻发布的单位、时间以及作者（编译者），如上面的编译文可在导语之前加上"新华社9月12日电"之类的字样。

上面的编译文，采用倒金字塔结构，即在导语中开门见山地介绍最重要的内容，然后按照时间顺序交代事件发生的经过与结果，最后按照事理逻辑顺序交代事件引发的各种反应与事件发生的可能原因。整篇译文都是围绕时间和事理两种逻辑线索重组原文的事实与观点，运用了摘选、调序、合并、添加、切分、插入甚至概括等手段。下面逐一介绍。

第一，摘选。严格依照编译程序，通读两篇原文，达至透彻理解，然后根据编译原则，确定取舍。比较以上两篇原文，我们可以看到，原文一的报道要比原文二详细全面。因此，可以将原文二作为印证、补充原文一的事实和内容的工具。原文中画线部分即是构成编译文的原始材料，所选取的对象主要是事实，对事件的评论与观点则是有选择性的摘取。摘选对象由其信息的重要性决定，有时是一个完整段落，有时是一个完整句子，有时则是句子的一部分。摘中有删，如摘取一个句子后再删去其中不重要的信息。

第二，调序。新闻写作赶抢时间的固有特点决定了新闻语篇的逻辑性不是很强，因此新闻编译需要调序。上面的编译文整体上按照倒金字塔结构组织译文的宏观篇章结构，即先导语，然后是主体，最后是结果。微观布局上，事实的陈述依循时间顺序，作者的观点则按事理逻辑排序。据此，原文一的第5段成为编译文的首段即导语，交代新闻的最重要内容，然后是事件经过的详细叙述，最后是结果、影响、原因及各方反应。译文的末段则是原文一的第 22 段的首句。比较原文和译文，可以发现，原文中几乎所有的段落都进行了调整。

第三，合并。合并是篇际编译的重要手段。合并的对象是内容相互联系且互为补充的句子和段落。若是内容重复，就要删去其一；若是内容不一致或者相矛盾，就要借助其他信息源确定谁是谁非。编译文将两篇原文总共 60 多段合并为 11 段。例如，译文第 2 段按顺序由原文一的第 25、26、27 段，原文二的第 3 段，以及原文一的第 6 段中相关的句子或句子的一部分组成，围绕四架客机的恐怖袭击经过与结果这个主题。编译文的第 2—10 段都采用了合并法，这里不一一赘述。此外，两篇原文的标题取其相同部分合二为一。

第四，添加。为了句段的衔接与连贯，以及行文的自然，编译文增加了必要的衔接词语，如第一段开头的"据美国主流媒体综合报道，9 月 11 日上午"，第 2 段开头的"这一美国历史上史无前例的大灾难从美国东部时间"，第 3、4、11 段开头的"恐怖袭击发生后"，"政府的全局工作"，"此次恐怖袭击灾难"，等等，以及各段中的一些连接词语。句段的调序、分切、插入、合并等使添加成为实现编译目的的一种必要手段。

第五，切分。切分是由于原文的逻辑问题或两种语言的思维逻辑差异而进行逻辑重组的必要手段。从上面的编译文来看，从原文一第 6 段所选取的相邻的两个句子，按事件发生的时间顺序，被切分成两部分，进行重新分配，前一个句子讲的是四架客机进行恐怖袭击的直接结果，被安排在译文第 2 段末尾。后一句讲的是事件的间接性结果，即双子塔及一座摩天大楼倒塌引起的新的伤亡情况，被安排到第 3 段的中间。原文一第 20 段前半部分与后半部分联系不紧密，后半部分似乎与下一段即第 21 段联系更紧密，讲的都是外国对恐怖袭击事件的反应。因此，译者将第 20 段一分为二，分别与其他段落重组。

第六，插入。篇际编译，常常在多篇原文中选取一篇作为基础，而将其他文章中互补或更为具体的内容插入到这篇文章中。上面的编译文，以原文一为基础，将原文二中有用的信息插入到原文一中。如将原文二第 10 段末句中间部分的重要信息"只有副总统切尼仍然坐镇白宫的现场指挥室负责全局工作"插入到原文一第 12 段中；原文二第 8 段"纽约市市长朱利安尼警告说，'伤亡人数会很高，很高'"。插入到原文一第 7 段中。

第七，概括法。概括法是译述和缩译的主要技术手段之一，在编译中应限制性地加以使用，因为概括法要求译者用自己的语言归纳有关信息，其性质是"述"。过多的概括会使编译变质为"译述"或"缩译"。对于原文中某些不很重要,但译者又不欲舍弃的信息,可适当地运用概括法归纳之,以节省篇幅。新闻写作必须考虑篇幅因素。原文一第 22 段是有关人们对恐怖袭击灾难原因的反省,译者用一句话"此次恐怖袭击灾难使人们对美国机场松懈的安全防范措施以及情报收集的不充分性提出了质疑"加以概括。

编译还应考虑政治因素。原文一的作者在提及外国对 9·11 恐怖袭击事件的反应时,说有些国家幸灾乐祸,这其中就包括中国(见第 20 段)。对于作者的这种政治偏见,我们要理性地看待,编译时可删去不译。

3)书内编译

书内编译包括章节编译。章节编译是从书中选取几章进行编辑和翻译,它与节译不同。节译没有编辑程序,只是将原书某些章节摘出翻译即可。书内编译同篇内编译一样,应遵循编译的基本程序。

过小容、魏煜剑(2004)编译的 Autodesk 公司制作的 *Autodesk Inventor 5 Essentials Courseware* 培训教程,将所译教程更名为 *Autodesk Inventor 8* 培训教程。正如编译者在译者序中所说,原书中错误的地方被删去,遗漏的地方得到增补,因此编译教程实际上是原教程的升级版本,新书名名副其实。该书的一个特色是在每一章节增加了有利于读者学习的学习目标、内容简介、练习、本章小结、技能应用与检测,如第一章"熟悉 Autodesk Inventor"的学习目标为:(1)全面概述建模过程;(2)讲述用户界面和一些共用的工具及命令;(3)全面概括 Autodesk Inventor 设计支持系统。从此书的编译,我们可以总结出编译的一个根本特征:对原作内容的优化。

4)书际编译

书际编译,与篇际编译相似,是选取内容相关的两部或多部著作(一般不超过五部),合译为一部著作。

4. 编译的技术问题

1)标注问题

在写作与翻译实践中,由于人们对翻译变体的各种形式认识模糊不清,在标注上常常出现张冠李戴,或者格式不正确。例如,有些书籍/教材明明是编译自国外著作,却标注为"×××编","×××编著"或"×××改编";有的文章明明是摘译、缩译、综述、述评,甚至是全译等,却冠之以"编译",如靳光瑾(2003)博士翻译的新著《计算语言学视窗》,由一字不漏地翻译的十篇论文组成,应是全译(译文集),但却标注为"靳光瑾编译"。也许是译者考虑到该书的产生"经过筛选、编排"(见译者前言)。"筛选"、"编排"不是编译的本质特征。全译也有"筛选"的工作,即我们常说的文本的选择。这里，该译者把编译的"编"理解为简单的排序组合，是不准确的。

这里必须强调，变译诸形式，包括编译，其本质是对目标对象即原文的形式或内容或形式与内容的改变。如果翻译对象不发生任何变化，则只能视做全译。编译规范的标注应是在标题正下方注明："×××著、×××编译"。编译者无须像见不得公婆的丑媳妇，妄自菲薄，将名字附于文末。

2）原语保留的问题

无论是全译，还是变译，都涉及原语保留的问题。译文中保留的原语，分两种情况：一是原作使用的例证，二是原作中的专名和技术概念。前者的处理有两种方式：一是作为正文置于译文中，其翻译紧随其后，置于圆括弧内；二是译文在前，原文紧随其后，置于圆括弧内。专名和科技术语的原文一律放在其译文后的圆括号里，如陶东风编译的《消费文化中的躯体》（参见"文化研究"网站，2003/09/04），就保留了重要概念的原文，如"身体保养"（body maintenance），"精心计划的享乐主义"（calculating hedonism），"印象的设计安排"（management of impressions）等。

3）注释问题

编译允许译者对原作中知识性、逻辑性、事实性错误进行纠正，或者对一般读者感到困难的概念/原理等进行解释。其方法可采用注释形式，可以是夹注、脚注或尾注。无论何种形式的注释，都要标明"编译者注"字样。若是夹注，应用圆括弧或方括号将注释与正文隔开，如韩春晓编译的《JPO发布"雇员发明制度改进报告"》中有一段文字就插入了解释性注释："该条款意思是说，在雇主雇用雇员时，不得以合同或者公司规则的形式，预先规定雇员的非职务发明归雇主，或者雇主有独占实施权（并不限制雇员在完成非职务发明后，将发明转让给雇主 —— 编译者注）。"

4）关于"述"与"概括法"

编译的主体是译。也就是说，一旦选定了原材料，就要按照全译的方式翻译。但编译的编辑性又需要"述"和"概括法"。它们的使用应当加以限制，不然编译的性质就会发生变化。

5）关于译后的编辑问题

编译不仅要强调译前编辑性，也要重视译后的编辑性。编译中"译"的工作完成之后的编辑不完全与全译之后的编辑相同。全译之后的编辑主要是检查译文有无误译、漏译，措辞是否贴切，行文是否流畅自然，以及意思是否清楚明了。编译之后的编辑主要是检查译文的衔接与连贯，有无逻辑问题，语言是否梗滞不畅。

实际上，译前编辑性中为语篇的衔接与连贯而进行的增添有些是在翻译过程之中或之后完成的，如上面篇际编译例文中的词句增添。译者为了译文流畅，将原文一第6段第二句"而世贸中心和五角大楼的伤亡人数将更加惊人，目前还未统计出来"中的"更加"改为"非常"，将原文二第19段首句"纽约这个美国最大城市，同时也是世界的金融首都，实际上已被关闭"概略为"恐怖袭击事件使纽约几乎瘫痪"。

（三）编译的原则

1. 译前的编辑性

编译是编辑和翻译，两者缺一不可，而且是先编后译或者编译并行的活动。如果是先译后编，就只能称为"译编"。"译编"虽然在实践中存在，但比较罕见，因为译编比全译要付出更多的劳动，与编译节省时间、节省精力、提高效率的初衷背道而驰。一篇作品之所以进行编译而不是全译，即对原作进行编辑的理据，在于原作结构上的松散、混乱，语言上的模糊、啰唆，内容上的面面俱到、艰深、错误或偏离事实以及在政治文化方面有不适合译语读者的内容等。

编译中"编"的基本含义是加工、整理。加工就是对原文摘删、并合。摘什么，删什么，由原作内容和译者/读者的需要来决定。这里，兼顾原作主旨和编译者的需要很重要，要善于找平衡点。如果不顾原作主旨，一切摘删都以编译者的意志为转移，编译就会变质为摘译。另外，对原文的删减要采取辩证、审慎的态度。例如胡乔木就曾指出，大仲马的小说如果译给小学生看，不适合用全译，编译似乎更好，因为他的小说中有些情节对小学生"似乎很不相宜"，需要作些删节，但他同时又说，"大仲马小说的结构是很严密的"，删节要"十分仔细"（丁景唐，2004）。

整理是对摘选材料的重新组合与排序，总体上应遵循原作语篇内容的内在逻辑。对原作进行删减之后，剩下的材料，虽然是原作的精华，但原作的固有结构已被破坏，如原作的纽带被切断，一些有机组成部分被删去。缘此，要使剩下的材料成为一篇结构合理、条理清晰的作品，句段间的并合与调序是十分必要的。并合的依据有两点：第一，各材料部分有无某种内在联系；第二，有无并合之需要，即原材料之间有无衔接与连贯上的问题，有无行文松散、啰唆的毛病。

句段重组完毕之后，还要考虑整个材料宏观逻辑上的合理性，要考虑是否需要在局部、有时甚至是整体上进行顺序调整，以使编译文在时间、空间、思维逻辑上合情合理。为了译文的衔接、连贯、加强主旨而进行的编译中的增词、句、段，虽然是在翻译过程中或译毕之后发生的，本质上也属于编辑行为。编译中的增译,不能与原作的主题相悖,其主要功能是加强译文各部分的衔接及原作主旨。

2. 主要内容的保值性

一文一书,其价值就在于它的主要内容或信息。编译的目的亦在此。有时,一篇文章逻辑不够严密,条理不够清楚,但编译者还是决定译之,原因就在于它的主要内容具有可译的价值。编译的删减、合并、调序,实际上是对原作的优化,如主题更加明确,材料更加典型与集中,语言更加简练,篇幅更加合理。要实现主要内容的保值性,译者首先必须抓住原作的主题思想,然后从原作中选择那些与主题思想最为密切的论据和观点,删去那些铺垫性或解释性的内容。

当然,那些能够反映原作特色的内容,即使不是主要内容,亦可保留,因为这部分内容也许正是编译的目标之一。主要内容的保值实际上是一种动态的保值,要兼顾原作的主旨和读者的需要。另外,需要指出的是,实践中有一种编译倾向或者说态度,对实现主要内容的保值性具有很大的危害。有些译者把编译作为自由主义翻译的借口,对原作任意篡改、删减,对于不懂或不完全懂的字词句段,要么删去了事,要么只译其大意,要么胡猜乱估,以己意代替原意,这实际上已变成胡译。同全译一样,编译是一件极为严肃的工作,而且只有练好了全译基本功,才能做好编译和其他变译。

3. 宏观结构的一致性

由于编译的增减、合并、调整等翻译行为,译文不可能在字、词、句、段等微观层面上做到同原文在篇章结构上的对等。但编译的增减、合并和调整一般是在原作的局部进行的,并不影响原作的整体架构。因此,编译作品可以做到同原作在总体上保值,即在篇章层次上保值。

篇章结构保值在编译工作中具体体现为编译者基本按照原作的时间先后和逻辑顺序组织行文。这里面有两条原因:首先,编译与摘译的最根本区别,在于编译是以原作的篇章结构为依托,编译文的篇章结构特点应该能折射出原作篇章结构的轮廓。其次,编译文中所保留的是原作的主要内容,其中的内在联系,包括时间先后和逻辑顺序,应该忠实地保留下来(王涛,2000:16)。

4. 局部语言风格的等似性

编译中除去为了逻辑的衔接与连贯、加强主题而增加的词句外,剩下的都是原作的血肉,这部分基本上应采用全译的方法。因此,编译文虽然不能完全保持原作的语言风格,但原作局部的语言风格特征是可以再现的。也就是说,从原作中所摘选部分的编译文应当与原作中相应部分的语言风格保持合理的对应，即在符合编译目的的前提下保持原语风格。

5. 篇幅的合理性

编译文的篇幅由很多因素决定。原作篇幅的长度，有价值内容的多寡，译者感兴趣内容的多寡，译者根据翻译计划或读者的期望所预定的篇幅长度，编译稿采用机构如出版社或报纸杂志对稿件篇幅长度的要求等，都会影响编译文的篇幅。篇幅的合理性是一个相对的概念，译者要根据具体情况而定。如供报纸杂志发表的文章，篇幅不宜太长，受读者欢迎的是内容充实、文字清楚、没有漏洞的短篇文章。

三、译述

（一）译述及其特点

译述，指译者用自己的语言转述原作主要内容或部分内容的变译方法（黄忠廉，2000b：141）。

译述作为变译的一种形态很早就引起了人们的注意，如 20 世纪初的大学者梁启超就曾指出早期佛经翻译中的译述法。但时至今日，国内研究译述的专论仍然不多，对译述这种翻译变体进行详细系统论述的屈指可数。在有限的论述中，对译述本质的认识存在着分歧乃至对立的观点。如袁荻涌（1994）将译述的特点归纳为：归化与删改。后一特点明显否定了译述文对原作的忠实。而冯奇等（2001）则认为，译述"必须遵循常规翻译中普遍接受的基本标准：忠实与通顺，即既要忠实地反映原作的精神，不能违背原作的思想，又要译文文字流畅地道"。

译述是否需要忠实于原作？答案是肯定的，但译述忠实的是原作的内容，而非形式。译述的目的是用译语读者喜闻乐见的语言形式再现原作内容的精华。因此，语言形式上的归化不可避免，但任意删改原作的内容已超出译述范围，变质为译写。

译述是译与述的结合。译是目的，是中心；述是手段，为译服务。这里的"译"，指翻译其事，即指用另一种语言传达原作的思想，而不是指直译、意译等翻译手段。因此，译述可以没有"译"（全译手段），但不能没有"述"。"述"是对原作全部或部分思想的转述。译述的形式可以是完全的"述"，也可以是"译"、"述"并行，其核心在"述"。

有必要指出译述与综述的区别。两者所运用的变译技巧基本相同，都有译有述，都以摘译和编译为基础。但译述限于一文一书，综述的对象为五篇及其以上的文章或著作。两者的目的也不一样。译述是为了创造译语读者乐于接受的文本样式，综述则是概括介绍某一领域的最新发展成果。

（二）译述的方法

1. 译述程序

通读原文，透彻地理解原文，然后根据需要、目的与读者对象，确定翻译全文或者部分内容。选定翻译对象之后，考察原文文本形式是否能为译语读者所接受。如果不能，就要整体地或局部地调整文本形式，以适应译语当下的叙述文本语境。然后，决定原作内容的取舍。保留什么，舍弃什么，应根据信息内容本身的重要性和读者的需要确定。最后确定内容的翻译方式：什么地方用全译，什么地方用转述，或者全部采用转述。

2. 结构调整

为了实现创造理想的文本形式这一译述目的，需要对原作进行局部或整体调整。

1）局部结构调整

与编译一样，局部调整的目的是为了使译文符合译语的叙事逻辑习惯。原文本身可能局部存在叙事逻辑问题，或者其思维逻辑表达方式与汉语不一样。这就需要调整。局部调整可以是句内各成分、段内各句群间或相邻段落间的调整。其中句内成分的调整与全译的语序调整相似。请看下例：

> The unit of p. d., like that of e. m. f., is the volt, which is that p. d. existing between two points in a circuit where one unit of electrical energy has been changed to some other form of energy as a consequence of one coulomb passing between the points.

原译：电位差的单位同电动势的单位一样，是伏特。伏特就是存在于电路两点之间的电位差。在这两点之间一个单位的电能转换成了另一种形式的能量，这是由于一库伦的电荷通过这两点所致。

改译：电位差的单位同电动势的单位一样，是伏特。<u>电路中某两点之间由于一库伦电量通过时引起单位电能向其他能量形式转换，则此两点之间的电位差为 1 伏特</u>。（司充译）

原译按照原文顺序译出，其表述"伏特就是存在于电路两点之间的电位差"与物理学中的有关概念不符。伏特是电位差的单位，但并不等于电位差。另外，顺序译法直接将英语的逻辑表达方式移入汉语，难以把原文的物理概念和逻辑联系表达清楚，因此需要对原文的后半部分进行调整，理顺逻辑关系。

2）整体结构调整

由于原文宏观结构上逻辑的混乱，或者与汉语逻辑叙事方式存在差异，译者有时需要对原作整体结构进行调整，以提高译文的可接受性。例如：

[1] The heart, which is a muscular pump, beats about 72 times a minute through a continuous and automatic process of muscular contraction and relaxation. It is about the size of a fist, weighs about 9—11 ounces and is placed snugly between the lungs, a little more to the left than to the right. A partition runs down the center of the heart, dividing it into left and right sections which work at the same time but deal with two different types of blood. Each section is again divided into upper and lower parts, the auricles and ventricles. The blood is pumped through all four chambers in turn in the course of being circulated through all parts of the body.

[2] The heart's first purpose is to supply a steady flow of oxygen to all the body cells and return carbon dioxide to the lungs. On its journey the blood distributes dissolved foods and carries away wastes.

[3] Two large veins pour the dark, used blood into the first chamber, the right auricle, which passes it into the chamber below, the right ventricle. The muscle surrounding this part contracts in a beat that pushes the blood into the lungs where the carbon dioxide is removed and replaced with vital oxygen. Meanwhile, fresh scarlet blood from the lungs enters the left auricle to be transferred to the left ventricle. From there it is forced by the contracting muscle through a valve into the aorta, the body's largest artery which distributes it all over the body.

[4] The heart beats about 100000 times every 24 hours and pushes several quarts of blood through miles of arteries, veins and capillaries. A healthy heart keeps this up for a lifetime without faltering. （冯庆华，2003：483—484）

译述文：

[1] 心脏就像一个抽水泵，其心肌永不停息地伸缩着。心脏每分钟约搏动72次，其大小似一只拳头，重约0.5公斤，位于两肺之间，略偏左。一道隔膜穿过心脏中间，将其分为左右两部分。心脏的两个部分同时工作，处理两种不同类型的血液。每部分又分为上下两部分，即心房与心室。周身的血液在循环过程中依次经过心脏的四个腔室。

[2] 心脏的两个大静脉把暗红的、用过的血液输进第一腔室，即右心房内。然后，右心房将血液送入下面的右心室。右心室四周的肌肉搏动收缩，把血液送入肺里。肺将血液里的二氧化碳排除，输入维持生

命的氧气。这样，暗红的、用过的血液变成了鲜红的、新鲜的血液，肺将其送入左心房，再进入左心室。左心室的肌肉不断收缩，使血液通过一个瓣膜流入主动脉。这是人体最大的动脉，它把血液输送到全身。

［3］心脏24小时大约搏动10万次，促使几十公斤的血液流过几公里长的动脉、静脉和毛细血管。一颗健康的心脏能终生不停地如此工作。

［4］心脏的主要目的是源源不断地为身体所有的细胞提供氧气，并将二氧化碳回收肺里。血液在循环过程中将溶解了的食物分配到身体各个部位，同时带走废物。

原文的主要内容是关于心脏的工作原理。而第2段讲的是心脏的功能，插在中间很突兀，阻断了原文内容的连贯性，因此，需要对原文作整体上的调整，将第2段移到译文末尾，由于其内容不甚重要，也可以删去不译。

像编译一样，译述不仅运用结构调整，还使用增删、分合、概括等手段，前面编译部分已经介绍，这里不再赘述。

3. 体裁转换

与改译一样，译述还涉及体裁的变换。不过，与改译不同的是，译述的体裁转换是单向式的，即其他体裁向叙述体裁的转化，而改译的体裁转换是双向式的，如小说文本与戏剧文本的相互转化。下面一例是对话体裁向叙述性体裁的转化。

Q: Dr. Klein, some people claim that skin cancer is nothing to worry about. Are they right?

A: Lord, No! It is far and away the most common form of cancer, and over 5,300 people a year die of it. The tragic irony is that the majority of these deaths could be prevented.

Q: What are the most common kinds of skin cancer?

A: Basal-cell cancer, which originates in the lowest layer of the epidermis, accounts for about 60 percent of all skin cancers...Squamous-cell cancer, which arises in the intermediate layer of the epidermis, accounts for about 35 percent. （段平，1998: 22）

有些人认为皮肤癌根本不是什么大病。这种观点是极端错误的。皮肤癌是最为常见的一种癌症。一年之中死于皮肤癌的人数超过五千三百人。而具有讽刺意味的是，大多数死于皮肤癌的病人本来都是可以挽救的。

最常见的皮肤癌包括两种。一种是基细胞癌，产生于表皮的最底层，大约占所有皮肤癌的百分之六十。另一种是鳞状细胞癌，出现在表皮的中间层，大约占所有皮肤癌的百分之三十五。

原文是美国著名杂志《读者文摘》上的两轮对话，显得比较活泼。但翻译若是着眼于信息开发，就没有必要照搬原文形式，用叙述文体显得更简练直接。了解科技信息，与了解故事情节相似，读者对原文形式不感兴趣。而就内容的吸取而言，叙事体裁能使读者更感轻松。比如，同戏剧文本相比，小说/叙事文本能使读者更快捷地把握主要故事情节。这是译述法在翻译非叙述文本时的优势和功用。

4. 转述

翻译中必须有转述才能称之为译述。转述的主要方法是定向复述。定向复述是在翻译之前确定转述的方向和线索，可以沿袭原作的线索，也可以在抓住原作中心和重点内容后另定复述方向，后一种情况通常需要对原作进行整体结构上的调整。从转述形式看，可以是先译后述或者先述后译，可以是译述交替进行，也可以是完全的转述。何时用"述"，一切以原文的语言表达方式和文本结构形式为转移（见上例）。

5. 译述的技术问题

1）关于原文的标题

根据需要可以保留或更改原作标题。例如，译者转换视点，改变了原作的宏观篇章结构，或者从原作中选取最有价值的内容或读者最感兴趣的内容翻译，原文标题就可能需要调整。

2）标注问题

译述文标题的正下方先标明"××著"，然后标明"××译述"。在这里，特别要把译述与摘译、编译和综述区别开来。只有当摘选部分或者编辑材料运用了转述手段，才能用"译述"，若采用全译或基本采用全译手段，要用"摘译"或"编译"。译述一般限于一文一书或其中一部分的翻译，若是涉及五篇以上的文章或著作的翻译，要用"综述"。此外，在译述文末尾，还应交代出处，如"根据××译述"。

3）关于译述文的篇幅

译述文的篇幅可以与原文相当，或者长于或短于原文篇幅。译述关注的不是译文篇幅的长短，而是译文语言是否地道、文本结构形式是否符合译语文化当下的流行写作范式以及内容在忠实于原作的前提下是否具有很高的透明度。但是，若是为杂志、出版社投稿，就不能不考虑译述的篇幅。译述文要力求语言精练，原文的枝叶，包括重复的内容应删去。

（三）译述的原则

1. 内容的忠实性

译述的本质是"述而不作"，即用新瓶盛陈酒，不变的是原作的主要内容（陈酒），变的是原作的语言形式（新瓶）。不论是转述原作整体还是部分，译述都应忠实于翻译对象的内容，不容许增加，否则译述就变质为其他变译形式。同时，由于转述容易掺入译者自己的东西，译者在译述时要有克己意识，压制创作欲望。

2. 原作的转述性

译述中"述"的含义是转述。据《现代汉语词典》（1999年版），转述指"把别人的话说给另外的人"。转述的基本特征有二：一是不改变原说话人的意思；二是原话的形式发生了变化，是转述者用自己的话传达别人的意思。就译述而言，原作者的作品是被转述的对象，译语读者是信息接受者，译者则是转述者。除了忠实于原作的内容外，译者的翻译语言一般说来必须是自己的话，当然也不完全拒斥直译作者的原话。译述可以是"夹译夹述"，或者是完全转述，没有"述"的翻译不能称之为译述。

3. 语言的流畅性

采用译述法的一个主要目的是为了摆脱原语语言形式结构的羁绊，灵活自由地行文，以创造流畅自然的译文。在翻译实践中，有时采用全译策略，无论直译还是意译，都无法跳出原文形式结构的牢笼，产生译语读者难以接受的、令人费解的、生涩拗口的、啰唆的翻译体语言。此时，可以发挥译述的优势，根据读者的需求，对原作语言形式进行改造，用地道的归化语言传达原语信息。

4. 形式结构的最优化

形式结构包括语言形式结构和文本形式结构。译述的语言应当亲切、自然、流畅，上面已经谈到。就文本形式而言，叙述形式是译述文本的终极归宿。因此，译者要根据读者的期望、文化和时代语境选择最佳叙述方式。为达此目的，译者可以对原作进行整体或局部调整。毕竟，给人以美的享受的酒瓶能大大加强客人品尝美酒的欲望。

四、缩译

（一）缩译及其特点

缩译，即压缩性翻译，指以较小的篇幅再现原作的主干内容的变译方法。

"较小的篇幅"指缩译的长度一般应限制在千字之内，因为缩译的主要目的是帮助读者在有限的时间内（如三、五分钟）了解原作的大意，至于原作的语言风格、情节的起承转合等不属于缩译传达的对象。缩译是原作的缩微。打个不恰当但形象的比喻：如果把原作比作地球，则其缩译就是地球仪。通过缩译，读者可以看到原作的内容框架和概貌。汉语里的"缩"有去粗取精的意思。《礼记·郊特性》有云："缩酌用茅，明酌也。"其意是说，用茅过滤酒去掉酒渣，是要使酒清净可饮。这里的"缩"指"滤酒去渣"。"缩"还有"缩短、减缩"之意。明胡应麟《诗薮·五言》曰："近体有定规，难以伸缩。"此外，"缩"还有"抽取"的意思。《战国策》有："武安君北面再拜赐死，缩剑将自诛。"缩译正好包含了这几层意思：滤掉翻译对象的"酒渣"，即枝叶和细节部分；将原作大幅度缩短；抽取主干，保留最精华、最核心的内容。

缩译的篇幅不受原作长度的限制，一篇万字的文章与一部几十万字的著作，其缩译长度没有明显的区别，一般都在千字以内，只是压缩的比例不同而已，由几分之一到几十分之一，甚至千分之一不等。从结构特点看，在缩译文中，原作的主干内容与宏观篇章结构线索尚在，但原作语篇结构、语言风格和内容的具体特点已不复存在。从使用范围看，缩译比较适合翻译篇幅较长的文章和著作，如文学作品与科技文献。就科技文献而言，缩译特别适合用来翻译那些内容庞杂、精华不多的论文与书籍。

（二）缩译的方法

1. 缩译程序

首先通读并透彻地理解原作。然后确定原作的信息线索与内容框架，并决定保留什么，去掉什么。对原作内容的删减必须考虑译文的篇幅。如果原作篇幅不是太长，其主干内容可以全部保留。如果原作是长篇大著，那就要对原作的主干内容进一步删减，保留精华中的精华，主干中的主干。在选定需要保留的内容之后，还要考虑各部分之间的逻辑衔接与连贯，使缩译文成为一个内容精干、语言流畅、结构完整的有机整体。

2. 缩译技巧

前文所讨论的摘译、编译、译述的技巧，如摘选、增减、分合、编辑、概括、转述等技巧，同样适用于缩译，这里不再赘述。从缩译实践看，"述"较常用，而"译"仅限于词句的翻译，段、节、章的大面积全译行不通，这是由缩译的篇幅所决定的。"述"的方法主要包括变换措词即改变表达方式、紧缩式概括和扩展式详述，它们在译述中得到充分的运用。紧缩式概括是缩译的常用方法，具体表现为抓关键词句法、中心思想归纳法以及抓框架法。下面分别介绍。

1) 抓关键词句法

一文一书，一般围绕某个主题展开论述，其核心概念、命题和论点可以在关键词句中找到。因此，抓住了关键词句就意味着抓住了原作最核心的思想，好比打蛇抓住了七寸。下面举例说明。

Writing Quality Requirements
By Karl E. Wiegers

...（1—30 段略）

Guidelines for Writing Quality Requirements

[31] There is no formulaic way to write excellent requirements. It is largely a matter of experience and learning from the requirements problems you have encountered in the past. Here are a few guidelines to keep in mind as you document software requirements.

[32] Keep sentences and paragraphs short. Use the active voice. Use proper grammar, spelling, and punctuation. Use terms consistently and define them in a glossary or data dictionary.

[33] To see if a requirement statement is sufficiently well defined, read it from the developer's perspective. Mentally add the phrase, "call me when you're done" to the end of the requirement and see if that makes you nervous. In other words, would you need additional clarification from the SRS author to understand the requirement well enough to design and implement it? If so, that requirement should be elaborated before proceeding with construction.

[34] Requirement authors often struggle to find the right level of granularity. Avoid long narrative paragraphs that contain multiple requirements. A helpful granularity guideline is to write individually testable requirements. If you can think of a small number of related tests to verify correct implementation of a requirement, it is probably written at the right level of detail. If you envision many different kinds of tests, perhaps several requirements have been lumped together and should be separated.

[35] Watch out for multiple requirements that have been aggregated into a single statement. Conjunctions like "and" and "or" in a requirement suggest that several requirements have been combined. Never use "and/or" in a requirement statement.

[36] Write requirements at a consistent level of detail throughout the

document. I have seen requirements specifications that varied widely in their scope. For example, "A valid color code shall be R for red" and "A valid color code shall be G for green" might be split out as separate requirements, while "The product shall respond to editing directives entered by voice" describes an entire subsystem, not a single functional requirement.

[37] <u>Avoid stating requirements redundantly in the SRS.</u> While including the same requirement in multiple places may make the document easier to read, it also makes maintenance of the document more difficult. The multiple instances of the requirement all have to be updated at the same time, lest an inconsistency creep in.

[38] If you observe these guidelines and if you review the requirements formally and informally, early and often, your requirements will provide a better foundation for product construction, system testing, and ultimate customer satisfaction. And remember that without high quality requirements, software is like a box of chocolates: you never know what you're going to get.

缩译文:

撰写质量需求

by Karl Wiegers.   Bear 缩译

软件需求常常写得很糟，不易操作，清晰地阐明需求将使每位项目参与者获益。需求的总特点是正确、可行、必要、有序、清楚、可证。每条要求的特点为完整、一致、可修改、可跟踪。

撰写优质需求没有固定的程式，主要取决于从昔日需求中获得的经验教训。下面有几条撰写软件需求时应遵循的原则：句段简短、陈述明确、层次适当、一个陈述表达一个需求、细节一致、力避冗余。

（原文摘自 www.processimpact.com. *Software Development*, May 1999，译文转引自 http://delphideveloper.myrice.com/docs/requirements/writing_good_requirements.htm?，有较大改动。）

原文约四千词，缩译文约三百二十个字，也就是说，缩译文不到原文的十分之一。原文的关键词句一目了然，大都用粗体标识。退一步说，即使原文不用粗体，译者也很容易识别，因为这些关键词句，要么是小标题，要么在一段的开头独立存在。此外，译者并未保留原文中所有的粗体部分即主干部分。从上面的缩译文可以看出，译文大部分是原文关键词句的直译，因此，我们可以得出结论，抓关键词句法一般以"译"为主，"述"为辅。上举缩译文所选取的原文的关键词句，本书编者已用下划线标明，供读者比较分析。

2) 中心思想归纳法

无论是文章还是著作,大都围绕一个中心思想进行论述或描写。在某些书文中,不易找到关键词句,因此抓关键词句法不适合缩译此类书文。遇此情况,可以采用中心思想归纳法,概括原作的主旨。此缩译方法一般以"述"为主。下面的例子因为原文篇幅过长从略,仅提供缩译文。

缩译文:

中国经济体制对经济理论的挑战

格里高利·C. 周著　董志强缩译

中国市场经济对经济理论的挑战涉及四个方面:资产的私有与公有,西方法律体制与东方不正规的法律体制,个人主义与集体利益以及多党制与一党专政的政治体制。

1. 私有制与公有制

中国对公有企业和私有企业都进行着有趣的试验,国有企业、集体企业和私有企业并存。一些国有企业尤其是与外企合资的企业,显示出了效率,它们财务独立并正赚取大量利润。许多乡镇企业也成功地增产和赢利。中国乡镇企业成功的经验足以向那些认为只有资本主义经济中的私有企业才可能有效率的教条挑战。

中国绝大部分资产由中央政府、省及当地政府以及乡村集体公有。为了使这些资产的管理具有效率,激励机制得到了运用,最为普遍盛行的就是承包,即已为人们周知的责任制。典型的例子是乡村把土地承包给农户和各级政府各种形式的企业租赁。承包的条款包括确定租金和利润分配形式。总之,企业的利润和管理者与工人的利益之间有一个明确的关系。对公有资产的管理者提供激励,是中国成功之关键。

2. 现代法律体制

西方经济发展中实行的现代法律体制有时被认为是市场经济运行所必需的。中国非西方化法律体制被西方投资者和经济学家认为是残缺的。尽管它可以被称作半法律体制(semi-legal system),而法律也在中国有了几年的实践,但它仍是一个不健全法律体制。与西方不同,中国法律体制下,合同的履行部分地依赖于一种非正式社会联系,即所谓的"关系"。"关系"在确保合同的履行中扮演了一个重要的角色。

据说中国是人治而不是法治。这个说法不一定指中国的体制是糟糕的。通过建立非正式个人关系能够解决的问题,正规的法律体制没有必要去解决它。

3. 个人主义与集体福利

据哈耶克的解释，个人主义是西方市场经济的一种思想。这种思想并不被亚洲国家认同。在亚洲社会，集体利益看得比个人权利更重要。许多发展中国家的人们正为民族主义而奋斗，且把公共利益和民族团结看得比个人权利更重要。

各国人权实践是不一样的。中国政府认为高度的个人自由和实行美国模式的人权对国家公共利益是有害的。中国内地、台湾、新加坡、韩国，在有限的政治自由下，市场经济依然正常运行。

4. 多党制与一党制

多党制与市场经济有何关系？答案不简单。中国内地、台湾（直到最近）、新加坡、韩国，都实行一党制，显然，一党制与市场经济也是一致的。尽管日本是多党制，但它在1958—1994年一直处于自民党领导之下。多党民主体制也并非是实现人权的要求。

西方国家的发展，随着大部分人经济能力增强，富裕公民要求更多的权利支配他们的命运，而逐渐走向民主政府。随着中国人民更富裕和更有教养，他们也会争取更多的政治权利。而过去十年里，一党制下的中国人民政治代表由人民代表大会选举得到了加强。

(Challenges of China's Economic System for Economic Theory, by Gregory C. Chow, *American Economic Review*, Vol. 87, No. 2, 1997. 译文转引自 http://nobel.126.com.，本书有删节。)

以上译文标明为缩译，但原来的长度却高达2800汉字，虽然只有不到原文的四分之一（原文七个版面，一万多字），却大大超过了缩译规定的篇幅。因此，严格说来，原缩译文已不是缩译，变质为译述。本书编者通过删节，使缩译文在一千汉字左右。就内容而言，译文抓住了原文主干，即四个要点，是成功的。

3) 抓框架法

中心思想归纳法是从原作的中心点向四方辐射，由点及面；抓框架法正好相反，由面出发，汇聚一点。抓框架法与抓关键词句法有联系，前者是紧缩主干，如利用书文的小标题构成缩译文；后者除了小标题外，还利用正文中的词句。因此，抓框架法更精练、压缩性更大。例如《生命科学》（田传茂等，2003：62—67）中有一篇文章，名叫 *Ten Ways to Get More Energy*（因篇幅限制，这里不给出原文），由十个小标题引导的十个部分组成。如果对其进行缩译，利用这十个小标题即可抓住原文的核心信息，构成如下一篇缩译文：

精力充沛十法

如果你要保持精力充沛，可依循以下十法：一、做事有条不紊；二、照看好你的双脚；三、呼吸户外空气；四、注意身体姿势，如坐姿、站姿、睡姿等；五、进行各种形式的身体锻炼；六、不要空腹跑步；七、运动后随时补充营养；八、提高睡眠质量；九、保持鼻子健康；十、精心挑选生活与工作环境的颜色。

3. 缩译的技术问题

1）标注问题

有不少人对缩译的概念不清楚，认为只要是对原作篇幅有压缩的翻译，就是缩译。这种观点是错误的。编译、译述也有压缩。翻译实践中，许多注明为"缩译"的译文实际上是编译或译述，如马维、潘文霞、吴承康的文章《热障碍涂层材料性能和失效机理研究进展》（《力学进展》2003年第4期）有一万多字，实际上是对一篇英语学术论文的编译，却标为"缩译"。

另外，既然是翻译，原作者姓名应译成中文，像第一例中的 by Karl Wiegers 不妥，最好译成"卡尔·威格尔斯著"。同时该例也未标明原文出处，在译文末尾应注明："译自 Writing Quality Requirements, by Karl Wiegers, *Software Development*, May 1999。"第二例译文原来也是搬用作者原名，未译成中文，译文标题下的"格里高利·C. 周著"，为本书编者所加；原始译文的可取之处是标明了原文出处："*American Economic Review*, Vol. 87, No. 2, 1997。"

2）关于缩译文的语言风格

缩译不可避免地会改变原作的语言风格，只是在摘取原文词句直译时可以隐约见到原作风格的一鳞半爪。从缩译介绍情节、传达信息的目的看，译文没有必要、也不可能保持原作的语言风格。缩译用新闻报道体裁的语言风格比较合适。也就是说，把原作主要内容当作新闻事实一样客观地汇报给读者。读者阅读缩译文的兴趣点也在原作的内容，而非其文本结构和语言风格。

（三）缩译的原则

1. 原作的压缩性

压缩性是缩译的首要原则。但并非所有压缩性的变译都是缩译，编译、译述等也有压缩。编译的最大特点是编辑性，译述的最大特点是转述性。缩译的缩微性，如上所述，是一种极大的压缩，是长篇书文的最小化。

2. 内容的忠实性

这里的"内容",不是原作的所有内容,而是原作最主干、最核心的内容。译者在浓缩原文时,要尽力做到客观,不掺入自己的思想情感,做一个称职的代言人。缩译者比较像对长篇演讲进行归纳总结的大会主席或主持人,三言两语、要言不烦地总括演讲内容。

3. 语言的简练性

缩译的主要目的是既要保存原作的核心信息,又要为读者节省时间。这就要求译者有很强的表达能力,在有限的篇幅内尽可能多地再现原作的中心要旨,因此语言必须简练,只有言简才能意丰。

4. 内容的指示性

如前所述,缩译的功能与内容提要有些相似。内容提要一方面可以帮助读者了解作品的中心内容,另一方面也间接地展示作品的价值,由读者根据自己的需要、兴趣等决定是否需要通读原作。鉴于缩译的此种功能,译者应在翻译中保留原作具有指示性的、提纲挈领式的关键词句,以便于读者就是否需要通读原作作出正确的判断,绝不能误导读者,浪费读者宝贵的时间和精力。

5. 宏观结构的一致性

像编译一样,缩译也应当遵循宏观篇章结构一致的原则。编译可以对原作进行局部调整,缩译则不能。在思想、信息线索的发展方向上,缩译应当严格遵循原文的框架,使读者在了解原作内容的同时,也能正确地把握原作的思想线索与框架,使缩译真正成为原作的"缩影"(miniature)。

6. 译文的整体连贯性

由于缩译需要对原文大量删节,译文出现衔接与连贯上的问题,以致逻辑上出现矛盾就成为可能。译者在抓住原作主干的同时,要考虑各部分的衔接与连贯,避免出现脱节、混乱、前后不一致的情况。如果把原作比作一根竹子,缩译活动首先是把原作分解为枝叶和一节一节的竹子,然后再把这一节一节的竹子天衣无缝地连成竹干,才是合格的缩译。译者切不可忽视连竹节成竹干这一环节。

五、综述

(一) 综述及其特点

综述,即综合叙述,指综合有关外文资料进行叙述整理的变译方法。

综合的文献(书籍和文章)数量至少在五篇(本)以上,而叙述就是对外文书籍和文章的主要内容进行概述或转述、归纳、整理和分析,提取最有价值的信息，通过这种方法回顾和总结过去的研究成果和经验教训，指出研究方向，供读者迅速了解研究的发展动态，一目了然地了解主要内容。综述的最大特点是诸多信息的综合性和概括性。综述涉及的信息量必须具有全面性，涵盖本领域最新的和主要的方面和动态，必须具有高度的概括性，语言要精练，不可拖沓。

综述和述评的差异在于，综述一般不作评论，不直接添加译者自己的看法，但综述的结构安排可以隐含译者的思想或思路；述评则需要添写译者的观点，译者要发表自己对所述内容的看法和评论，是综述与评论的混合物。综述也涉及摘译、编译、译述、缩译等方法，因为译者必须对书和文章的关键内容进行摘、编、缩、述，其核心在于"缩"和"述"，即压缩原作，提取梗概，述其精华，综合要点，这些具体的变通手段都是为综述服务的，便于读者在最短的时间内获取某领域的发展动态，为进一步研究打好基础。无论是自然科学还是社会科学，综述往往是深入研究的第一步。

（二）综述的方法

1. 综述的准备

1）文献的收集

综述之前，首先要确定相关语篇的主题，如医学克隆技术等，译者须分门别类地把文献资料编排好，外文资料要突出重点，内容要新颖，相互之间要有较强的关联性和连贯性。资料既可是书籍，也可是论文，一般以论文为主，因论文发表的周期较著作短，信息相对新颖。

文献的收集可通过图书馆（室），也可利用网上资源查阅。收集方法有两种：阅读收集和查询收集。查询收集有三种方法：逆向查法，即根据现有的文献后的参考文献目录，进行跟踪查阅；主题查法，即根据因特网或其他检索工具中的主题提示，查阅相关文献，它既可按文献发表或出版的先后顺序，由旧到新的方式查阅，或由新到旧的方式查阅，也可按主题词的密切度查阅；综合查法，即综合利用上述方法，交替查阅有关文献，不断扩大查阅范围，更加全面地收集资料。文献的收集是综述必不可少的一环。

2）文献的理解

文献资料收集整理完毕后，要阅读文献，理解其意义，理清线索，准确全面地把握其精髓要义。阅读方法因人而异，但基本方法不外乎整体把握、宏观框架与微观细节相结合，主要与重要枝节相映衬，吃透文献信息的核心内容。要善于归类，善于联系和甄别。阅读方法可采取多种策略，综合交替使用。

先易后难，简单容易的资料先读，较难的后读。

先粗后精，粗读文献可以开启思路，圈定重点，对有关内容形成一个整体印象，便于为细读作铺垫准备，精读可以对相关信息定位，抓住关联细节，便于综合分析，分清主次详略，对信息进行有效串联。

先简后繁，先阅读内容摘要，有利于对繁杂的全文进行价值判断，以确定全文阅读的多寡。

先新后旧，阅读最新的文献可以紧跟研究的新动态，不至于离题，阅读旧文献可看清研究的轨迹和方向。

先介绍性文献后专题性文献。阅读介绍性文献可少走弯路，节省时间，集中精力攻专题，抓住问题的主要矛盾。

总之，综合运用各种阅读策略便于正确理解文献信息和综合各项要点，提高理解效率。变译和全译一样，都涉及理解和转换，理解是综述的钥匙，如果理解抓不住关键信息，综述势必会大打折扣，影响综述的全面性和权威性。

2. 综述的方法

1）综述的操作单位

翻译单位是翻译研究的重要因素，也是研究的热点问题，究竟以小句、句子、句群、段落为单位，还是以语篇为单位，人言人殊，至今没有定论。罗选民（1994）将翻译单位分为话语层次上的分析单位和转换单位，两者都是对语言进行动态的、功能的阐释所必需的语言单位，前者主要研究话语意义的建构过程，后者主要研究话语意义得以表现的建构形式。这种观点对综述有一定的借鉴意义，综述要在话语（语篇，包括书籍）之间展开分析和转换，分析单位和转换单位有时是一致的，有时不一致。不过，转换单位并不是一成不变的，而是根据需要，时大时小。

翻译单位还可分为宏观层次和微观层次，综述中的转换单位可以在微观层次实施，如词语或句子的摘译等，但更多的是在宏观层次进行，如语篇要点的译述、缩译等。因此，"确定翻译单位不能脱离具体的原语、译语，具体的文本文体以及翻译目的"（袁晓宁，2005）。由于综述强调语篇的综合性，翻译操作在不同的语篇单位之间转换，或摘，或述，或缩，根据一定的线索，译其所需，加工成句段，再综合成篇，因此，翻译操作单位在综述中占有举足轻重的地位，具有复合性和复杂性的特点。

奈达认为，翻译即译意。综述作为一种变译方法，是凸显各操作单位的主题意义，而不是全部意义，其操作单位是外文文章和书籍，且以文章（论文）为主，专著为辅，这是综述的宏观层次，因此，论文是主要单位，书籍是次要单位，因为论文发表的周期一般较书籍短，流通快。为追求时效，汲取新的知识，追踪研究的新观点或热点，译者必须以文章为基本单位进行变译操作，以书籍为补充。但在实际操作过程中，译者也须顾及微观层次，即语篇内的小句、句子、段落等。综述的成果一般是论文或论文的一部分，也可以是简介性的书籍。综述的参考文献列举较多，少则十数篇（本），多则数十甚至上百篇（本），但往往以几篇（本）为核心。如赵世开编著的《美国语言学简史》，主要是对93篇（本）英文或中译本文章或书的综述。齐小新著《美国文化研究导论》，基本上也是综述，其参考文献包括41本（篇）英文书（文章）和18本中文书籍（主要是英文的中文全译本及包含外文资料综述的著作）。

　　由此可见，综述所参考的书籍无论有多少，都主要以几本/篇为核心，以其他资料为必要的补充。这样才能突出重点和要点，勾画出研究动态的轮廓。如果主次不分，胡子眉毛一把抓，就是材料的堆砌，而不是综述了。这种根据描写研究而得出的综述操作方案，译者在实际的操作中自觉利用各个不同的翻译单位，游刃有余，能够减少盲目性，节约时间。好的综述文章为研究者提供了重要线索，具有较高的参考价值。

　　2）综述中"述"的操作技巧

　　综述对有关核心材料的归纳和提取，需要通过叙述来把资料按主题意义串起来，以建立句子之间的语义关联，使综述的语篇形成有机的整体，"述"成了衔接和连贯的手段。张德禄和刘汝山（2003：10）指出："语篇的部分之间的关系起码要具有三种关联性才能基本保证语篇的连贯，即语义关联性、主题关联性、语境关联性。"综述中语篇的三种关联性显然不能自行连接起来，而"述"是实现关联的关键链条，叙述的最大功能是促成语义关联、主题关联和语境关联一体化的工具，没有关联性就没有资料的顺序性，综述就缺乏了权威性和参考性。没有叙述性语言就没有综述的衔接性和连贯性。叙述性语言的标记多种多样，视具体的内容和语境而定，如列举性的数词"第一、第二、第三"等，"正如……所言"，"上面介绍的主要是……"，"除去上述……之外"等。"述"方便了变译的操作方式，使得相关材料的排列自然、流畅，增强了逻辑性，避免了生硬和不畅。总之，"述"成了材料综合的"润滑剂"，它使综述操作起来自然得体，游刃有余。

　　综述中的叙述时序既可以按文献时间的先后展开，也可以按逆时序即先今后昔的顺序铺陈，还可以在顺时序和逆时序之间交替进行，何种方法最佳，关键取决于文献的重要度和文献之间的关联度。叙述语言须有高度的概括性和客观性，叙述风格一般应该保持前后一致。

3）综述材料的安排

英国语言学家（Sperber & Wilson，1986）提出了语用关联理论，指出关联的程度取决于话语所具有的语境效果和处理话语时所付出的努力两个因素；关联是一个由最大关联到最小关联或无关联的连续体，它可分为最大关联、强关联、弱关联和完全不关联（何兆熊，2000）。关联和最佳关联理论对综述研究很有启发意义。

在综述过程中，所选材料并非同等重要，我们要善于辨别主要矛盾和次要矛盾，找出材料之间的关联性，分清主次，区别重要性，筛选出最具关联的关键文献，它是综述的骨架，然后辅之以其他文献材料，各种资料主次结合，剔出弱关联和完全不关联的材料，以最大关联和强关联的核心材料为统领，高屋建瓴，形成辐射状的材料网络，步步为营，层层推进，最终形成完整的综述文章。所以，关联理论对综述的材料组合有很强的指导作用。但译者对材料的安排有时也会涉及权力话语、意识形态和诗学对译者的操纵作用，译者在选材和综述过程对材料的关联判断上也会受到这种作用的影响。

文献材料按需取舍，一般选用部分要点、部分内容或主题思想，很少全部采用。相应的变译方法有：缩译法、摘译法和编译法，极少使用全译法。综述是宏观方法与微观方法的有机结合，是主与次的巧妙搭配。即是说，根据材料的关联度，使用不同的变通手段进行综述。文献材料的铺陈灵活多样，主要有横向法、纵向法、立体法和混合法。

（1）横向法。根据材料的内容进行分门别类的变译列举说明，逐条铺陈展开。此法简便易行，操作不难，使用广泛，特别适合于新闻或科技报道。

（2）纵向法。根据时间的先后对材料进行分析归纳，总结出各个时期或阶段的特点和发展趋势，进行介绍或概述，此法适于某学科或某课题研究的历史回顾。

（3）立体法。列出数个小标题，从深度上和广度上对研究课题进行多方面、多角度、多层次的立体式剖析综述。此法适于内容复杂或理论性强的研究课题。

（4）混合法。运用上述方法中至少两种或两种以上的方法，一般适合于涉及面广的课题。

3. 综述的基本模式

1）国际会议、新闻的综述模式。引言（会议目的和基本议程）→会议发言者的主要内容→结语（对会议发言者讲话内容特点的总结）。

2）学术课题研究的综述模式

（1）引言　概述综述的目的、意义、背景和方法。

(2) 正文　研究的历史回顾、各阶段的进展和发展脉络及特点；理论基础；研究的现状、成果和问题，各种不同的观点和研究方法；研究发展趋势展望。

(3) 结语　简述研究结论及解决问题的思路等。

以下举例说明综述的具体操作方法。兹抄录盖淑华的论文《英语专业学生词汇附带习得实证研究》的第二部分"文献综述"（各段首的标号为编者所加，注释标记已经删除）：

[1] 什么是"词汇附带习得"？目前尚无统一定义，人们较多地认同 Laufer（1998）的定义，她认为，"词汇附带习得"是相对于刻意学习而言的，"刻意学习"（intentional language learning）指学生刻意地背记单词，如通过背词汇表，或者做词汇练习来记忆单词；而附带习得则是学生在进行其他学习任务时，如阅读文章、听英文歌曲等，附带习得了单词。这可能不是该词的全部知识，譬如，只记住了拼写形式，或只知道了词性，等等，但多次遇见后，将星星点点的知识积累起来就很可观了。

[2] Gibson（1975）做的"零散故事排序"（strip story）实验，可能是早期的词汇附带习得实验。但在当时，他并未提出词汇附带习得概念。后来，Nagy、Herman 和 Anderson（1985）在研究儿童学习母语词汇的基础上，提出了词汇附带习得概念。他们认为，母语词汇的学习，不可能完全通过刻意学习习得，相反，很可能母语词汇的大多数都是附带习得的。广泛阅读对于词汇增长很有帮助，教师应该鼓励学生大量阅读，这是词汇量快速增长的最佳途径。母语词汇学习情况如此，那么第二语言学习情况怎样呢，很多研究者将此应用于第二语言习得研究。

[3] 第二语言词汇附带习得研究范围比较广，在培训各种语言技能如听、说、读、写的同时，都会发生一定程度的词汇附带习得。据笔者调查，有关阅读促成词汇附带习得的研究最多（Mason & Krashen, 1997；Dupuy & Krashen, 1993；Nagy, Anderson & Herman, 1987；Nagy, Herman & Anderson, 1985）。该领域的研究涉及因素很多，如文章的语境线索、学生的猜词能力、教师布置的阅读任务等等，下面分别介绍有关这些因素的调查研究。

[4] 文章语境线索　学生在广泛阅读时，如果有上下文语境的提示，他/她就能猜出词义。很多学者发现语境线索对词汇习得有影响，并对语境线索进行了分类。李小龙（1988）将语境线索分为两类："提示型句子"（cues-adequate sentences）和"非提示型句子"（cues-inade-

quate sentences)。例如，1) John took out a collapsible bicycle and rode to school; 2) John took out a collapsible bicycle, unfolded it, and rode to school. 他认为句1）属于"非提示型句子"，而句2）是"提示型句子"，因为 unfolded 为目标词的理解提供了线索。无独有偶，Mondria & Boer (1991) 将语境线索分为"蕴意型语境"（pregnant contexts）和"非蕴意型语境"（non-pregnant contexts）。前者指语境中提供了充分的线索，足以使人猜出生词的意思，后者与此相反。他们的实验都证明：在有充分语境线索的句子里，学习者可以更轻松地猜出词义，也容易记住。

[5] 学生猜词能力　学生遇到有充分语境提示的文章，还要有猜词能力才有可能促成词汇附带习得。Rubin (1987) 发现成绩优秀的学生通常都是聪明的猜词者。有一小部分生词，学习者在阅读中遇到一次之后，就可以记住。而这一小部分生词，逐渐地就成为他们已有词汇的主体。Knight (1994) 研究了只遇到一次的生词被成功习得的几率。她还对比研究了阅读过程中优差学生的猜词能力和对生词的保持力，发现好学生在测试中表现出更好的猜词能力，并且词汇的保持量也优于差学生。

[6] 教师布置的阅读任务　Laufer & Hulstijn (2001) 做了很多词汇附带习得调查。他们认为，阅读中促成的词汇附带习得与阅读任务有很大关系。对于不同的阅读任务，学习者付出的努力程度不一样，这种努力程度用"投入量"（work load）来表示。他们分别在新西兰和以色列，进行了平行实验，要求三组学生完成三项"投入量"不同的阅读任务。实验结果印证了"投入量假设"，即投入得越多，习得的越多，保持得越久。(《解放军外语学院学报》2003 年第 3 期）

本例的内容主要按主题类别的关联度综述，在有些段落中又按时间的"先—后"顺序（第 2、4 段）和"后—先"顺序（第 3 段）综述，还有的段落（第 4 段）结合中外学者的观点按时间先后顺序综述，并综合应用了各种技巧，如缩译法、译述法、编译法等。

例文中缩译法和译述法用得最多、最默契，这样可以节省篇幅，扩大相对信息量。第 1 段对劳弗（Laufer）关于"词汇附带习得"的定义是典型的缩译，并辅之以译述性话语"人们较多地认同 Laufer (1998) 的定义"。此段的缩译高度凝练，观点高度浓缩，无废话。第 2 段译述用得较多，同时加上缩译，对词汇附带习得实验进行综述，第 3 段先译述后缩译，对十位研究者的观点作了高度概括，并在第 4—6 段分门别类地缩译/译述。整个材料的安排也是编译的有机构成。综述是否得当，是否综合了文献的精华部分，首先取决于材料的选择和编排能力，即编译能力，然后是缩译和译述能力。综述者很好地解决了这个问题，显示了较高的综述能力。

所以，编译要求译者有良好的鉴赏力，缩译要求译者具备精练的概括和整合能力，善于根据相关主题提炼符合思维逻辑的最有价值的材料，使读者从综述的线索把握研究的脉络。综述实际上是几种变译方法的综合，是对多种混合材料的"提纯"过程。综述最好直接变译原文材料，因为直接翻译有助于理解原文，避免因袭译文而带来的以讹传讹现象。不过，第一手材料缺乏时，也可适当利用现有译文作为综述的补充资料。因此，能否准确地把握综述材料的最佳关联度，反映了译者的概述能力和变译水平。

又如新闻综述《综合消息：国际社会强烈谴责俄罗斯人质被害》（各段首的标号为编者所加）：

[1] 新华社北京9月4日电 国际社会3日对俄罗斯北奥塞梯绑匪残忍杀害大批人质的事件表示震惊，强烈谴责这起恐怖主义行径，并对这起事件中的遇害者表示哀悼。

[2] 欧盟委员会主席普罗迪在一份声明中说："恐怖分子如此残害无辜的兽行是令人鄙视和邪恶的。"他说，欧盟委员会谴责任何形式的恐怖主义，并对人质危机不能通过和平方式解决表示遗憾，但一切均应归咎于犯下如此滔天罪行的恐怖分子。普罗迪表示反恐是所有热爱和平的人民和政府的共同事业。

[3] 欧盟轮值主席国荷兰外交大臣博特发表声明表示，欧盟强烈谴责发生在俄罗斯的人质事件。他强调欧盟支持俄罗斯找到解决这一问题的方法，欧盟将密切关注事态的发展，将继续"强烈和无条件地"谴责各种形式的恐怖主义。

[4] 欧盟负责外交和安全政策的高级代表索拉纳也发表声明说，针对平民，特别是针对儿童的暴行令人震惊。国际社会必须团结起来防止和打击任何形式的恐怖活动。

[5] 北约秘书长夏侯雅伯与俄罗斯外长拉夫罗夫通了电话，对在这次人质事件中的遇难者表示哀悼并对其家属表示慰问，强调北约谴责任何形式的恐怖活动并将继续与俄罗斯一道打击恐怖主义。

[6] 加拿大总理保罗·马丁在声明中说，加拿大人对劫持人质的恐怖分子向无辜儿童开枪感到震怒，表示加拿大将对全球反对恐怖主义的斗争给予坚定的支持与合作。

[7] 秘鲁外交部的公报强烈谴责恐怖分子杀害人质的暴行，说秘

鲁政府对俄罗斯政府和人民表示最坚决的支持,并对那些利用无辜平民,尤其是儿童的生命来达到其政治目的的恐怖暴行予以最强烈的谴责和反对。

[8] 与此同时,芬兰、阿根廷、巴西、马其顿等国也于3日纷纷发表声明或公报,强烈谴责恐怖分子把儿童作为人质的恐怖主义行径,对人质事件的遇难者表示深切哀悼,向俄罗斯人民表示声援,并同时表示将坚持与国际恐怖主义进行斗争。(央视国际,2004/09/05)

这则消息综述与学术研究中的文献综述有很大不同,段1综述了国际社会对俄罗斯人质遭残害一事的总体态度和基调;以下各段按国际组织的负责人和各有关国家领导人或政府声明的顺序进行译述和缩译,只有段3采用了摘译法,全文是横向的混合综述法,具体方法是按重要性列举的行文法,信息源的排列顺序是:国际组织→国家,声明发表者按地位排列的顺序是:欧盟委员会主席普罗迪→欧盟轮值主席国荷兰外交大臣博特→欧盟负责外交和安全的代表索拉纳→北约秘书长夏侯雅伯→加拿大总理保·马丁→秘鲁外交部公报→芬兰、阿根廷、巴西、马其顿政府。次要国家的发言人没有列出姓名。总的说来,新闻综述要比研究综述简单直观,操作方便,结构安排一般有相对固定的方式,如国家地位的高低等,这是权力话语秩序使然,大国和重要的国际组织掌握着更大的话语权力,拥有更大的发言权,在国际事务中发挥了更大的作用和影响。

(三) 综述的原则

1. 全面性和述写性

综述必须占有充分全面的资料,没有充足的材料,综述就会显得片面,缺乏足够的说服力,但全面性并不是材料的简单堆砌和杂乱无章的排列,而是要在全面铺开的基础上,有倾向地挑选材料,做到综合性和主次性相结合,即综述的面要宽广,不能以偏概全,同时,材料要有代表性,不能胡子眉毛一把抓,分不清主次。没有全面性就没有综合性,没有选择性就没有代表性。综述的全面性需要综合考虑译与述的关系,把编译、摘译、缩译的内容用述写的方法串起来,一则可以合理安排有关材料的语言结构,二则可以删除次要信息,节省篇幅和版面,提高信息排列的密集度。

2. 主题性和关联性

综述的选择性要求明确的主题性,尽管译者一般不对综述的材料进行直接评论,但是,译者必须按照内容主题的关联性组织材料和提取材料,材料要能说明主题,全文内容的主题应该保持一致,不可离题,否则,东一榔头,西一棒槌,只会导致主题之间缺乏关联性,综述的价值就会打折扣。因此，要做到去粗取精，详略得当，主题突出，结构关系紧密，读者一看文章就能了解有关研究或者发展动态。

3. 权威性和新颖性

综述的文献必须具有权威性和新颖性，一般应是相关学科或领域的至少近一年发表的权威性资料和信息，但也可以使用较早的材料，资料来源应该是该领域比较重要的刊物、媒体和书籍，有较高的学术价值和实用价值，能反映其最新研究动态和概况，便于读者查询了解信息，为进一步了解提供有价值的线索。

4. 典型性和研究性

综述的选材必须具有典型性，能反映主题的基本特征，能为研究课题提供相应的信息和资料支撑，能构成综述的主干，最能说明综述的主题思想，为前期研究提供核心资料。综述亦是研究的过程，材料的选择、甄别和安排就是研究行为，需要发挥综述者综合分析问题的能力，是对以往研究的总结和归纳，有利于为初涉该领域者指明方向，少走弯路，节约时间和精力。

六、述评

（一）述评及其特点

述评，即综述＋评论，指在综述外文文献的基础上加以分析、总结和评论的变译方法。

述评的主体是综述，但逻辑重心在评论。述评可广泛用于科研动态追踪和新闻报道。述评与综述最大的区别在于前者"述而有评"，后者"述而不评"（一般是隐含评析，或综述材料的安排顺序本身就有评的倾向）。综述是述评的基础和铺垫，没有综述就无所谓述评，述的目的是为了评，述的内容为评论提供素材和出发点，使评的内容不至于成为无水之源，无米之炊。述是评的基石，述得全面，突出重点，评就会有的放矢，有针对性，围绕综述中的焦点问题展开论述；评是对述的材料加以阐发和分析，提出自己的看法，进行批评和预测。述评是综述的延伸与扩展，综述是评论的起点，评论是综述的发展，但评论不可离开综述妄加评析。

（二）述评的方法

1. 述评的格式

1）引言。提出研究课题和述评的方向和对象，说明述评的价值和意义，指出课题背景范围和选材的代表性。

2）纵向分析。对本课题的历史发展或各阶段的研究状况、特点、各种观点、看法、水平、成果及存在的问题进行回顾和比较分析。

3）横向分析。对现阶段的各种观点、成就、假设、见解和不同学派的立场和争论及悬而未决的问题进行客观的、综合的概述。

4）前瞻分析。对已取得的成果进行评析,介绍或说明本领域或本课题研究的趋势或新动向,对该学科的发展前景进行展望。

5）结语。对这些外文文献研究所得的概括性结论。

6）参考文献。主要是外文文献,以便读者追溯、继续深入地研究。

2. 述评的具体方法

述评是综述的增值,就像银行储蓄一样,综述部分大致相当于存款本金,评论部分就像利息,不过,述评不仅是数量的增加,而且是意义的增值和拓展,显然,评论是综述的衍生物,没有综述就没有衍生部分。"评"与利息又有所不同,利息是自动计算的,而评论则是译者在综述的基础上添加意义,是有意为之。评论也可以理解为对综述意义的联想,是一种有目的的联想,是译者权力话语的展示,通过增加译者的评论,意义更加丰满,功能更加齐备,目的性更加明显。

语言哲学家洛克认为,词语的意义无非是代表其使用者头脑中的观念。这就是意义的观念论,其变体是联想论,即词的意义就是说这个词和听这个词所想到的东西（陈嘉映,2003）。如果我们把综述看做是"词"的话,评论就是这个"词"的联想意义,尽管意义的联想因人而异,但毕竟还是有理据的,离不开"词"的形象,也就是说,"评"的联想性依赖于"述"的"形象"（内容），译者从"述"着手通过联想衍射出相关的意义,实现意义功能的增值。述评的具体方法如下:

1）边述边评。一边综述相关材料,一边评论,其优点是材料与观点结合紧密,直观性强,有利于译者的联想,便于读者了解材料的内容和价值,帮助读者分析原文材料的意义和功能,实现述与评的直通,照顾读者思维习惯的连贯性,读者容易理解和接受。述评起来,既可以一个观点接一个观点地叙述和评价,也可以在一段一节地叙述后加以评价。这种变译方法需要较高的写作技巧,述与评要格外注意交代清楚,不可把原作的内容同述评作者的评论混淆,否则层次不清,有零乱、缺乏逻辑之嫌。

2）先述后评。先对有关文献材料进行系统综述介绍,按条理整理后,再加以评论。这种变译方法便于对原文的观点介绍一气呵成,避免综述思维的中断和隔离,述与评的结构安排分开,层次感强,便于读者分清哪些是述的观点,哪些是评的观点。这种方法广泛运用于述评文章中。

3）先述中带评,后总评。这种变译方法是上述两种模式的混合,书的述评多用此法。这种方式便于译者把一个一个的问题逐步展开,层层推进,把复杂的线索安排得错落有致，最后作出比较和总评，这有利于包容较多的内容。近年来出版的语言学和西方翻译理论书籍几乎都是使用的这种方法。例如，《系统功能语言学多维思考》（朱永生、严世清著）一书共十章，其中前七章主要是对弗思（Firth）和韩礼德、哈桑（Halliday & Hassan）的功能语言学理论（尤其是Halliday的理论）进行综述，并夹杂着一些评论，后三章把系统功能语言学理论分别同转换生成语言学、语用学和心理语言学进行了比较和对比分析，基本上属于评价部分。这种写作模式为我们研究和著书立说提供了有益的启示。

3. 评论方法

1）价值判断

对综述内容作出评判，是述评者主体性的自我展示，并兼顾了变译者和原作者之间、变译者和述评读者之间的主体间性。述评者在综述原作的基础上，既忠实原作的主题和基本内容，又摆脱原文的束缚，勇于提出自己的观点，敢于对读者负责，通过评论建构自己的权力话语。福科的话语权力理论认为，一切话语都是权力，变译者的"述"和"评"都是典型的话语权力，述评者掌握了这个话语权力，就意味着在一定程度上可张扬自己的主体性。因此，我们不仅要研究述和评的结构组成，而且要了解评论的写作方法。对原文材料的综述并不是最终目的，而要作出明确的价值判断。评价的目的一是对综述内容作一下梳理，二是为读者开启一扇窗口，帮助他们了解和评判有关内容和信息。因此，对综述内容价值的高低，观点的对错，或全面或偏颇，方法是否得当，论据是否充分，内容有何优势，论证是否服人，对原文的观点是赞成还是反对，赞成多少，反对多少，述评者要有明确的态度，不可模棱两可，暧昧不清，而要作出具体的分析和探究。

要注意区分原文作者的观点和述评者的观点，不可混淆不清。此外，也可以分析综述课题的研究意义和启示。总之，对综述内容的价值判断是译者的第一要义，是译者进一步阐发的基点，是译者建构自己权力话语的起点，只有搞好了基础建设，才能建构和完善自己的话语秩序。

价值判断的过程也是寻求真理和发展真理的过程，是变译者对真理的定位和选择的过程，也是帮助读者分清事实和思路，启发深化研究的阶段性认识。例如，蔡塞松、周榕的《语言耗损研究述评》一文的第四部分——"语言耗损研究的主要意义和启示"：

语言耗损研究的主要意义以及给我们的启示体现在以下几个方面：

[1] 语言耗损与语言习得或语言学习的关系密不可分。虽然Jakobson把语言耗损看成是语言习得的"镜像"这种观点仍有争议，有待进

一步证实,但习得与丧失或耗损堪称"孪生兄弟",研究语言习得若不研究语言耗损必然失之偏颇。而且从更积极的意义上看,研究语言耗损为研究语言习得开辟了一条重要的新途径。此外从生命全程心理语言学的观点看,语言习得不仅包括获得的一面,也包括丧失、耗损（attrition）的一面;不仅包括了上升、发展、进步（progression）,也包括迟滞、退化（regression）的一面。丧失、耗损、迟滞、退化是整个语言发展的组成部分。从这个意义上讲,研究语言能力的发展离不开研究语言耗损。当然,研究语言耗损也同样离不开语言习得。正如 Weltens（1987）所说,要对语言退化作出可靠的评价,就不仅需要研究耗损的材料,还需要研究来自习得的材料。

[2] 语言耗损与遗忘和保持密切相关。因此,对语言耗损的研究可以加深对语言与记忆的关系的认识。

[3] 语言耗损与语言的输入、加工密切联系。因此,语言耗损的研究有助于对语言的认知和加工过程的认识。

[4] 一般认为,词汇比形态句法或音位更易出现耗损。因此,以词汇层面作为研究语言耗损的突破口意义更加突出。

[5] 由于环境因素与语言耗损的关系密切,研究汉语环境（或者相对较差的外语环境）里中国外语学习者语言耗损有助于考察跨文化环境中非同原语言的耗损情况,并且可以检验国外现有的语言耗损理论是否具有普遍意义。（《心理科学》2004年第4期,段前序号为笔者所加,注释标记已删除）

第1段论述了语言耗损与语言习得的关系,指出这项研究为研究语言习得开辟了一条重要的新途径,明确指出了语言耗损对语言学习的价值和意义。第2段和第3段分别从语言耗损对研究语言与记忆,语言与认知加工的关系,说明研究的意义。第4段是关于词汇的意义,第5段是关于语言环境的意义。这些都属于价值判断,述评者从不同的侧面和角度提出了语言耗损的研究意义,使此前的综述材料有了价值归宿,并提升了认识层次,使读者认清了研究意义的实质,加深了印象,获得了有益的启迪。

2）提出建议

综述的目的是为了评论,建议是述评的核心和落脚点,是必不可少的评析,离开了建议,述评就成了综述,缺少了亮点,失去了应有的价值。

建议可以是理论性建议,如对某种理论的缺憾提出全局性和补充性意见,并展开讨论或论述,提出修改意见,甚至在此基础上归纳出一种新的观点或理论;也可以是实践性建议,针对综述中的工艺、技术、方法、方案、成果的推广应用等提出改进、拓展、加强和应用等方面的建议或意见，以完善或推广新技术、工艺、方法和新产品等。一般用表示建议或意见的小标题列出，有时需要写出建议的理由。

3）指出研究方向

在综述原文的研究成果和研究进展的基础上，总结存在的不足之处，提出应予思考或研究的方向或思路，表明不应满足于已有的研究成果，而应继续深入地加以研究和探讨，亟待解决哪些事宜和问题。这部分对读者具有较大的借鉴作用，可以为有兴趣的读者（研究者）提供研究视角。如《语言耗损研究述评》一文的第5部分——"问题与思考"：

[1] 虽然语言耗损研究的势头强劲，并且越来越引起广大外语教学工作者的重视，但不可否认的是，它在理论及实践上仍存在许多颇有争议甚至令人困惑的问题亟待澄清和解决。归纳起来主要有以下若干问题：

[2] 耗损一词的准确涵义有待界定。在多数文献中 attrition（耗损）经常与 forgetting（遗忘）、loss（丧失）、regression（退化）等词混用，在讨论第二语言耗损时，attrition 还常涉及 backsliding（退步）、fossilization（僵化）、foreignertalk（指向外国人的言语）、babytalk（儿向言语）等，这些概念与 attrition 究竟区别何在，有何联系，讨论得很不深入，甚至含混不清。例如，Weltens（1993）根据心理学的"提取失败论"（retrieval-failure theory）指出，耗损与遗忘的不同点在于：对遗忘而言，如果提供线索，信息可以作为整体提取出来，而对耗损而言，只有可能提取部分信息。显然这种解释仍不甚明了，至少给人的感觉是，耗损有点像经典遗忘理论的翻版。

[3] 非智力因素尤其是情感方面因素对语言学习/习得的影响非常明显，这一点已为大量研究所证实。例如，Stevick（1999）和 Oxford（1999）分别指出了情感对学习和记忆的五大影响以及焦虑对学习和记忆的负面影响。同样，认知风格、学习策略、学习动机等也跟学习和记忆相关。这有力地说明，语言耗损研究理所当然地应该把非智力因素纳入其中。这方面的工作开展不久，有待深入。

[4] 从发展心理学的眼光看，耗损是逐渐形成的过程，因此，理想的耗损研究应当是纵向的，然而目前的研究大多是横向的，当然，造成这种现象的因素比较多，其中之一是，在前后测验之间的长时间里，很难排除偶尔接触在测语言的可能性，也就是说很难避免被试重新学习（relearning）和偶然学习（incidental learning）。这样，耗损研究的内部

效度就大打折扣。看来，如何解决纵向和横向研究的矛盾，是一个值得探讨的课题。

[5] 长期以来，遗忘被视为一种消极现象。而近年记忆心理学的研究表明，遗忘实际上是系统的适应性特征，带有积极的因素。这是否意味着耗损有时也是个体适应环境的结果，是一种记忆范畴里新陈代谢的表现？这个问题似乎可以从神经生物学和神经心理学角度作深入探讨。

第1段概述了本研究所存在的争议，第2—5段作了具体分析，分别从"耗损"一词的准确含义、非智力因素的影响、研究的角度、遗忘是否是消极现象等方面，为其他研究者指明了方向，读者以之为切入点，可作深入探讨和研究，因为这些问题尚未弄清，可选作新课题，可以少走弯路。

4）前景展望

对某一学科或某一专题的研究成果和经验的汇集概述之后，往往需要对其趋势进行预测和展望，对其发展方向提出合理的、科学的预测，这种前瞻性分析和建议在对过去和现状的总结基础上，具有很强的启发性和指导性。前瞻性或预测性可分为：

（1）理论前瞻。根据综述部分的规律、思路和动态，结合对这些内容的比较分析，对原来理论的性质、结构、功能和理解提出全新的看法，提供全新的视角和方法，预计在今后一段时间内，借助其他有关理论，从而发展成为一种新理论，取代现有理论。

（2）应用前瞻。根据综述中的实践经验，预测有关理论、技术、技艺、方案和设计等应用范围的变化，或扩大或缩小，或根本改变，不仅要指出可能要在多大程度上改变，而且要预测在实际应用中的影响和效益、优势和实现某种理想的效果，对有关课题或部门产生积极的作用。

无论是理论预测还是实践预测，都必须立足于现有的实际条件，根据事物发展的规律和态势作出科学、合理的估计，而不是信口开河，胡乱预测一通。

述评在综述原外文材料的基础上，对有关内容作出评论。无论科技、文艺、哲学、社会科学发展的新动态，还是国际时事新闻都可广泛使用述评。如：

[1] 新华社布鲁塞尔9月16日电（记者吴黎明）联合国秘书长安南15日表示，美英去年3月未经联合国安理会授权发动伊拉克战争，违背了《联合国宪章》的宗旨和原则，"是非法的"。与此同时，欧盟委员会对外关系委员彭定康也强烈批评美国在伊拉克问题上的一意孤行

和在处理国际关系中的单边主义行径。联合国和欧盟的代表都对美国奉行单边主义外交政策持批评态度，这从一个侧面说明：世界不能承受单边主义横行之害，国际社会呼唤多边主义回归。

[2] 众所周知，美国近年来在诸多国际事务中推行单边主义政策。它不仅退出《京都议定书》、《全面禁止核试验条约》等重要的多边国际条约，而且不顾世界多数国家的反对，甚至不惜抛开联合国，发动伊拉克战争，单边主义色彩益发明显。

[3] 然而，美国在无法收拾伊拉克战后残局的时候，却又想起了联合国，也想起了那些"老欧洲"国家。今年6月，美国与各方磋商之后，促使联合国安理会通过1546号决议，让联合国重返伊拉克帮美国收拾"烂摊子"。美国未必真想"回归"多边主义，欧洲舆论认为美国的做法只是为摆脱伊战泥潭的权宜之计，或为捞取选票的虚晃一招罢了。

[4] 当今世界的和平与发展需要多边主义，热点问题的解决和国际反恐斗争也需要国际多边合作，单边主义的思维方式已被不断从伊拉克传来的爆炸声所否定。彭定康本周在欧洲议会发言时提出了挑战白宫的质疑："推翻萨达姆后世界更安全了吗？全球恐怖主义消退了吗？世界上唯一超级大国得到更广泛的尊重了吗？"他指出，事实证明，美国新保守主义者所支持的单边主义"不能带来和平、自由和民主"。

[5] 今年以来，国际社会一直在呼唤多边国际秩序的回归。4月19日，亚欧外长会议通过了《多边主义宣言》，重申以多边方式处理国际关系的重要性，并承诺继续在以联合国为核心的多边框架内确保公平、公正的国际秩序；5月28日，拉美国家和欧盟国家的首脑通过联合宣言，要求加强联合国的作用；上个月在南非德班举行的不结盟运动第14次外长会议的主题是："21世纪多边主义面临挑战"；西班牙、法国和德国三国首脑本月13日会晤时也重申反对单边主义，呼吁美国回到联合国框架内处理伊拉克问题。

[6] 目前，一年一度的联合国大会正在纽约召开，绝大多数国家希望借此机会进一步树起以联合国为核心的多边主义大旗。然而，单边与多边的较量仍在继续。安南的批评言犹在耳，就有人出来为白宫说话。英国贸易和工业大臣休伊特16日称，伊拉克战争"不但合法，而且必要"。可见，单边主义不但不会轻易退出人们的视线，还会以各种形式左右国际事务。因此，真正意义上的多边主义回归尚需时日。（《述评：世界呼唤多边主义回归》，央视国际，2004/9/17）

这是一则边述边评的时事述评。第 1 段主要综述了联合国秘书长和欧盟领导人批评美国奉行单边主义外交政策的立场和观点，提出评论的观点：国际社会呼唤多边主义回归。第 2 段和第 3 段是评论，批评美国政府发动伊战时绕过联合国，而收拾残局时又想到联合国。第 4 段先指出美国单边主义在伊拉克的失败，后综述（通过摘译和译述）了彭定康的讲话要点。第 5 段综述了世界各国外长和首脑反对单边主义，呼唤多边秩序回归的立场。最后一段以评论为主，兼及摘译和译述，总结出多边主义回归的艰巨性的结论。这则述评代表了述评的基本特点，不过它比学术性述评简单。原因是记者为了抢时效，内容必须通俗易懂，便于读者理解时事发展的来龙去脉。

（三）述评的原则

1. 原文资料的全面性和新颖性

述评首先是对原文有关材料的选择和概述，材料全面、涵盖度高，信息量大，内容涉及面广泛，资料详细，代表性强，综述才能具有高度的概括性和典型性。同时，材料必须具备新颖性，综述才能提供最新的研究或发展动态，为读者提供有价值的信息，并指明研究方向，如果资料都是过时的，综述就没有意义。述评的综述着重对研究或发展现状的叙述，便于研究式的评论。

2. 译作评论的多视角性

述评的落脚点在"评"上，"评"意味着对译作的观点、内容和技术的可行性、优劣性等特性作出适当的评价。评价的对象一般包括对国外新理念、观点、方法、技术、工艺等的推崇和借鉴；对国外现有理论、设备、技术、方法进行评估，指出问题和缺点，加以改进和应用；对国外的成果加以鉴定和认证，对将来的发展趋势和目标进行估计和评判。评价的视角一般也是多样化，可以从宏观、微观等方面，也可以从不同的学科出发进行评析。这样的述评才具有深度和广度。

3. 述评的方向性和建设性

述评通过对原文材料的比较和对比，总结出某种规律，根据有关信息的所指性和趋向性，指出目前国外研究或操作存在的问题和不足，归纳预测出未来的研究或发展方向，为读者指点迷津和研究方向。述评具有明显的前瞻性和指导性。评论中提出的建议具有明显的建设性，为研究人员提出有价值的建议，便于他们借此进一步思考和探索，发掘新的课题。

七、译评

（一）译评及其特点

译评，指将原作翻译之后再结合其内容展开评论的一种变译方法。

译评的最大特征是译与评的有机结合。译评与述评既相互联系，又相互区别。译评中的"译"既可是全译，又可是变译，一般是变译（摘译、缩译、译述等），译加评构成译评。述评中的"述"是综述，当然也隐含评，不过只是变译，不可能是全译，综述加评论是述评。译评中的"译"不是综述，内容具有相对单一性，无须堆砌多种材料，述评的综述内容必须具有综合性和全面性。

此外，两者中的"评"也不相同。译评是针对单一内容的评论，而述评是针对综合内容的评论。摘译、缩译、译述同译评的区别很明显，都没有评论的部分。译评和译写也有异同之处，两者都在原文翻译的基础上增加新内容，但译评中的"评"并不等同于译写中的"写"，后者的自由度大多了。例如，译者翻译一则寓言，可以增加一些情节，扩充原文的数量。而译评中的"评"仅限于对翻译内容的评论，译者的主体性受到的限制较多。译评同阐译亦有区别，后者是对原文词句的解释，属于操作层面。

（二）译评的方法

1. 译的方法

一般采取变译方法居多。摘译、编译、缩译、译述、全译是常用的方法。这种"译"主要是为了介绍原文的内容，便于读者了解有关的信息、动态或事实，广泛用于文学作品的赏析或简介评析、新闻报道以及外语书刊的介评等，变译的结构比较简单，只涉及一篇文章、一份报告或一本书的简介，为评论部分提供必要的素材和准备，缩译和译述使用最频繁，其次是编译和摘译，不过，实践中在全译一书一文后，再加评论，也是译评。

无论是全译还是变译，不同的文本类型有不同的功能和翻译方法。德国功能派翻译理论家赖斯（Reiss）区分了四种不同功能的文本，指出不同的文本，采取不同的翻译方法（李长栓，2004：67），即：1）信息性文本的译文须译出原文的全部指称内容或概念内容，即要全译；2）表达性文本的译文要传达原文的美学和艺术形式，也是要全译；3）呼唤性文本的译文要采取归化的形式，一般是变译；4）视听文本要求使用视觉形象和音乐"补充"文本，是一种特殊的阐译法。不过，我们认为，信息性文本也可使用变译。

这种功能翻译法为译评中的不同"译"法提供了有益的借鉴，可以构成其理论基础。赖斯的看法同季羡林的观点不谋而合。季先生认为，不同门类的翻译有不同的要求，有的需要严格对应，有的无须或很难对应，能达意也行，所以翻译很难有同一的标准。说得也是全译和变译要针对不同对象，各司其职，各领风骚。这两种观点都隐含了变译观，某些文本最好使用变译方法。文本功能和翻译方法确定下来后，评的方法迎刃而解。

试看以下一则新闻报道的译评：

国际组织呼吁减排二氧化碳阻止北极冰雪融化

［1］中新社北京十一月九日电（记者阮煜琳）九日来自世界自然基金会的消息，北极地区正在受到气候变化影响并且已产生严重后果。世界自然基金会敦促有关各国政府尽快采取减排二氧化碳的措施，以遏制气候变化造成更大的影响。

［2］一份介绍温室气体排放对北极影响的报告《北极气候变化影响评估》于十一月八日面世。该报告是由北极协会的八国政府聘请二百五十多位科学家经过一系列的考察和分析作出的，也是迄今为止最为全面的介绍温室气体对北极毁灭性影响的文献。

［3］专家指出，北极地区正在受到气候变化影响并产生严重后果。北极生物将受到生存环境改变的巨大威胁。北极熊、海豹等物种首当其冲，北极脆弱的生态系统岌岌可危。北极地区气候变化所产生的后果还将反作用于气候系统，引起更大的全球变化。北极冰川所储存的大量淡水注入海洋将使海平面上升。海冰的大量融化会使北极地区反射太阳光能力减弱，这也将进一步引起气温变暖。

［4］与此同时，温室气体排放的主要贡献者——很多发达的工业化国家，还在质疑气候变化现象是否存在，并以此为托词逃避减排温室气体的责任。

［5］"北极的融化正在发生，"世界自然基金会全球气候变化行动主任詹尼弗·摩根（Jennifer Morgan）说，"发达的工业化国家正在用一种完全失控的实验方式来验证气候变化的存在，而北极就是这种实验的第一个牺牲品。这种实验是不道德的，也是错误的"。詹尼弗·摩根敦促这些发达国家采取实际行动，而不是持继续观望的态度。

这则消息其实就是世界自然基金会的一份报告的概述，除了计划部分的两句话外，全文几乎全是报告的变译。第1段是对世界自然组织提出的气候变化对北极严重影响的看法的译写。第2段和第3段是对报告的缩译，第4段主要是评论，第5段主要是摘译，是基金会负责人对发达国家排放温室气体的批评。这段话以译为主，以评为辅。

又如，《〈美国毒品和毒品政策文献史〉述评》一文是一篇书评，名为"述评"实则译评。这篇文章"译"的部分照录如下：

［1］早在19世纪七八十年代，美国的卫生官员们就开始使用简单的统计方法对辖区内的毒品使用状况进行研究。但是，真正地从历史的

第三章 变译方法论

视角来研究美国毒品问题和毒品政策的首部历史著作要数查尔斯·特利与米尔德里达·佩兰斯在1928年合著的《鸦片问题》一书。其后，随着美国吸毒问题的日趋恶化，这一问题也备受关注，并逐渐成为学术研究的显学，新的论著不断涌现。哥伦比亚大学"国家成瘾和物质滥用中心"的高级研究助理史蒂文·贝伦科在前人研究的基础上，于2000年编著并出版了《美国毒品和毒品政策文献史》一书，这是以文献史的方式来研究美国毒品问题和毒品政策的首部通史性著作。贝氏从历史学的宽宏视野着笔，试图通过对文献资料的分析，以纪实的手法来向读者展示百余年来美国的毒品问题和毒品政策的历史演进。

[2] 全书除了"丛书"前言、致谢、内容介绍、大事记和推荐读物之外，共分成了13部分，271份文件。综合观之，贝氏在书中主要探讨了以下6个问题：

[3] 1. 联邦政府毒品政策的演变。从1906年美国国会通过的初步管制含鸦片、可卡因和其他毒品的专利药品生产的《纯食品和药品法》，到1914年联邦第一个全面管制鸦片和可卡因使用的法令——《哈里森法》，再到尼克松政府1970年颁布的《综合法》，以及克林顿政府的《国家毒品管制战略》报告，贝氏都进行了历史学的详细探讨。

[4] 2. 州毒品政策的演进。州的毒品政策是学界研究较为薄弱的环节，这与美国各州在禁毒史上的领头羊地位极不相称。贝氏试图通过对自19世纪60年代以来州毒品政策演进的研究，历史地审察州在美国禁毒史上的地位和作用，这也"有益于理解美国毒品政策的演进"。

[5] 3. 《哈里森法》研究。《哈里森法》既是美国禁毒史上第一个全面管制鸦片和可卡因使用的联邦法令，又是联邦政府在此后半个多世纪里禁毒政策制定的法律基石。故贝氏专门用了3大部分来讨论这一法案出台的背景、过程和影响。值得注意的是，他利用了大量的法院判例来研究最高法院对《哈里森法》"合宪"地位确立过程的介入，及最高法院立场前后发生变化的社会影响。

[6] 4. 大麻政策史研究。众所周知，大麻是吸毒者首选和使用最广泛的毒品，在一定程度上，美国的毒品问题也即"大麻问题"。贝氏在书中把美国的大麻政策以20世纪60年代为界分为两个阶段来研究，探讨了大麻的使用状况及州和联邦政府的对策。

[7] 5. 毒品治疗史研究。美国的禁毒政策史始终是司法惩治模式和治疗模式两者相互争斗的过程。贝氏在探讨美国毒品政策时，专门用了大量的文献来研究毒品治疗的历史发展，这有助于更加全面地理解美

国毒品政策的发展和演变。

　　[8] 6. 毒品合法化之争。在美国禁毒史上，旨在改革禁毒政策司法惩治模式的运动时有发生，并日益蜕化为一场毒品合法化运动。近年来，受惩治型毒品法的影响和毒品问题屡禁不止的驱动，毒品合法化的呼声日高。这样，贝氏从历史的视角出发研究了20世纪初期以来的毒品合法化之争问题，并着重探讨了争论中各派的观点和立场。

　　[9] 通过对诸多文献的分析和研究，贝氏指出美国毒品和毒品政策史有4大显著特点：(1)"周期性偏重某类毒品"。(2)"医学方式管制毒品和司法惩治方式之间的紧张关系循环往复"。(3)"毒品政策的变迁往往更多地受到政治事件或传媒的影响，而非基于科学进步或吸毒和毒品问题的实际趋势"。(4)"大多数立法和政策的目标未能实现"。(段前序号为笔者所加，注释标记已删除)

　　原文基本上是信息性文本，译文采用了变译的方法。前两段基本上是有关此书出版的背景译述；第3—9段介绍本书的基本内容，主要采取的是缩译和译述法，把全书的内容压缩为几段文字，概括度极高，其中第4段的"有益于理解美国毒品政策"，第5段的"合宪"，第6段的"大麻问题"，第9段的"周期性偏重某类毒品"，"医学方式管制毒品和司法惩治方式之间的紧张关系循环往复"，"毒品政策的变迁往往更多地受到政治事件或传媒的影响，而非基于科学进步或吸毒和毒品问题的实际趋势"，"大多数立法和政策的目标未能实现"，属于摘译部分，摘译原文说明这些内容很重要，用直接引语提请读者注意。

　　2. 评的方法

　　法国著名翻译理论家梅肖尼克指出，翻译应当是历史主题特殊形式的"重新表达"，是"两种诗学的相互作用"，是"中心偏移"（许钧，1998：139）。就译评而言，翻译是"两种诗学"的"重新表达"自不待言，"中心偏移"才是问题的关键所在，不仅由原文向译文的转移，而且重点是译文向评论的"偏移"，换句话说，译评中的"评"是由"译"的中心转向"评"的中心，评占据了"中心"位置，在很大程度上摆脱译文的羁绊，张扬自己的主体性、创造性和叛逆性，实现在另一中心的新的创造飞跃。

　　在文学翻译中，翻译作品的赏析和评论就是评。在社科翻译中，翻译的评主要体现在国际新闻和外语书籍的译介方面。这种评论一般应客观、冷峻、实事求是，要以译文为依据，不可过多谈论个人感受，一般以译文内容为评论的对象，尽量避免主观武断，否则译和评就没有关联了。"评"延伸了译文的思想，拓展和深化了译文的主题，刻上了译评者的烙印，打破了原文和译文截然分立的界限，使译文的价值增殖增容。评是一种创造，是一种权力的运用，展示了译评者的认识水平和联想能力。由于译评中"译"所涉及的面比述评中的"述"的范围小，译评中的"评"自然较之述评中的"评"的范围小，可以指出译文内容中的优缺点，但一般不涉及前景展望。

《〈美国毒品和毒品政策文献史〉述评》的第2部分即为对《文献史》这本书的评价，兹照录如下：

[1] 这本书属于文献汇编性质，但又不单纯地是各种文献资料的简单堆积。从内容和体例来看，这本书具有以下几个特点：

[2] 1. 以原始文献为基础，研究美国的毒品和毒品政策史。据初步统计，贝氏在书中采用了33份法律公文，17份政府文件，15件最高法院判例，另外还部分采用了学者的论著20余部，报刊文章60余篇。从而为这一问题的研究提供了坚实的文献基础，特别是对原始文献的挖掘更是非他人的研究所能及。这一方面为研究者提供了大量的文献资料，另一方面也为研究者提供了诸多新的研究课题。

[3] 2. 巧妙地使用评述性语言，使全书浑然一体。贝氏不仅在各部分之间加入了自己的评述性言语，而且在各部分内的文献之间也加入了简单的评介，这如同一根红线把相对孤立的文献整合在一起。重要的是，这些评述性语言既概括了文献所要阐述的内容，又阐明了著者的立场和观点。另外，这些评语有承上启下的连贯作用，使整本书看起来更像一部史书。

[4] 3. 编纂体例上力求创新。贝氏以美国毒品政策的演进为主线，在不破坏以时间为序的线性叙述的前提下，辟专章讨论了一些对美国毒品政策史产生重大影响的内容。如：《哈里森法》、大麻政策史及毒品治疗史等问题，从而既保证了结构上的合理性，又不破坏内容上的完整性。

[5] 4. 注重从历史的角度宏观地研究美国毒品政策变迁的社会背景。例如：在研究《哈里森法》时，贝氏首先研究了19世纪美国的吸毒问题，在当时，吸毒问题主要还是个"个人问题"和健康问题，而到20世纪的最初10年，这一情况发生了变化。他指出：国内公众对毒品认识的改变，医学逐渐受到重视，及"毒品改革者"对国际事务的关注等因素都直接或间接地推动了《哈里森法》的出台。这种研究方法有助于阅读者更深刻地了解美国毒品政策的变迁。

[6] 5. 把毒品问题和毒品政策的变迁相结合进行研究。这种把两者结合进行研究的方法规避了毒品问题和毒品政策相分离的研究倾向，

从而开创性地从毒品问题本身出发来研究毒品政策的演变。事实上，这种研究方法在贝氏的其他著述中也有所体现。

［7］诚然，贝氏在《美国毒品和毒品政策文献史》一书中收集了大量的史料来阐释百余年来美国的毒品和毒品政策史的变迁，并开创性地使用了一部分前人所不重视的政府档案和法院判例。但正如其在前言中提到的那样，因为毒品问题和毒品政策相当庞杂，要在这本书中讨论这一问题的各个方面是"不可能的"。他坦诚在书中遗漏了一些较为重要的问题。而对战争与毒品问题和毒品政策的关系也论述不足，这恰恰也是一个重要的影响因素。美国研究毒品政策的专家阿尔弗雷德·林登·史密斯曾指出：美国所经历的战争都对其毒品问题产生过重要影响。同时，贝氏对一些重要的研究成果也未能加以利用，如："应用研究办公室"和"预测未来"的研究报告；此外，戴维·考特莱特的《一个世纪以来美国的麻醉品政策》等论著也未能借用。但瑕不掩瑜，贝科伦的书无论从文献学还是从编纂学的角度看都是一部研究美国毒品问题和毒品政策的上乘佳作。（段前序号为笔者所加，注释标记已删除）

评论首先分析了该书的特点，第1—5段分别就原始文献的价值、该书的语言风格、篇章体例、历史的角度和毒品问题与毒品政策的结合等作评析，肯定了该书学术价值和原作者研究方法的开创性。第6段则指出该书对战争与毒品问题、毒品政策的关系论证不足，以及对某些重要研究成果未能利用的缺憾。这部分评论的篇幅几乎与变译部分相等，最后一段是总评，指出尽管存在一些不足，但总体上是"上乘的佳作"。在评论过程中，译者也引用了原文的某些观点，是摘译。这说明外语书籍书评中的评论部分一般不宜过简，必须适当展开，否则读者难以从书评中看出原文的价值有多大，译评起不到指导作用。不少读者在看了译评之后才决定购书。

3. 译与评的操作模式

1）先译后评

这种方法在译评中最常见，同述评中的先述后评的操作模式极为相近，只是前者的"译"比后者的"述"简单而已，如上文的书评就是典型的先译后评模式。这种模式层次分明，原文作者的观点和译者的看法结构安排泾渭分明，一目了然，体现了思维的层次性和立体性，因此广泛使用于某些新理论、新技术和新思潮的译评，以及文学作品的翻译和欣赏。

2）夹译夹评

这种方法是译中带评，译与评紧密结合，而不是两张皮，可以概述每个观点或者每个部分的内容后再作评论,也可以就其部分观点或内容作出评论,这种方法可以广泛应用于书评或新书导读。试看杨永林为拉尔夫·法索尔德(Ralph Fasold)的 *The Sociolinguistics of Language* 一书第一章所写的"导论"的译评:

第一章 称代形式

1.1 引言(Introduction)

[1] 这一小节的侧重点是:不同语言文化背景中广泛存在的称代形式选择,充分体现了语言使用与社会关系之间的交互作用。为了表示社会群体中普遍存在的尊卑长幼、远近亲疏概念,交际双方不可避免地遵从特定的社会规约,选用合适的代词称代形式,以此来达到确定彼此社会地位和表示不同人际关系的目的。从这个意味上说,语言称代系统的研究就具有深刻的社会语言学意义。其语义系统所形成的社会语言学意义上的语义对立,不但是一种广泛存在的语言普遍现象,而且同所表现的特定社会文化关系之间有着不可分割的紧密联系。本小节还区分了两种语义功能不同的称代形式,说明了表示社会关系的称代形式(address forms)和引起对方注意的称代形式(summonses)之间在使用功能上的异同。

1.2 Brown 与 Gilman 代词对称研究(Brown and Gilman)

[2] 社会语言学称代形式研究之所以取得如此辉煌的成就,在很大程度上和两位美国学者 Brown 与 Gilman 关于代词对称中的权势与同等语义关系的研究分不开。在这篇社会语言学代词研究的发轫之作中,Brown 与 Gilman 通过考察数种欧洲主要语言称代系统,概括出代词对称的两种基本语义关系:权势与同等(power and solidarity),并分别采用相应的拉丁语词语 vous 和 tu 的首字母大写形式来标示,通常写作 V 和 T。前者指代表示礼貌客气的尊称形式(respect and politeness);后者体现表示亲近随和的通称形式(familiarity and informality)。研究称代形式及其用法的重要性在于观察了解同一形式的非交互性或非对称性使用情况(nonreciprocity or nonreciprocality)。话语双方通过这种非对称性形式的选用,表明各自在等级社会中身份地位的异同,以及在错综复杂的人际关系中角色的认定。一般情况下,我们都能正确选用合宜的对称形式,但是当代词对称的两种基本语义对立形式与社会关系的复杂性发生冲突之时,如何解决这一矛盾就使得社会语言学称代研究不但具有语言学研究的意义,也有了跨文化比较的底蕴。这一问题的提出,同时也为本章第四小节"称代用法变异"的讨论埋下了伏笔。

1.3 美国英语称谓研究（American English Address）

[3] 众所周知，社会语言学称代系统的研究一般包括两个方面的内容：一是阐明对称形式选用的基本规律，二是描述称名道姓的具体规约。由此推下，本章二、三两节的内容具有相辅相成的互补性。后一种研究的经典之作，首推 Roger Brown 与 Marguerite Ford 在六十年代初发表的有关美国英语称谓系统的研究。此外，还应包括 Susan Ervin-Tripp 采用计算机流程图模式为同一系统所绘制的选择示意图。Brown 与 Ford 的研究表明，在美国社会中，其称谓系统存在着下列三种语义模式可供选择：

1）彼此直呼其名（the mutual exchange of FN）；
2）彼此采用头衔加姓氏的方法（the mutual exchange of TLN）；
3）非对称性选择方式（the nonreciprocal pattern）。

[4] Brown 与 Ford 的研究揭示出一些有趣的现象，兹简述如下。其一，美国英语称谓系统中的语义关系选择和一般意义上的对称形式的选择之间有着十分相似之处，都受权势与同等语义关系的制约；其二，因受文化的影响，支配非对称性选择的因素可以是年龄的大小、职位的高低、性别的不同，等等；其三，称谓系统中的语义关系选择呈现出权势一方拥有首选权利的互动发展模式。实际上，这种互动行为模式之中包含着一种深刻的社会心理因素，Howard Giles 与 Philip Smith 的"调节理论"（accommodation theory）（1979）对此现象有独到的见解与分析。有兴趣的读者可以参阅比较。Brown 与 Ford 的研究还表明，同对称形式的选用一样，称谓方式的选择还受语境及说话人情绪等因素的影响。

[5] Ervin-Tripp 的称谓系统流程图，如同形式语法描述一样，勾勒出美国英语称谓系统在一种近乎理想语言环境状态下的一般性选择原则，具有高度的概括性。同时，也充分说明，称代语义关系的确定与选择，决非像通常想象的那样简单明了。本章下一节谈到的当事人 Sue 由于职位的变迁而引发的称谓选择上的两难现象，正好是对此问题的一个极好脚注（Leeds-Hurwitz），可以参比。

1.4 称代用法变异表现（Variation）

[6] 本小节由两个部分组成，从跨文化比较的角度，分别探讨了称代用法在"组间差异"和"个体差异"两个方面的表现，并得出一些有趣的结论。不过，这一节的分析与讨论由于缺乏一个总体框架，加上问题本身所体现出的多样性和复杂性，使得通篇描述显得杂乱无章、缺乏条理。这一缺陷可以通过下列措施得以弥补：首先，从跨文化比较

第三章　变译方法论

的大语境中去理解各种变异现象；其次，分别从文化差异、社会差异，以及个人言语风格差异这三个层面去把握诸项研究所关心的焦点问题。

1.5 西方社会普遍原则（Universals of Western Society）

［7］本小节着重阐明，Brown 与 Gilman 关于权势和同等语义的区分，准确的概括出西方社会诸语言称代系统中所存在的普遍语义对立现象。同时，在阅读这一节时，有必要进一步了解社会语言学研究中的"权势"概念的内涵与外延。除了根据权势一词的概念所属及具体所指，有必要对其做广义和狭义的区分之外，还须进一步区分"显性权势"（overt power）和"隐性权势"（covert power）之间的差别。在特定语言文化背景中，对女性频频使用尊称形式这种现象，并不意味着同男性相比，她们享有更高的社会地位，拥有更多的权势。这种礼貌用语现象背后，有可能隐藏着由文化传统和社会习俗所决定的"隐形弱势"（covert powerlessness）的底蕴。

1.6 亚洲语言称谓研究（Address in Asian Languages）

［8］这一小节的内容实际上只涉及两种亚洲语言：汉语称谓系统和爪哇语称谓系统。汉语的情况大家都比较熟悉，再加上此书成于九十年代初，有些内容难免陈旧过时，可仅供参考之用。爪哇语作为印度尼西亚的一种主要语言形式，因其繁复多变的文体差异与不同社会关系之间的紧密联系，一直是社会语言学家所津津乐道的热点话题之一。因此，Clifford Geerts 题目为"Linguistic etiquette"的文章，已成为该项目研究之中的经典之作而被广泛地引用。

1.7 小结（Summary）

［9］小结部分简要综述了本章的主要内容。（段前序号为笔者所加，注释标记已删除）

第1段对原书引言编译或译述，指出不同语言中的指代形式和社会之间的交互作用，以及两种称代形式的不同功能。第2段第一句是译述，接着缩译了布朗和福特（Brown & Gilman）对代词对称中的权势与同等语义关系研究的成果，最后一句是评论。第3段首先译述对称形式选用的基本规律和称名道姓的具体规约，接着一句评论"由此推下，本章二三两节的内容具有相辅相成的互补性"。接着缩译三种语义模式的称谓系统。第4段译述和缩译了布朗和福特的称谓系统中的三种有趣的现象以及称谓形式与说话人情绪的关系。这其中夹杂着评论："实际上，这种互动行为模式之中包含着一种深刻的社会心理因素，霍华德·贾尔斯（Howard Giles & Philip Smith）的'调节理论'（accommodation theory）（1979）对此现象有独到的见解与分析。有兴趣的读者可以参阅比较。"

第 5 段是译者对 Ervin-Tripp 称谓系统流程图的评论，指出它只是在近乎理论状态下的一般性选择原则和高度概括性。第 6 段先概括和摘译了称代用法的组间差异和个体差异的表现，继而译者评析了这一小节篇章结构的欠缺——杂乱无章、缺乏条理，并指出这一缺陷可以从宏观层面和微观层面予以弥补。第 7 段第一句话评述了布朗 & 吉尔曼（Brown & Gilman）对权势和同等语义的区分，准确地概括了两种语言称代系统的普通规则，并译述和摘译了权势概念的各个层次的区别。第 8 段先译述了亚洲语称谓研究只限于汉语和爪哇语，接着评析了有关汉语内容的陈旧性和爪哇语研究的话题的热门性。第 9 段用一句话对原文小结做了缩译。这样的导读使读者既了解了各章节的内容，又总结了其价值和不足。这是夹译夹评的范例。

（三）译评的基本原则

1. 对原作的涵盖性

译评首要的问题是对原文的翻译，全译用得较少，变译用得较多，借助于译述、缩译、编译、摘译等方法，译文须有涵盖性，对原文进行翻译和概括，篇幅可长可短，便于读者了解原文的要点和重点，文字必须高度凝练，内容有所侧重。变译并不是对原文平均分配文字，详略程度取决于原文的重点和非重点之分，不一定面面俱到，全译可以涵盖原文的内涵。为了避免译文简介的单调性，译文须揉进复述性的文字，增强译文的涵盖性、重点性、流畅性和可读性。

2. 添写的评析性

评析既要有译又有评。译者在变译原文的基础上，需对有关内容透彻理解，仔细揣摩，进行语言分析、归纳、推理，作出符合逻辑的评价，既要肯定长处，又要指出短处。评析可以从多角度、多维度出发，意见要有深度，令人信服，不可不着边际地信口开河，译者评析语言和变译的内容不可混淆不清，要让读者易以辨认。

3. 译评结合的合理性

译评的模式主要是先评后译，夹译夹评，译和评的分量安排要合理。先译后评意味着译和评的内容是"分而治之"，层次分明，但评和译两部分篇幅之间的比例要协调，不可头重脚轻，也不能头轻脚重，否则，要么是译的内容不透彻，要么是评论缺乏说服力。夹译夹评，译与评的分量也不能太失平衡，译得过多，评得过少，或者是译得过少，评得过多都不好。

八、译写

(一) 译写及其特点

译写,指翻译原作全部、部分或主要内容并加以评论、阐释和拓展的变译方法。

译写典型的特点是在翻译的基础上,增加译者自己的创作内容,以补充、深化和拓展原作的有关思想、信息或内涵,使原作更加丰满、突出和易懂。译写同译评、阐译等有某些重叠之处,它们之间既有类似或相同的地方,又有区别。

译写也有评论部分,也就是写中有译,同译评便挂上了钩,部分内容涵盖了译评的处理方法,并在译评的基础上加上了写的分量,特别是介评和研究学术性书籍中有关新颖问题时,经常需要对有关材料进行评论,但译评基本上是就事论事。而译写还需高瞻远瞩,恰当引述其他来源的材料,或按自己的看法写出更多的内容,有感而发,提出更深、更广、更新的意见和观点,从而突破原作的框架。换言之,译写扩展了译评的容量,超越了它的范围和界限,也就是增容和增值了。

译写还会涉及译评,可能包含阐释,即阐译法,阐释是对原作中过于简略或晦涩的内容进行合理解释式翻译的变译方法,一般就事论事,不能过多发挥,而译写就不局限于这种范围,而是增加或补充同原作主题有关的信息或观点,内容更加翔实、完善。

译写同参译亦有区别与联系,后者是写中带译(直接翻译引用原文内容),以写为主,以译为辅,而译写则是以译为主,以写为辅,不过,两者也有共同点:译写之"译"与参译之"译"既可是全译,也可是变译,且都以变译为主。

归根结底,译写包含了至少基于译评、阐译和参译两种方法之一的变译扩充方法,其最大特点是译者有较大地阐述自己观点的权力和自由,不囿于评、释的范畴,译写的关键落脚在"写"上,即译者根据需要增添的新内容。

(二) 译写的方法

译写是一种典型的混杂性翻译。后殖民主义翻译理论家尼南贾纳(2001)转引霍米·巴巴的话说:"混杂性是殖民权力生产力的标志,是它的变换力量和永恒固性。"他本人认为,"混杂(包括主体和情景)包含着翻译、变形、置换"。译写中包含着"变换"、"变形"和"置换"的混杂性,是"译"的"变形"和"变换",是"译"和"写"的混杂。变译者的"写"集中表现了其翻译的"自由和超越"思想,其"自由"意志"超越"了译文的羁绊,逐步摆脱了译文的限制,随着增写的内容进入了新境界。

1. 译的方法

译写中"译"绝大多数情况是编译、摘译、译述、缩译等变译,全译也可能使用。在译写中,译的部分是主体,是变译活动的立足点和基本框架,写是一种补充手段,没有译,译写就完全成了创作。几种变译方法都是为这个过程服务的,以哪种方法为主,取决于译者的着眼点和对原文信息的把握度以及原文的信息结构。因此,就结构而言,"译"是发射点,"写"则是辐散点。换句话说,译写的文本是混杂的文本,是"发射点"和"辐散点"的混合体。例如,近代思想家和翻译家严复翻译英国思想家爱德华·詹克斯(Edward Jenks)的《社会通诠》(A Short History of Politics),"译文正文86000余字中,至少有19000多字的文字内容是原作中所没有而由译者加出的,约占正文的1/5强。有些段落中由严复增加的内容更高达百分之三四十以上"(王宪明,2004)。严译文本"译"的内容仍然构成了全文的主体,"写"的部分是补充和辐射,由此可见,西方思想在中国本土化过程中通过"译"和"写"两种手段"嫁接"和"互释"的交融特性。

2. 写的方法

如果把译写中的"译"视为一盆水,"写"就是水中额外放入的一把盐,是另加的东西,是"认知补充",即对原文"认知"翻译基础上的"补充",是附加物。这里所说的"认知补充"同释意派翻译理论的理解中"认知补充"不同,后者仅仅指上下文、交际环境、认知知识,译写中的"补充"也是一种阐释,但同斯坦纳在《巴别塔之后》中所述的"阐释"迥然不同,斯坦纳认为,在翻译的阐释过程中,译者经过了信任、攻占、吸收、补偿四个步骤,并无可避免地将个人生活经验、文化和历史背景渗入了原文,使翻译成了对原文的再创造(陈德鸿、张南峰,2000:30)。因为这种"阐释"式的"补充"还主要停留在"译"的阶段,并没有升华到创作的层次。

译写中的"补充"是译者在"译"的前提下连带出来的经验和思想感情,如果"译"代表了原文文本的一极,而"写"代表了译者文本的一极,那么,"写"促成了原作者和译者之间的主体间性、原作和译作之间的文本间性,显然,译者的自由性"补充"了自己的"纯粹创造"文本。译写中的"写"并非是海阔天空,任意挥毫,而要受到译的内容的制约。写就是增加原作的信息量,或添加举例的细节,使原文的内容更丰满,增强可读

第三章　变译方法论　　183

性，或增补对原作的评析或解释，对原文的思想内容进行价值判断，或拔高原作的内容和意义，升华原作的思想理论高度。以下是一则化妆品广告的译写实例：

GGhEGF Contour Lift Serum

　　GGhEGF contour Lift Serum is a revolutionary skincare product of Majorie Bertagne , which integrates skin vitalizing and contour lift in one product. It takes the lead in adopting EGF, the Biomedicine Nobel achievements, as the main active ingredient in this product. HEGF (human Epidermal Growth Factor) is a human polypeptide containing 53 amino acid residues that exhibits potent mitogenic activity for a variety of a cell types. It is an important growth factor in the human body, which can penetrate and absorb quickly into the epidermal and dermal layers of skin with an absorption rate up to 99%. When aceing on both dermal and epidermal layers, it can synthesize, supply and regenerate the lost collagen protein, restore broken collagen resillience and retain elasticity of your skin and slow down its natural aging. Other valuable ingerdients, such as VC Arbutin compound, Glycospheres-VA, Osmocide Redulite, are added to inhibit the generation of black pigment, enhance antioxidation, effectively boost the natural de-toxic function of the skin, keeping the skin smooth and fine. The flawless coordination is renowned as "perfect match" in skin beauty.

GGhEGF 塑颜活肤素

　　GGhEGF 塑颜活肤素是 Majorie Bertagne 曼诗丹尼特别推出的集活肤、塑颜于一身的革命性护肤产品。它利用获诺贝尔生理及医学奖的成果——EGF 的发现，<u>经再深入研究，将具有很强生理活性的小分子蛋白</u>——hEGF 作为此产品的主要活性成分。hEGF（人体表皮生长因子）是人体内一种重要的生长因子，由 53 个氨基酸所组成，能迅速渗透入表皮及真皮层，被皮肤吸收率达 99%，hEGF 作用于真皮层时，能合成及补充真皮层内流失的胶原蛋白，修复受损断裂的弹性纤维，令肌肤回复及保持弹性，延缓肌肤自然老化过程；<u>作用于表皮层时，能促进健康表皮细胞的生长，取代疲劳老化的表皮细胞，是健康肌肤不可缺少，名副其实的［再青春之素］</u>。同时，其他珍贵成分如 VC 熊果苷复合物、毫微胶囊纯他合 VA、接骨木复合精华等多种精华成分的加入，可有效的抑制黑色素的产生，发挥抗氧化、去浮肿作用，有效提高肌肤的天然排毒功能，令肌肤时刻保持光滑、细致，其与 hEGF 天衣无缝的配合，被誉为美容护肤的"钻石组合"。

译文基本上是忠实于原文的翻译,但画线部分属于写的范围,是原文所没有的,译文是混杂性文本,"经再深入研究,将具有很强生理活性的小分子蛋白"是解释性的增添,"作用于表皮层时,能促进健康表皮细胞的生长,取代疲劳老化的表皮细胞,是健康肌肤不可缺少,名副其实的[再青春之素]"属于解释说明性和评论性的附加,"去浮肿"是纯粹的补充。

这则广告中的"写"补充和完善了原文中的说明性语言,强化了译文的审美意识,加强了美容产品的劝说功能,有利于取悦女性顾客,有利于促销产品。"女性购买化妆品完全是为了自身美的需要,如果翻译出来的说明书不能唤起一种美感和好感,一种使用该产品的高雅感、自信感和浪漫感的话,该产品在市场上的销路也就可想而知了。"(郑玉琪、郭艳红,2005)译写中的"写"正是为了增加译文的"美感"、"高雅感"和"浪漫感",最大限度地满足顾客抗衰老、永葆青春的心理需求,取悦更多的女性顾客,这是广告产品译写的重要策略。

3. 译与写的操作模式

蔡新乐(2005)指出:"翻译在其理性的可替换的意义上,在重新发挥人的潜在的语言跨越边界的沟通作用的情况下,其最大作用也就是保持人对自由的追求,保障自由的畅通无阻。而且,这是在没有任何外在意识支配下、没有任何约束力主宰下的,甚至是无意识当中的自由以及自在。"变译中的译写可以说把"人对自由的追求"发挥到了极致,译者有时我行我素,保障"写"的自由"畅通无阻",不过,这种自由还是相对的,有时不受外在约束力的主宰,但更多地受外力的支配和操纵。

"写"在篇章翻译中难以归纳为固定的模式,译作中译的量和写的量视不同的题材和体裁及译者的偏好而定,既可以译为主,以写为辅,体现译者较强的原文意识,亦可以写为主,以译为辅,体现译者的个人创作自由意识,还可译与写相对平衡,体现译者兼顾两者的中庸意识。在译主写辅模式中,"写"一般为评析或解释或补充;在写主译辅模式中,"写"是介绍或论述有关的知识和体系,基本脱离原文的框架而自由挥毫;在译写参半中,写的方法既可能是评论、阐释,也可能是增加新信息和新内容。

译写的结构安排大致可分为译先写后、写先译后和译写渗透,难分彼此。译先写后,写为扩展、补充、解释说明译文;写先译后,写为介绍、引子和准备;译写渗透,灵活整合译和写的内容,成为有机整体,这需要译者有更高的写作水平。

下面根据实例来分析译写的操作模式。先看一则新闻人物专访,由于篇幅有限，这里只节选其中的一部分：

美海军上将谈台海危机内幕

[1] 有人说，台湾海峡与中东、朝鲜半岛并称当今世界三大危机多发地带。50多年来，台海地区爆发过4次危机：前两次分别发生在1955年和1958年，均导致低强度的军事冲突；第三次从1995年李登辉访美至1996年台湾"大选"结束；第四次是1999年李登辉提出"两国论"后，我解放军在东南沿海地区举行了军事演习。自2003年底陈水扁推出"台独时间表"后，台海进入第五次危机期。专家认为，随着陈水扁"台独"步伐的加快，危机随时可能激化。

[2] 如果发生危机，中美会如何处理？近日，前美国驻华大使普理赫上将接受美国媒体采访，首次披露他任太平洋司令部司令时，参与处理1996年台海危机的全过程，希望对各方有所启示。

他下达了调航母的命令

[3] 1995年，时任美国总统的克林顿迫于国会亲台势力的压力，允许李登辉访美，李借机在美公开鼓吹"台独"。为警告李登辉不要一意孤行，我解放军随即在台海进行了军事演习。1996年3月，我宣布在台湾海域附近进行导弹演习。害怕局势失控的美国急忙派遣两个航母战斗群在台湾以东游弋。这就是著名的"1996年台海危机"。

[4] 当时，普理赫到夏威夷美国太平洋司令部上任刚刚5周。他回忆说："华盛顿的时间比夏威夷早6个小时。那天早上，我一到办公室，就接到了参谋长联席会议主席沙利卡什维利让我尽快回电话的留言。几乎就在那时，我看到了助手放在办公桌上的情况报告。我觉得不妙。这会成为导火线，我们得采取行动。"

[5] 普理赫说："当时沙利卡什维利那边是下午1时。我告诉他，我们会在三四个小时之内提交一个方案。"其实，沙利卡什维利并不是最高决策层的一员，他只是普理赫与国防部长佩里交流的"中介"。当时，在华盛顿说什么话的人都有，有些议员甚至说："我们派5艘航母去，炸了他们的港口。"普理赫认为，那些都是"不负责任的人"。

[6] 在短时间的磋商后，普理赫决定向台海调遣航母战斗群。他说："我们当时在菲律宾部署有'独立'号航母战斗群。那天下午，我命令这些战舰向台湾东部移动，而不是向中国大陆这边。"不难看出，普理赫之所以命令美军绕开台湾海峡，一是避免过分挑衅大陆，二是为了保护航母安全。

[7] 令人惊讶的是，在调动"独立"号时，他们对下一步怎么做

心里一点底都没有。"调动舰队以后，我们开始思考到底该怎么做？我们希望得到最好的结果，同时也做了最坏的打算。"后来，国防部长佩里对普理赫说，派遣一组航母舰队还不够，需要再派一组。于是，他们又从波斯湾调来"尼米兹"号航母战斗群。

[8] 航母调遣完后，美军开始评估大陆可能的反应。大陆会不会借此对台动武，成为白宫和国会辩论的焦点。当时，共和党议员们趁机宣扬"中国威胁论"，给克林顿出难题。克林顿政府则认为，美军的行动应有所收敛，否则两国关系将倒退到敌对状态。普理赫说："我们按兵不动，密切注视着局势。我们肯定大陆不会攻打台湾。"

[9] 在向台海派遣航母战斗群的同时，美国也通过相关渠道，警告台湾当局不要轻举妄动。普理赫说："我们通过外交方式告诉台湾，我们这样做不是给你开空白支票。我们是在阻止事态继续发展，这并不意味着你就可以为所欲为。"

美对台海行动如何决策

[10] 美国专家认为，普理赫选择在台海局势紧张之时公开这段历史，可能有两点考虑：一是让大陆了解美国处理危机的方式；二是希望有关各方吸取教训，更加谨慎，避免发生冲突。

[11] 美国政府一直关注台海形势的发展，一旦发生危机，就会启动最高军事决策机制。美国宪法规定，总统是武装部队的总司令，全军最高统帅。总统通过国防部领导和指挥全军。在经历了越战以及1980年伊朗人质事件后，白宫体会到文职人员直接参与作战指挥的弊端，提出了"任务式命令法"这种新的军事决策机制，即由总统和国防部长对"打不打仗"和"为什么要打仗"等根本性问题作出决定，由各联合作战司令部司令官决定"如何打仗"。

[12] 如果台海发生危机，美国军事决策的流程将是：总统和国防部长组成最高指挥当局，决定"打不打"；然后，由参联会主席通过国家军事指挥系统，把命令下达给联合作战司令部司令；接下来，由联合作战司令部司令负责具体作战事宜。在实际操作中，太平洋司令部司令的权力相当大，比如在1996年台海危机期间，普理赫直接下达了向台湾东部海域派遣航母战斗群的命令，而并非由克林顿总统亲自决定。（下略）（《环球日报》驻美国特约记者翁天成　本报特约记者李润田）

这则采访是典型的译写模式。前三段属于"写"的部分。第1段概述了台海五次危机的由来，第2段写美军上将接受采访，为后面的译写作铺垫和准备。第3段写的是1996年台海危机的历史背景。第4—9段属于译的部分，主要摘译和评述了普理赫下令调动美航母战斗群游弋台湾附近干涉我国内政的过程，这其中又夹杂着写的成分，例如，第 6 段"不难看出，普理赫之所以命令美军绕开台湾海峡，一是避免过分挑战大陆，二是为了保护航母安全"，这是译者的评论，分析了美军当时没直接进入台湾海峡的原因。第 10 段是译述和摘译，说明中美军方需要保持交流。

总之，这则采访的节录部分是译主写辅，写的部分主要是评析和对采访内容的背景及有关情形的添加，采取的是写—译—写和译中带写的模式，这样操作是为了清楚地交代有关采访内容的来龙去脉，便于读者了解事件的背景，使整个采访成为一个有机体。此外，本文未节录的部分主要是写，分析了美国台海行动的决策过程和台海危机的发展趋势，指出了台湾当局铤而走险搞"台独"和美国给台湾当局发出错误信号，可能会加剧台海局势的紧张。这些评论和附加的内容有助于读者认清这位美军高级官员谈话的本质，避免仅作美国媒体的传声筒，不过，从整个篇幅来看，还是写多于译。

实际上，"写"在国际新闻传播中占有特殊的地位。我国许多新闻媒体报道的国际新闻多是照搬式翻译西方媒体，尤其是美国媒体的新闻，往往不自觉地陷入了美国设置的新闻议题和话语模式之中，全译美国报道的新闻造成我国新闻报道失去公正、客观、独立的立场。例如，以美国为首的北约明明是对主权国家南斯拉夫的军事侵略，我国有的媒体却不加任何改变地译为"军事打击"，美国赤裸裸地入侵占领伊拉克，而武装抵抗和打击美国侵略军的伊拉克抵抗组织，我国有关媒体却跟着美国媒体鹦鹉学舌地译之为"伊拉克抵抗分子"或"恐怖分子"。因此，我国传媒中国际新闻的翻译必须加大"写"的分量，减少译的分量，根据基本事实重写新闻，表明我国政府的立场，"为国内受众提供更准确、更全面、更公正和带有自己声音的国际新闻"（王珂，2004），而不是继续患"失语症"，充当美国新闻媒体的传声筒。可见"译写"在国际新闻传播中的重要性。

译写还常用于书评之中，例如，秦秀白在为劳拉·赖特、乔纳森·霍普（Laura Wright & Jonathan Hope）合编的 *Stylistics: A Practical Coursebook* 一书的英文版在中国出版发行所撰写的导读，也是典型的译写，兹抄录部分段落如下：

[1] 这是一本非常实用的文体学入门教程。作者 Laura Wright 和 Jonathan Hope 分别在英国赫特福德君大学和米德尔塞克斯大学任教。本教程是为了那些没有系统学过语言学，但想运用文体分析的技巧鉴赏文学文本的大学生编写的。编者在文学文体学的理论和方法指导下，通过大量的实例介绍文本分析的基本技巧，帮助读者学会运用语言学的方

法解析和鉴赏文学文本。与其说这是一本"教程",不如说它是一根"拐杖",凭借这根拐杖,你就可以一步一步地走进文体分析的迷宫;待你走进迷宫你会突然发现:文体分析并不神秘,运用文体分析的技巧阅读和鉴赏作品,的确能见实效。

[2] 全书共分5章。前4章围绕语法范畴介绍文体分析的要点,从名词短语、动词短语、小句逐步过渡到语篇结构。第五章则以词汇为中心讲解文体分析的技巧。每章都包括若干小节,每个小节重点讨论一项具有文体功能的语言特征。总体布局和逐章安排都贯彻循序渐进的原则。更为可贵的是:用来进行文体分析的文体选段都是从20世纪小说或者散文中精心筛选出来的。每个小节都配有课堂活动任务,以便启发学生分析和解决问题,最后给出答案和裁决。编者的教育思想似可以一句老话概括:"在游泳中学游泳。"

[3] 简言之,文体学是一门运用现代语言学理论和方法研究文体的学科。现代语言学理论有不同的流派,而文体又有广狭二义。狭义的文体指文学文体,包括作家的写作风格;广义的文体指一种语言中的各类文体。又因不同的人可以出于不同的研究目的研究文体,于是当今文体学研究领域出现了"百花齐放"的纷繁局面。有人将文体分为普通文体学和文学文体学。前者研究包括文学文体在内的各种文体(含语言变体);后者研究文学文体。有人运用结构主义语言理论和方法研究文体,于是出现了"形式文体学"一说;有人从功能主义语言观角度研究文体,于是产生了"功能文体学"流派,还有人利用话语分析、篇章(语篇)语言学和语言学领域的研究成果探讨语篇的建构模式,有人研究文体是更好地揭示语篇所反映的社会观念、意识形态以及人与人之间的"权力关系"。于是诸如"语言文体学"、"社会历史/文化文体学"、"政治文体学"等术语应运而生。

[4] 然而,与语言和文学教学(包括外语教学)密切相关的"文体学"应该是"文学文体学"。严格意义上的文学文体学是一种建立在语言学基础上的文学批评,是运用语言学和文学批评的桥梁,属于交叉学科。既然任何文学文本都是由语言建构的"虚拟世界",那么通过描写和分析作者选择的语言成分及其产生的特定文体效果,我们就能更好理解和鉴赏文本的意义和艺术价值。换言之,运用语言学理论和方法分析文本的语用特征,不仅内容能够帮助我们深入领会文本的意义,而且可以为我们挖掘文本的美学价值提供比较客观的(而不是主观臆断的)依据。所谓文体分析指的就是这一过程。

[5] 英国文体学家 Michael Short (1984) 曾把文体分析概括为互相关联的三个步骤，其关系如下：

Description ———→Interpretation ———→Evaluation
(mainly linguistic)

[6] 本书倡导的文本分析方法也是遵循这一思路的。在这一过程中，语言描写是前提；不依赖语言描写而是凭借个人对语用的直觉来阐释文本，但不是目的。文体分析的目的在于说明作品为什么和怎么样才获得其特定的意义；它既要包括语言描写或语言分析，也要包括阐释活动。说得通俗一点，文体分析至少可以帮我们回答三个问题：(1) What does the text mean? (2) How does the text mean what it means? (3) Why is the text valued as it is?

第1段属于写的范畴，简述了本教程作者的情况和编写意图：为没有语言学基础的大学生运用文体分析技巧鉴赏文学文本而编。同时指出这本入门教程具有"拐杖"的作用。第2段是译与写有机结合，先缩译和译述了教程的各章要点，接着分析了各章的写作特点和总体布局安排特征，指出了编写的教育思想是"在游泳中学游泳"，这部分属于评论的范围。第3段是写的部分，介绍了文体学的各种流派与各对应的语言学流派的关系，第4段着重分析了文学文体学是介于语言学和文学批评之间的交叉学科，以及用文体学评析文本意义及其美学价值的意义。本段的内容是对上一段的有关文体功能问题的深化。第5段引用了其他材料作为佐证，指出文体分析的三个步骤：语言描写—阐释—评价，属于"写"的范畴，为进一步介绍本书的其他内容作铺垫，便于读者抓住书的线索和体例。第6段顺着上一段的思路，介绍了文体分析的一般方法，也是对本书编写思想的评论，基本上是写的范畴，旨在为读者提供一个介绍有关文体学知识的平台。

总之，抄录部分遵循了写—译—写的模式，以写为主，以译为辅，体现了变译者丰富的文体学理论知识水平，为读者提供了有益的帮助。

(三) 译写的原则

1. 译的必要性和写的添附性

译写中的"译"，无论是全译还是变译，无论分量占多少，在操作中都是必不可少的，离开了译，剩下的只有写，也就无所谓译写，属于纯粹写作或创作的范畴了。写是为了对原作信息或内容的添加和补充完善，弥补原作的残缺、片面和不足，以丰富原作的材料、观点、结果，甚至是原作的篇章结构。因此，在译的基础上进行内容的添附，可增加译文的可读性和完整性，增强变译的效果。

2. 比例分配的不固定性

译的数量和写的数量一般没有固定的比例，译者可根据不同的变译目的和读者的需要作出不同的选择，译与写的比例既可以大致相当，也可以译多写少，还可以译少写多。侧重点的不同取决于译者的篇章安排策略和译者对原文内容的定位。侧重于译和侧重于写，各有各的优点和作用，很难说孰优孰劣。不过，在评述性和分析性的译写中，译与写的数量大致相当，而在延展性的译写中，需要对原作中的点和线扩展成面，译者需要补充较多的新材料，写一般多于译。

3. 限定性和相对自由性

译与写是一对矛盾范畴，译开启话题，为写作铺垫，同时也为写限定了主题，写不能完全脱离译的主题，不可离题万里，漫无边际地发挥，译和写应保持主题的一致性和统一性。无论是全译还是变译，无论是译在先，写在后，还是写在先，译在后，还是夹译夹写，译都对写构成制约和限制。但是，译也有相对自由性和灵活性，在译的话题的大框架内，译者根据篇章的实际需要，可以自由地安排补充和添加有关同一主题的材料，可以发表不同的观点，进行阐释、批评和赏析。最有价值的东西往往是写的内容，写发挥了译者的创造性优势，是作者的精华。所以，写并不是译的奴隶，而是译者的自由意志的体现。

九、改译

（一）改译及其特点

改译，指对原语的内容、形式和风格进行某种改变或变形的变译方法。

"改译是为达到预期的目的，在翻译时对原文形式或/和内容作一定程度的修改和变化，以适应译入语国家或读者的政治语境、文化背景或技术规范。"（方梦之，2004c：124）为了一定的目的，改译成了最好的妥协方式。改译可以是小幅度的改变（如词句等），但更多的是对原文大刀阔斧的改变，是对原文的文体、格式、风格、内容或例子进行改换或替换，以满足特定社会里的特定读者的需要。

改译是一种创造性叛逆，是译介活动的一种重要手段，是译者的主体性的张扬。它实际上是译者的有意"误读"，是对如何向译文读者介绍外国作品的操纵，但也可能是受到委托对原文加工的结果。改译也需要忠实于原文的主题，并不是彻底改变原文的一切，否则，就不是"译"而完全是"写"了。没有参照原文，但获得原译者的授权而改编别人的译文，也可视为广义的改译。狭义的改译，是一种原创性的变译活动。例如，把长篇小说翻译成

第三章　变译方法论

童话，把小说翻译成诗歌，或者把科学论著翻译成趣味性的科普文章，把问答式的采访改写成记叙文，都是改译。

（二）改译的方法

1. 内容的改译

翻译是一种跨文化的交际，由于原语和译语文化和意识形态的巨大差距，有时必须对原语内容进行较大的改换，才能被译文读者接受，改译甚至是译文出版的先决条件。例如，在我国改革开放的初期，英国领导人访问我国，向邓小平同志赠送了一套英文版的《大英百科全书》，希望在中国出版，邓小平同志指出，有关百科全书的中国部分，必须由中国人改写。后来出版的全书中文版实际上是对原版的改译，它对原文中存在的对我国的歪曲和偏见进行了矫正。这种改译是对原文文化内容的删除和添加，它受到意识形态的制约和操纵。从这个意义上说，改译是一种译写或重写。

改译也会受到权力话语的制约，因此，政治文化语境对译者有很大的制约作用，改译是出版发行译作的必备条件，是特定历史时期教化作用的要求。所以，改译是历史语境的产物。在一个历史时期需要改译，但另一个历史时期则需要全译。

由于中西审美文化的差异，汉语语言优美的文章，如旅游简介材料和美容化妆品广告等，喜欢堆砌华丽的辞藻，引经据典，浓墨重彩，西方人则强调具体，过多的修辞铺陈让他们生厌，认为是华而不实，因此，中国人和西方人的欣赏情趣大相径庭，全译无法达到原文的审美效果，忠实翻译的后果却让西方人反感，当然也就吸引不了顾客或游客，改译势在必行。中国旅游景点的对外推介的英译，经常采用改译的方法。如：

"烟水苍茫月色迷，渔舟晚泊栈桥西。乘凉每至黄昏后，人依栏杆水拍西堤。"这是古人赞美青岛海滨的诗句。青岛是一座风光秀丽的海滨城市，夏无酷暑，冬无严寒。西起胶州湾入海处的团岛，东至崂山风景区的下清宫绵延80多华里的海滨组成了一幅绚丽多姿的长轴画卷。

Qingdao is a charming coastal city, whose beauty often appears in poetry. It is not hot in summer or cold in winter. Its 40-km-long scenic line begins from Temple of Laoshan Mountain at the east end. （康宁用例）

译文是对原文的改译，原文是典型的美文，引经据典，四字成语、形容词的铺陈渲染，满足了中国读者的审美期待，给长期浸染和熏陶美文的中国人带来了美的享受和浪漫情调。但是，如果直译成英语，只会让英语读者觉得夸张过度，语言索然无味，不能产生审美愉悦，不能引起向往感。改译是必然的选择。译文进行了删减，淡化了原文的名言警句，删除了华丽的辞藻，只保留了原文的基本信息，简洁利索，大刀阔斧地改变了原文的内容和风格，尽管仍有值得改进之处，但比较符合英美人的审美期待。

改译在我国具有悠久的历史，且不说古代的佛经翻译，单是近代的严复和林纾，就可谓是改译的专家了。后来也出现了不少的改译高手，如刘半农于 1914 年在《中华小说界》发表了改译的安徒生作品《洋迷小楼》，即《皇帝的新装》，开启了我国翻译安徒生童话的高潮。文化内容的改译在早期翻译活动中具有十分重要的意义，当时并不存在著作权的问题，所以，改译可以迅速让读者了解外国文化。

严复 1906 年正式发表的《政治讲义》历来被认为是严复自己撰写的中国第一部近代政治学著作。但是，最近有学者（戚学民，2004）考证，这本书只不过是参照 19 世纪英国剑桥大学近代史教授约翰·西莱（Sir John Seeley）的著作《政治科学导论》(An Introduction to Political Science) 改译而成。严复对原作进行了缩写、改编、换例和解释，西莱书中提及许多西文典籍和史事，严复参照中国的情况加入了比较说明和解释，以便于学生理解。有的改译不仅为听众和读者的理解着想，也体现了严复自己的思想观点。比如，在第一部分中，为说明国家与种族的关系，西莱原本实举英国人为例：

> When I say "I am an Englishman", what do I mean? Does it refer to my parentage or family? Well! I cannot absolutely say that it does not. I regard myself as being in some sort of kin to other Englishmen, as though we were all alike descended from some Auglus. I feel this very strongly in the presence of foreigners, for I find that they speak a different language and seem both mentally and bodily of a some what different type. But whether it really is so is after all of no practical importance. I am an Englishman, and should be so just as much if my ancestors were Frenchmen. And yet that I am an Englishman and not a Frenchman is all important to me.

译文：今假吾对众言曰：吾是中国人。诸公试察吾作此言时，意主何义？将谓吾所言者，意主所生长之种族乎？非也。顾此语虽不得以为全是，要为近之。何以云其近耶？盖不佞与四百兆人，粗而言之，固同是炎黄贵种，当其太始，同出一源。设此语宣于伦敦巴黎之间，其意尤为显著。吾与彼人，语言不通，形貌有异，宗教不一，所谓黄、白二种之分是也。所不得不以为全是者，盖种族与国，绝然两事。

显然，严复为了便于学生理解，在译文中将例证换为中国人的身份，不过这里加入了原作者没有讲到的"种族与国，绝然两事"，反映出严复对民族主义的认识。这是一种典型的文化内容的改译。不过，通篇看来，译文还是基本上忠实于原文的，只不过内容有较多的压缩而已。通过换例改变原文的翻译方法，可以最大限度地替读者考虑，拉近与读者的距离，使读者容易产生共鸣，这种极端归化的效果不言而喻地减轻了读者或听众的理解和联想负担。

2. 形式的改译

翻译中形式的改变可能以内容的改变为前提，但也可能只改译形式，不改变内容。卓别林的无声电影《摩登时代》用武汉方言改译为话剧，形式和内容都改变了，深受武汉观众的欢迎。可见，改译在戏剧和电影台词翻译方面大有用武之地。语言形式的改换，虽然译文语言不忠实，但却有助于观众的理解和欣赏。这样的"篡改"或改换是一种十分有用的策略，它是特定目的指导下的翻译实践的产物，当然有其存在的价值。

把诗歌翻译成散文也是一种典型的改译，如朱生豪把诗体的莎士比亚的戏剧翻译成散文体，受到读者的喜爱；翁显良把中国古诗翻译成散文，也很受人称赞。把外国的长篇小说改译或改编为儿童读物或连环画是我国的传统，如《钢铁是怎样炼成的》改编或改写（相对原作是改译）为连环画影响了几代人，其形式的改变反而有利于传播。语言风格的改译，特别是把名著改译为儿童语言或通俗的语言，为儿童理解和欣赏铺平了道路。

周兆祥（1998：60）针对翻译的非全译性指出："新闻'翻译'其实是新闻编译撮译，公文翻译其实大多是公文改编，信札翻译其实是信札重述。"说的就是运用文体翻译重在改编，不能硬译、直译和死译，改译是十分必要的。英语和汉语的证书（如学位证书）有各自相对固定的格式，受到人们公认，形式和语言都有明显的差异，翻译时需要加以改换，才能符合各自的习惯格式。例如：

Normal, Illinois

Illinois State University

On recommendation of the President and Faculty,

the Board of Regents, by virtue of the Authority vested in it

has conferred on

Michael Wang

the Degree of Philosophy

and has granted this Diploma as evidence thereof

this seventh day of May 15, nineteen hundred and ninety-seven.

David Murphy　　　　　　　　　　　　　　　　　　　　John P. Wallace

Chair, Board of Regents　　　　　　　　　President

根据校长和教授之推荐，按照有关权限，本校校务会授予麦克尔·王博士学位，特发此文凭，以资证明。

伊利诺依州立大学校务会主席：戴维·默菲
校　　　长：约翰·P. 华莱士
一九九七年五月十五日星期日

改译的文凭格式同原文有很大的不同，删除了学校地址，自然亲切，符合我国的文凭格式惯例，容易被我国读者接受。

又如英文请柬及其汉译：

The Deputy Prime Minister of Australia
and Minister for Overseas Trade
Dr J. F. Cairns
Requested the pleasure of your company
at a Banquet
On Friday, 11 October, 1974
From 12 : 30 to 1 : 30p. m.
in Hall Three of the Beijing Exhibition Center
To mark the opening of the Australian Exhibition
R. S. V. P.
Tel：_____

谨订于 1974 年 10 月 11 日（星期五）12 时半至下午 1 时半在北京展览馆 3 号大厅举行宴会，庆祝澳大利亚展览会开幕。

敬请光临

澳大利亚副总理兼海外部长
杰夫凯恩斯博士

（请赐复：电话：_____）（马会娟用例）

译文的格式同原文有明显的不同，如日期和落款等，也是按中国的请柬格式改译的，读起来方便易懂。此类运用文体改译的目的是通过重组原文，按照译语的语气、措辞、规范，最省力和最方便地实现跨文化的交际。

由于中西体制如度量制、技术单位、官衔和社会规范等的差异，英汉体制之间直接转换不利于理解和使用，需要加以改换才能方便理解和接受，实现跨文化交际的目的。例如，把英里、磅换算后翻译为千米和千克等。不过，这只是微观层次上的改译，有些体裁的文章内容可改译为图表，属于宏观层次的改译，如以下一则天气预报：

> Looking here at Wednesday's weather forecast for Europe, It's certainly clear that winter is starting to take its grip on the continent. Berlin on Wednesday, mostly cloudy and very cold, and -2 degrees for your high. Brussels, Belgium, a little warmer at one degree, partly sunny. London, 5 degrees for your high, mostly cloudy throughout the day. In Paris, your high temperature is 0 degrees on Wednesday, partly cloudy as well. Rome, 8 degrees for your high, with periods of clouds and sunshine. And Vienna, Austria, -2 degrees on Wednesday, cloudy and of course cold. Athens, Greece, a little warmer at 10 degrees, periods of clouds and sunshine on Wednesday. Belgrade, Yugoslavia, 1 degree for your high, mostly cloudy. Istanbul, 5 degrees, and partly sunny. And Kiev, Ukraine, -7 degrees, and you can expect snow. Moscow, -9 degrees on Wednesday, also snowy. And in Prague, the Czech Republic, -4 degrees with snow flurries, so sounds like typical of weather for that area of the word. Let's look at what we have here in Washington D, C., no snow yet, but it will be coming.

城　　市	天气状况	最高气温（0℃）
柏　　林	多云	-2
布鲁塞尔	转晴	1
伦　　敦	多云	5
巴　　黎	转阴	0
罗　　马	阴转晴	8
维也纳	阴	-2
雅　　典	阴转晴	10
贝尔格莱德	多云	1
伊斯坦布尔	转晴	5
基　　辅	预计有雪	-7
莫斯科	雪	-9
布拉格	阵雪	-4
华盛顿特区	预计有雪	

这则英语天气预报改译为表格后，以上各大城市的天气和气温一目了然，语言和数据精练，直观性很强，看起来方便简单，省却了许多文字叙述

的麻烦，人们关注的焦点就是这些有效信息内容，其他文字完全可以省略不译。这是一种典型的形式改译，语用效果要好得多。

3. 风格的改译

据 2004 年 12 月 2 日网上的一则新闻《梅兰芳美国徒孙主持昨晚京剧节开幕式》（http：//www.jfdaily.com），讲的是中文名叫魏莉莎、被称为"洋贵妃"的美国女子，师从著名京剧大师梅兰芳的嫡传弟子沈小梅，学中文、唱京剧，25 年痴迷情不改的故事。魏莉莎在美国用英语排演中国京剧《铡美案》，其二度创作的艰巨性可想而知。怎样把讲究韵味的单音节中文翻成多音节的英文，着实令魏莉莎费了不少劲。尤其像"贤婿"、"王丞相"这样有中国古典特色的词，想找到在古雅、社会地位和口气上对应的英语，更是难上加难。念白是戏曲中表现人物个性和调节舞台气氛的艺术手段，一些中文念白，如果照文直译，英文却不押韵，魏莉莎决定"篡改原文"，创造性地改译为押韵而与原文又意趣相仿的英语。结果，这出包青天、陈世美满嘴洋话对答的《秦香莲》在夏威夷演出时，引来美国观众的满堂喝彩和会意笑声。这种语言风格和审美形式改译的方法在戏剧表演方面取得了巨大的成功。

原文风格平实，译文则可改为文雅正式，富于文采，如：新闻报道的标题 UK's Oldest Person *Dies* at 115 可改译为"英国第一寿星谢世　享天年百岁又十五"（方梦之用例），译文十分庄重，语气正式，语言带有浅近的文言风格，有一股古色古香的味道，是对原文平淡朴实语言的深化，这种语言风格同老寿星的辞世搭配得很和谐，使人产生以"古"译"老"的联想。原文文体庄重，译文可改用朴实的风格，通俗易懂，简洁明快，自然流畅。如：

> 湖北是中国古代文化的发祥地之一。光辉灿烂的楚文化使湖北享誉世界。鄂州、黄石、黄冈、咸宁、孝感、天门、仙桃、潜江等省内周边城市和武汉已经形成"8+1 武汉城市旅游圈"，你要是在武汉呆腻了，不妨去这八大城市逛逛，看看仙桃的龙，听听天门的鼓，感受一段七仙女的感人爱情，绝对"要得很"。

译文：Hubei Province is one of the birthplaces of Chinese Nationality and ancient Chinese culture. It also enjoys high popularity for its brilliant Chu culture. If you are tired of living in Wuhan, you might as well go sightseeing in circumjacent cities, such as Xiantao, Tianmen, etc. （《武汉旅游》2005 年第 1 期）

原文既正式又诙谐，是混合型的风格，译文语言简练，通俗易懂，朴实无华，省略了原文中的许多对外国读者不必要的信息，做到了内容和风格的过滤和提纯。

中国人讲究谦逊务实，西方人讲究直率自信，如英语里经常有这样的句子 I am pleased that my achievement in this field has already been recognized，中文最好改译为"自己在这方面略有所成，承蒙大家认可，十分荣幸"（金圣华译）。如果直译，有自我吹嘘之嫌，可能引起读者的反感，风格加以归化改译，有助于读者的认同，这种风格差异是中西价值观造成的。

有些政论文体的文章也可以进行改译。严复的《政治讲义》和原文《导论》的文体风格相差悬殊。一则因为严复用的文言文，原文是现代英语，通俗易懂；二则因为译者并没有生搬硬套"忠实"地翻译原文的语言结构，而是根据汉语的思维习惯进行了较为自由灵活的变通。例如：

> We have then three great varieties of state. There is the state proper, there is the tribe, and there is this ecclesiastical community, which I have just described, —— we may call it perhaps the democracy.
>
> 译文：故类别国家，第一层先分三种：真正国家，一也；宗法国家，二也；神权国家，三也。（戚学民用例）

原文拖沓松散，不严密，译文则简洁明了。类似的风格改译还有很多。正是由于严复的改译很巧妙，译文读起来自然，几乎没有翻译的痕迹，才长期被误认为是严复的原创作品。这证明了改译的方法是成功的。其风格改译的最大作用是化简原文的语言结构，便于听众和读者的理解，有利于向他们灌输西方的政治思想，开启民智，引导他们的兴趣，激发他们改造旧政治的责任感和使命感。严复到底是一位高超的思想家和宣传家，他善于抓住读者的阅读心理，译文通过桐城派文言文体，可以最大限度地满足士大夫们的阅读习惯和信息渴求。内容和形式的多方位改译使严复达到了自己的目的。

需要指出的是，严复并非对原文进行彻底改译，译文保留了原文的基本观点和某些行文风格，改译实际上是为相对忠实服务的，因此，我们不可把改译理解为是对原文的彻底叛逆。改译主要是改动原文同译语冲突和抵触严重的语言和内容，是对原文文化内涵的某种扬弃，是译语文化语境起支配作用的结果。它是对译语语境的文化势力和思想习惯的顺应。

（三）改译的原则

1. 改换性

这是改译最重要的原则。改译必须对原文进行大幅度的改动，包括内容、语言结构、行文格式和风格的删改、补充、替换和重写或重编,正如思果(2001:63)所言,翻译要"三敢:敢删、敢加、敢改",其重心是改。改换是为了更好地译,更快地理解和接受,具有强烈的目的性。但它并不是随意的偷梁换柱,而是要有针对性,改换的内容必须能帮助特定读者群的阅读习惯和视阈期待,减少理解的障碍。改掉不重要或对表达主题意义无益的细节部分,换上新颖的、有用的信息和内容。没有改换就无所谓改译,但改译一定得有"译"的成分,译的成分可大可小,视具体情况而定,以实现特定的语用效果。

2. 通俗性

一般而言,改译的结果是让译文内容通俗易懂,使读者读起来顺畅,快捷地获取信息。无论是改变原文的形式、风格,还是改变内容,都是为读者服务的。原文的隐蔽、阻抗、晦涩,译文的直白、顺口、删改等都是趋向明朗化和通俗化。例如,艰深的科学著作改译为科普读物就是通俗化。通俗性是我们当前文化的重要特征之一。改译的通俗性就是尽量做到为读者着想,使理解和接受最省力。音乐剧《悲惨世界》的歌词本来很通俗易懂,可是有一位华侨译者用古典诗词改译得十分优雅,结果听众听不懂,最后只好重新改译成通俗化的歌词。

3. 主动性

改译需要调动译者的主观能动性,发挥译者的主体性,主动改变原文的有关内容,原文需要改动多少,译者应该心中有数,对读者群的期待视野要有比较明确的定位和预测。读者可能已经了解了什么,还有多少没有了解,哪些内容不需要译出,哪些需要改变,译者要做到心中有谱。一般而言,改译不能改动原文的主题,不能撇开原文另立山头,完全抛开原文的主体进行重写,也不能仅仅发一通议论或感想了事。主动性要求译者具有较高的鉴别能力和相关材料的组织能力及换位思考的能力。

十、阐译

(一) 阐译及其特点

阐译,指利用增益手段增加译文透明度的变译方法。

增益手段包括解释、增补、加注等,增加译文透明度指译者利用增益手段扫清原作中的理解障碍,主要包括文化词语和其他内隐信息。

阐译的"阐"在汉语里有两义:一是"阐明,显露",如南北朝人颜延之《皇太子释奠会作》曰:"阐扬文令";一是"扩充",如《三国志》有:"高祖即位,遂阐其业。"阐译不是翻译原作的字面意义,而是翻译字里字外的意义，是将原文隐含意义的外化。从意义角度看，阐译是一种"显译"；从字词角度看，阐译是"扩充式翻译"，即常说的增益法。

阐译与译述有联系。译述中也运用阐释法，如为了把一个词、一句话的意思说清楚，译述会对原文进行扩充式解释，但阐释只是译述诸多技巧中的一种，如译述还运用变换措词、概括法、调序法、摘选法等。而阐译只能用增益手段，不能用"转述"法。

阐译与译评的共同点是译文相对于原文有增加。其相异点正好在这增加的部分。阐译增加的内容为原文所有，不过在文字背后罢了。译评增加的部分，是译者自己的观点，是译者对原作形式与内容的看法，为原文所无。

阐译与译写的区别在于所增加的内容。阐译是将原文隐含信息表面化，未增加新内容；译写则是以原作内容为基础，加以扩展、变化。扩展、变化的内容已非作者所有，而是译者的创造。

（二）阐译的方法

1. 阐译程序

先透彻理解原文，再找出原文的"障碍点"，即那些深奥的术语、概念、作者故作艰深的语句、文化词语、特殊的表达法等，最后确定阐译的策略。

从语言单位看，阐译分为两种，即微观阐译和宏观阐译。前者包括词语、句、段的阐译；后者指一文一书的阐译。

2. 微观阐译

翻译实践常用微观阐译，即词语、句、段的阐译。词语的阐译最常见。

1）释词语

释词语包括阐明所有意义隐晦的词和词组，如专有名词、技术概念、文化词语、成语典故、普通词语等。

（1）释专有名词

> Their life style could seem Spartan to a city family with their assets.
> 他们的生活方式对城市里的殷实人家来说似乎过于严朴了。（刘宓庆用例）
>
> The mayor tried to Richard Nixon the tapes of the meeting.
> 那位市长极力掩盖真相，抹去会议录音。（许明武用例）

前一例，Spartan 原指"斯巴达人；斯巴达人的"。古希腊斯巴达人的生活方式以严朴著称。Spartan 在此是专有名词普通化，泛指"严朴"。后一例，Richard Nixon 原本是前美国总统里查德·尼克松的名字，此处专名活用为动词,喻指"极力掩盖……的真相"或"秘密抹去……的录音",该喻义源自水门丑闻。

(2) 释技术词语

Often there are sanctions attached to a case with a view to avoiding loopholes in implementation.

判例法常附有使这一法律得到遵守的附加条款,以堵塞在执法中的漏洞。(刘宓庆用例)

Brain drain has been Egypt's Number One concern——as a matter of fact it has become an epidemic in that area of the world.

人才外流不仅是埃及的首要问题,而且是世界那一地区很普遍的严重问题。(刘宓庆用例)

前一例,sanctions 为法律术语,意为"(使法律得到遵守的)赏罚;处罚",这里根据上下文阐释为"使这一法律得到遵守的附加条款"。后一例,epidemic 为医学术语,指"流行病",在此引申为"很普遍的严重问题"。可见,词义引申、扩大或缩小时,需要阐释。

(3) 释文化词语

Today, except for rare occasions, nobody still sticks to Roman Striking, not even in the homeland of the Roman Empire.

今天除了极个别场合外,没有人再坚持使用"罗马式鸣钟法"(十八世纪以前的一种报时法,用高低两种响铃:高音铃一响表示一点,两响表示两点,等等;低音铃一响表示五点,两响表示十点)。即便是在罗马帝国的诞生之地,也不再坚持这种旧式的报时法。(刘宓庆用例)

It was another one of those Catch-22 situations.

这又是一桩令人左右为难的事情。(许明武用例)

前一例,Roman Striking 为成语,其真实含义从字面看不出来,译者采用夹注释义。当然,为阅读流畅计,也可使用脚注或尾注。后一例,Catch-22 为用典,原是美国作家约瑟夫·赫勒的同名小说书名,直译就是"第二十二条军规"。该军规规定:空军基地的飞行员必须是疯子才可以免于执行飞行任务,但必须自己申请;不过只要还能够申请,就不是疯子,所以就不能免除飞行。这显然是一种悖论。直译 Catch-22,有些中国读者可能难以明了其义,不如释义性地译为"左右为难"。

(4) 释普通词语

There is more to their life than political and social and economic problems; more than transient everydayness.

他们的生活远不止那些政治的、社会的和经济的问题，远不止一时的柴米油盐问题。（刘宓庆用例）

Pommier refused to take on so many dilutees at one time.

庞米尔拒绝雇用这么多非熟练工人来顶替熟练工人的建议。（刘宓庆用例）

词义的引申是人类自然语言的一种普遍现象，是语言保持其活力的源泉之一。翻译意义引申的词语，需要用阐释。前一例的 everydayness 和后一例中的"dilutees"均为词语活用，不能照词典意义死译，而应用阐释。everydayness 与 dilutee 本义为"日常性"和"非熟练工人"，这里译者分别译为"柴米油盐问题"和"用非熟练工人顶替熟练工人"，译得非常贴切。

2）释句

一个句子，如果意义含混或者隐含言下之意，也需要阐释。例如：

It was Friday and soon they'd go out and get drunk.

星期五发工资那天，这帮人很快就去喝酒了。（蔡毅、段京华用例）

Maybe there is some chemistry between us that doesn't mix.

人们往往性格不和。（蔡毅、段京华用例）

前一例前半句 It was Friday 含有文化附加信息。表面上，说话者在说"那天是星期五"，实际上他想说的是"那天发了工资"。对于英国读者来说，"星期五发工资"是不言而喻的事，而不了解西方文化的中国读者却领会不到这一隐含信息，因此翻译时有必要增加"发工资"一词。后一例为修辞性委婉语，意思不够显豁，若直译成"我们之间的某些化学性能可能不能混合"，读者必不能明了其意，可用阐释道出其含义。阐译中的释句有释果以因、释难以易、释古以今、释现象以本质（黄忠廉，2000b：300—302），即用后者解释前者。还有一种情况，那就是以深层结构（意义）代替表层结构（意义），如英语非正式用语 You are telling me（＝I know this already），可按其深层结构译为"我早知道了，还用你说。"

3）释段

释段是对段的意义加以阐释，段的数量可以为一，可以大于一。段这一语言单位比词句要大，阐释的原因主要是段落之中，作者未提供例释，或者省去了相应的背景、推理和归纳的过程；省略过多，亦即对于某些读者来说显得过多，不得不加以补充和填空，把译文读者的思绪接上来。所以释段可以包括背景补入、推理补入、例释补入和归纳补入。现举例说明"例释补入"。

例释补入是通过举例、解释将原文抽象深奥的道理浅显化、形象化。如本书在讨论摘译和参译时反复引用的奥格登和瑞恰兹关于"指称三角图式"的论述就显得抽象难懂。原文直译如下：

> 符号与所指对象之间除了间接关系之外没有相连的关系，这种间接关系就是符号被用来代表所指。这就是说，符号与所指不是直接相关的——即使出于语法上的考虑暗示有这样的关系时，那也只是沿三角形的两条边延伸，产生间接关系。（刘宓庆用例）

刘宓庆（2001：275—276）在其著作《翻译与语言哲学》中讨论符号论意义观时引用了此段，并在章节末尾注释中讨论了奥、瑞二氏的观点。他说：

> 二氏这个"指称三角图式"是传统语义的概略性图解式。其中符号（也就是词）必须通过概念（思想）与指称（对象）建立起联系。词与指称不能建立直接联系，所以二氏用虚线表示。如"月亮"这个词"符号"不可能与月球那个星球建立起联系，其间必须有一个言者在说"月亮"这个词，听者才知道言者在说太空中那个星球……

该注释前面是阐释，后面是评论。由于后者与我们讨论的主题无关，因而略去。如果我们把译者的译文及其注释（略有改动）结合起来，便构成如下一段文字：

> 符号与所指对象之间除了间接关系之外没有相连的关系，这种间接关系就是符号被用来代表所指。这就是说，符号与所指不是直接相关的——即使出于语法上的考虑暗示有这样的关系时，那也只是沿三角形的两条边延伸，产生间接关系。图中符号（也就是词）必须通过概念（思想）与指称（对象）建立起联系。词与指称不能建立直接联系，所以用虚线表示。如"月亮"这个词"符号"不可能与月球那个星球建立起联系，其间必须有一个言者在说"月亮"这个词，听者才知道言者在说太空中那个星球。

刘先生将原文及其译文并列置于书的正文，而将注释置于尾注，是对读者负责，让他们对照比读，并用注释帮其理解译文，是严肃的学术著作的通行做法。若是通俗化的译本，可将译文与注释合二为一。

3. 宏观阐译

一文一书，在文本结构和意义上是一个相对完整的整体，其阐译属于宏观阐译。狭义的宏观阐译指对一文一书的整体进行阐释；广义的阐译还包括运用了微观阐译的全译。有时在译完全篇/书的基础上，还有必要使读者对全文/书有更显豁的了解，译者在文/书末尾还可加上阐释，这叫做篇的阐释，如任东来（2005）在《改变美国宪政历史的一个脚注》一文中，对1938年美国联邦最高法院关于"美国诉卡罗琳产品公司案（United States v. Carolene Products Company）"判决书的脚注四采用了增补加阐释的方法，因为现有的两个译本"非常晦涩，词不达意，很难看懂"，译者便进行了重译，"斗胆添加了一些字，并用方括号标识"，然后在随后的论述中对该脚注进行了归纳性阐释。如果我们把译文与阐释合并，便构成如下一篇阐译文（为节省篇幅，不给出原文）：

  当立法从表面看受到宪法所特别禁止，诸如为前十项修正案所禁止时，推断其合宪性的范围可能更为狭小，当这样的立法也在第十四条修正案的［禁止］之列时，它同样也被认定是特别的［禁止对象］［随后给出两个先前的判例］。

  现在没有必要考虑，那些限制政治进程的立法——这一进程通常被期望能够取消令人讨厌的法律，在第十四条修正案一般性禁止的情况下，是否要比其他绝大多数类型的立法受到更为严格的司法审查［随后就限制表决权、限制信息传播、限制政治组织、限制和平集会等四个问题，给出了十个先例］［言外之意是，应当受到更为严格的审查］。

  我们也不必去探究，同样的考虑是否要纳入到针对特定宗教的［给出一个先例］、或者涉及来源国籍的［给出三个先例］、或者种族上的少数族群［给出两个先例］制定法的审查；不必去探究歧视分散的和孤立的少数群体是否是一种特殊情形，［因为］这些立法往往严重地削弱了那些通常用以保护少数的政治进程，［因为］它们可能相应的要求更为透彻的司法追究（a corresponding more searching judicial inquiry）。［给出两个先例］言外之意，必须考虑。

  如果用通俗的语言来解释斯通的注释，那就是司法克制有以下三个例外：其一，明显违反《权利法案》和第十四条修正案的立法；其二，那些限制更多人参与政治进程的立法；其三，那些歧视弱势群体、妨碍他们参与政治进程的立法。对这三类立法，最高法院要进行严格的司法审查。

  美国司法判例中的脚注，与一般书文的脚注不同，其篇幅常常类似于一篇文章，因此可以作为独立的文章看待。所提案件的脚注四为美国最高法院大法官斯通（Harlan Stone）所撰写，在美国宪政历史上具有特殊的地位。

其撰写的背景是，当时的最高法院放弃保护雇主经济权利的司法能动主义，转而对国会和各州立法机关调控经济的立法采取司法克制态度。因此在司法克制的大背景下，斯通提出司法可以对某些立法进行严格审查的观点，就有点逆历史潮流而动的味道。所以，在脚注四中，他的语气小心翼翼，表述也很拗口，非常婉转地规定了需要进行严厉司法审查的情形。上例前三段为直译文，最后一段为译者的解释。阅读前三段，给人的感觉是原作者欲吐还藏，意思非常隐晦。译者在方括号中增加的文字，有的是说明原文中用例的省略，有的是作者想说而未说出的话，有的是明晰前后语句的逻辑关系。而最后一段解释，才使一般中国读者了解该脚注的真正意思和意图。另外，如果将译文中的方括号去掉，将更为流畅，当然这也表明了译者对读者负责任的态度。

4. 阐译的技术问题

1）标注问题

阐译是把原作中隐而不见的信息明示出来，它涵盖了全译中许多阐释方法，如归化式转换、语义引申、增词、译意、作注等。阐译的阐释比全译的阐释具有更强更大的解释力度和幅度。全译的阐释止于"言下之意"，阐译的阐释可以伸延至"言外之意"，后者的解释词量有时比前者大得多。不过，相对于整个译文，阐译的文字篇幅所占比例有限，而且阐译必须依附于全译而存在。所以，译文可以标注"阐译"。

2）阐译的位置

对原文难点进行解释而增添的文字，是放在正文里，还是放在注释里，取决于阐译的两条原则：适度性和连贯性。如果原文中的难点过多，篇幅较长的阐释可放在注释里，简短的或者重要的阐释可融入正文中，但要注意适量，不能滥用阐译。

3）阐译的度

由于阐译的对象是原作中隐而不见的信息，它游移不定，难以把捉，因此阐译要讲分寸，落笔知轻重，必须确信阐释的意义是原作的本文意义，即原语读者大众公认存在于原作中的意义，或原作所缺失的相关背景知识，不能无中生有，任意阐释，必须牢记阐译的忠实性原则。

（三）阐译的原则

1. 阐释的忠实性

阐译必须遵循忠实的原则。由于所阐释的意义隐含于原文的字里行间、情景或文化语境之中，因而具有游移不定性。阐译所增添的意义必须是作者想说而未明说的话，即原文内隐的意义。

2. 阐释的适度性

阐释是为了帮助读者领会作者的言下之意、"话中之话"。一方面，阐释的内容必须为原文语境所暗含，不能超出原作的本文意义。另一方面，阐释的内容要充分、语言要简练，足以让读者透彻理解原文中的"障碍点"。此外，阐释的适度性还包括翻译过程中阐释的运用要适度，如果使用过多，如夹注，就会打断阅读的流畅性，从而使读者产生厌读心理。如果插入的阐释与上下文不协调，或者夹注过多，可将插入的阐释和夹注变为脚注或尾注，以保证原作的协调自然，以及阅读的流畅。

3. 译文的连贯性

由于阐释部分为原文表层所无，因此译者增添解释性文字时应充分考虑所增部分与原文前后部分的有机衔接，避免造成前后脱节，行文阻滞，应使译文流畅自然，浑然一体，就好像作者自己也是如此表意行文。

4. 阐译的对象性

阐译是为读者服务的，而读者有专业和非专业之分。对于非专业读者来说需要阐释的内容，在专业读者看来可能是蛇足，或者过于啰唆。因此，翻译作品之前，必须确定读者对象。然后，站在读者的角度，决定是否就原作中的某一难点进行阐释，以及阐释的度和量。

5. 阐释的通俗性

译文读者对象的性质决定阐译是用专业性的技术语言，还是通俗性的日常语言。显然，为专业读者进行的阐释一般采用专业性语言，而为非专业读者所作的阐释应采用大众性通俗语言。

6. 阐释的简短性

需要阐释的文字一般言简意深，风格简约。融入正文的阐释文字亦应如此，达意即可，不要拖泥带水，节外生枝，应与原作的风格保持一致，使读者觉得这好像是原作中固有的文字，而不是译者的添加。

十一、参译

（一）参译及其特点

参译，指引译为据的变译方法。

引译作据，既存在于书面创作，亦见于口头谈话与演讲。参译泛指一切语言活动中的引译作证行为。这里的"译"，可以是已有的翻译作品或者其中的片段，也可以是说话者或写作者临时依据原文的翻译。从本质上看，参译是关于文本间性和主体间性的问题，是一种互文性写作，因为参译使作者与其他作者、使本作品同其他作品发生了关系。

汉语的"参"字有"参证，验证"之意。明查继佐《罪惟录》有："如此是而彼非，前得而后失，参之乃始见的。"参译的"参"正是此意，是以"译"为"参"，即将翻译的文字作为论证或反驳某种观点、阐发某种思想的参证和依据。因此，参译只是服务于写作的一种手段，不像摘译、编译那样具有翻译文本的独立性。

从写与译的关系看，参译式写作中，写是主体，译为写服务，并受写的制约。写的部分大于译的部分，不然就成了抄袭。写的内容与目的决定译的对象与形式。从参译的形式和手段看，写作时，援引非本族语的例证，可采用全译、摘译、编译、译述、缩译等多种变译形式和手段，摄取原作主要内容或部分内容作为论证的依据、评论的基础、阐发的起点。

（二）参译的方法

由于参译必须依附于作品而存在，不具有独立性，因此参译没有固定的程序，一般是写作者从其知识记忆库中或从参考文献中直接提取引译文字，可以是照搬别人的译文，也可以是写作者自己依据原文的翻译。从参译的结构特点看，参译有两种结构形式：一是所引用的翻译文字融入作者的论述之中，比如一个词、一句话，嵌入作者自己的话中，称之为段内参译；一是所参引的文字篇幅较长，单独成段（一段或几段），位于作者自己的论述段落之间，称之为段际参译。就参译所使用的方法而言，还可分为全译式参译和变译式参译。

1. 段内参译

段内参译是直接把参引译文嵌入写作者的叙述之中，与写作者自己的语言融为一体。段内参译一般适于简短词句的引用。例如：

> 德国数理逻辑学家莱布尼兹曾经就六十四卦的排列惊叹地写道："这个《易图》可以算是现存科学中最古老的历史记载了。然而，这项科学记载，依我所见，虽为四千年前久远的古物，迄今却没有人了解它的意义，这是不可思议的。它和我的计算方法完全一致……如果我没有发现二元式，那么它的体系至今都不会使人明了。"（刘宓庆用例）

上例为直接参译（摘译）。作者仅摘译所需文字，用省略号略去不需要的中间部分，以遵守参译的适切性、典型性和简练性原则，并在章节末尾注明此段译文的身份："转引自朱谦之著《中国哲学对欧洲的影响》，福建人民出版社，第231页。本书作者在译文词句上有技术性修改。"下例画线部分则是间接参译（译述）。

> 汉字的语义衍生非常符合英国古典的经验主义语义观，例如休谟就

认为一切由文字记录的意义都来自客观世界在人的心智中唤起的感觉。（刘宓庆用例）

2. 段际参译

段际参译又叫提行参译，指写作者另起段落安排参引文字，以便与写作者自己的叙述区别开来。提行参译一般适于篇幅较长的译文片段。其功能是使引用文字更加醒目。如：

> 那么，本亚明所指的"纯语言"是什么意思呢？他作出如下的假设：
>
> 各种语言之间有一种超历史的亲缘关系；这种亲缘关系存在于每一种语言整体的意指之中——任何一种语言都无法单独体现这种意指，只有每种语言互为补充的意指集合才能体现这种意指：这就是纯语言。（W. Benjamin, 1923）
>
> 首先，我们不得不承认，本亚明的"纯语言"概念充满了神秘主义色彩。他的"纯语言"观属于希伯来传统的解经学体系……（郭建中用例）

上例和下例参引译文均作为独立的段落插入写作者的叙述段落之间。不同之处是上例只有译文，没有原文。下例是原文与译文平行。平行参译，有两种情况：一是译文在前，原文在后；二是原文在前，译文在后。平行参译的一个优点是可以让读者两相对照印证，更具有说服力。译文与原文的前后关系，依写作者的强调意图而定。前者为强调对象，后者一般置于圆括号内，无须强调。若是只有原文，没有译文，则不是参译，只是引证。参译必须引用与翻译两者齐备。

> ……从基本的哲学观来看，奥、瑞二氏受英国经典经验主义哲学影响很深，这也可以说是他们的意义理论之源。著名的"指称三角图式"（见第四章），就是以英国经验主义为理据构想出来的——符号是个人的"经验约定"，用以代表所指（注意文中用的是"someone"，而不是"群体"）：
>
> Between the symbol and the referent there is no relation other than the indirect one, which consists in its being used by *someone* to stand for *a referent*. Symbol and Referent, that is to say, are not connected directly (and when, for grammatical reasons, we imply such a relation, it will merely be an imputed, as opposed to a real relation) but only indirectly round the two sides of the triangle. (*M of M.* p. 17) （符号与所指对象之间除

了间接关系之外没有相连的关系,这种间接关系就是符号被用来代表所指。这就是说,符号与所指不是直接相关的——即使出于语法上的考虑暗示有这样的关系时,那也只是沿三角形的两条边延伸,产生间接关系。)

那么,发生"直接关系"的又是什么呢?二氏认为是三角中的实线部分……(刘宓庆用例)

3. 全译式参译

全译式参译属于直接参译,但不等于直接参译,因为直接参译还包括摘译。全译式参译指采用全译策略将原作完整地翻译出来,引以为证,一般适于篇幅短小的文本的引用,如诗歌、标语广告、小故事、谚语等。请看下例:

天津百川食品有限公司(美国独资)的 Crunch 包装袋简介只有 60 多个汉字。但其英文表达非常精彩,与汉语的表达相映成一鲜明的跨文化的对照。它有下面几个特色:

a) 英汉表达用词准确

配料(汉语):面粉,薯粉,玉米淀粉,棕榈油,调味料,白砂糖,鲜虾粉。

Ingredients(英译):Wheat Flour, Potato Starch, Corn Starch, Palm Oil, Seasoning, Sugar, Shrimp Powder.

……

b) 中英行文地道,文字精练优美

注意(汉语):请放于远离阳光直射及高温的阴凉地方。

Caution(英译):Display or store in a cool dry place away from direct sunlight and high temperature.

……(金惠康用例)

由上例可见,参译用例非常灵活。写作者可以根据需要将参引原文整体切分成几部分,也可以适当地插入说明性文字,如例中的"汉语"、"英译"等。

4. 变译式参译

变译式参译,指运用摘译、编译、译述、缩译等变译手段翻译拟引用文字。此种参译广泛地运用于自然科学和社会科学著作中。以上各例(最后一例除外)中的参译均为变译式参译。再看一例。

把文化作为翻译单位,这无疑突破了传统的翻译研究观念,把翻译研究带入了一个新的阶段。对于这一点，根茨勒作了评价：

　　研究表明，翻译在全世界文化的发展中扮演了重要角色，翻译研究作为一门学科已经形成了自己的研究方法，它表明了文化演变与其他文化体系之间的关系。因此，芭斯奈特认为，我们比较文学的概念有待进一步思考，也许，我们可以将它重新定义，作为翻译研究的一个分支。

　　不同的文本，在一定的文化里都有自己的功能，以文化为翻译单位，在翻译的过程中使原语文本在译语文化里发挥跟在原语文化里一样的功能……（廖七一用例）

上例清楚地表明了参译的"引译为据"功能。廖七一（2001：363）引用美国翻译学者根茨勒的话，就是要证明"文化作为翻译单位"这一论点的正确性。

5. 参译的技术问题

1）标注问题

参译只是独撰作品时的一种引经据典，是中外著书作文的一种常态。它依附于某一作品，不是独立的变译文本。因此，无须像摘译、编译、译述、缩译、综述等那样标明"参译"。但它在文中的几种形式已显示了自身的特殊身份。

2）参译的位置

使用段内参译还是段际参译，一般取决于所引用的原文的长度。一个词、词组、简短句子，一般采用段内参译。超过三行的长句、段落、章节、文本，以段际参译为宜。引用外来术语概念，宜采用译文在前、原文在后（置于圆括弧内）的平行参译。

3）参译的格式

段内参译可加引号，或者用有别于正文的另一种字体。段际参译的引文排版格式是引文与正文之间常有空行，有空半行、一行或两行的，也有不空行的。引文两边有少正文一字或两字的。不论何种空行与空格，一旦确定，就要贯穿到底，以保持格式的一致性。参译的出处，可直接在参译文后的圆括弧内注明，也可在参译文末尾加一注码，然后在脚注或尾注相应的注码处交代译文的出处及其他相关信息。

另外，写作者对参引原文的形式结构有权进行适当的变动，以符合本族语语法的要求和写作需要。如可用省略号删去所摘原文中与写作主旨无关或关系不大的部分；对参译文中的难点作必要的阐释（置于方括号内并紧随该难点）；用着重号强调译文中写作者认为需要强调的部分，并在紧随其后的方括号内注明"着重号为本文作者所加"；根据本族语语法要求改换标点，如引用非完整句时将逗号变为句号。引号是段内参译常用的标点，如果译文中又遇引号，要按"先双后单"的原则处理。

（三）参译的原则

1. 忠实性

无论是全译式参译（直接参译），还是变译式参译（间接参译），都不能违背所引原文的旨趣，不能削原作者之足适自己之履。任何歪曲原作者本旨的参译只会损害论证的力量，使参译的目的无法实现。

2. 参考性

如前所述，参译中的"译"只是参译的手段，"参"才是参译的目的和本质。参考性是参译在创作中的正确定位。也就是说，参译在创作中仅占次要地位，其作用是为写作提供论据。如果以"译"代"作"，结果就成了翻译作品，如果据为己有，当作自己的创作，那就成了剽窃。因此参译的使用要适度，不能过多过滥。

3. 比例性

文学创作或学术写作中引用本族语作品中的材料，或经翻译后引用外语作品的材料，为我国版权法和有关国家的知识产权规定所允许，而且无须著作权人同意，也无须支付报酬。这种行为不算是侵犯著作权的行为。参译不可避免地要引用他人的作品，但一定要注意适量，而且要在作品适当的位置注明被引作品的名称、出处及原作者姓名。关于创作中的抄袭，法院在审理这类案件时，一般认为合理引用部分不得超过创作作品的十分之一。参译也可参考这一规定。

4. 适切性

参译的适切性包括两层含义：一是所引译文应与上下文协调一致，融为一体，无突兀别扭之感，无累赘蛇足之感；二是参译文与写作论证主题相切合，不能是若即若离，更不能相佐，搬起石头砸自己的脚。

具体说来，作者在参译前要说明即将参译的背景，交代与参译内容相关的人物，相关的论述，为参译的出现铺垫、导渠；参译之后要用简短的按语表示自己的意见，或分析，或归纳，或评价，或补充，显得言而有据。参引的材料应当与创作的主旨相一致。一致性体现在正反两个方面，即参译有正面的加强论证和增强说服力的作用，以及反面的驳斥异己观点的作用。一句话，参译要使人觉得它必不可少，要使它与文章的观点一致，保证首尾圆通，表里一致。

5. 典型性

参译一般作为一种论说文的佐证（论据），而佐证必须具有典型性才能说服人。因此，写作者在运用参译时，必须考虑佐证的典型性。

6. 简练性

参译文语言的简练性也是需要注意的一个重要方面。如果拟引用的原文语言繁复冗赘或者篇幅较长，写作者可舍全译而用编译、译述、缩译等变译式参译，做到言简例精。

十二、仿作

(一) 仿作及其特征

仿，即仿效，模仿，效法之意。仿作，指仿照译语本土作品的内容、形式或风格进行译语创作的变译方法。

英国近代翻译理论家约翰·德莱顿（John Dryden）（2000：3）把翻译分为直译（metaphrase）、意译（paraphrase）和拟作（imitation）。尽管德莱顿批评拟作，但他仍然把它划分为一类翻译方法。拟作就是对原文的模仿，是一种形式的仿作，它大体上是模仿原文中的故事情节或主题，用译语加工改造，尽管写的成分较多，但它并不完全是创作，因此可以纳入变译方法研究之中。

仿作同仿拟（parody）有相似之处，后者是在同一语言之间模仿，借用某种语言表达方式，并加以改动，保留其基本模式，仿作也是模仿别人的语言模式，既可以模仿原文作品的语言和风格，也可以模仿译语作品的语言和风格，且主要是后者，并作出某些改动，实际上是一种模仿式的改译，但仿拟却不涉及翻译。

与变译方法相比，仿作重在"仿"。如果原文是仿拟，译文照实译出，不是仿作而是全译。例如，日本三菱汽车公司向美国开拓市场的广告 Not all cars are created equal。它可以看做是英语名谚 Not all that glitters is gold 的仿拟，更可能仿拟的是《美国独立宣言》中的一句名言 All men are created equal（人生而平等），此广告可译为："并不是每辆车都'生'而平等。"很显然，这不能看做是仿作，原文模仿了他人的语言，但译文本身并没有模仿他人的语言。

模仿广泛存在于人类行为之中，亚里士多德认为文学是对人类行为和生活的一种模仿，文学是一种模仿的学科，戏剧尤其如此。实际上，整个社会科学都存在或多或少的模仿性，翻译当然也不例外。西方文论家利科把模仿分为三个阶段：即前理解，构建被模仿对象的原型（prefiguration）；心智理解，构建被模仿者的构型（configuration）；符码解构，再符码重构，完成对模仿对象的成型（transfiguration），以最有效的形式保证预期的读者接受

（刘宓庆，1999）。翻译也是一种艺术，也是模仿，也就是说，翻译的模仿通过"原型"模拟、"构型"探索和"完型"运作来实现的。这主要是指全译对原文的模仿。译文越接近原文越具"模仿"性，但此"仿"不同于仿作之"仿"。

在仿作过程中，译者要模拟一个"原型"，即原语和译语现有的经典语言或流行语、影响广泛的名言佳句等，确定拟模仿的原语同"原型"有某种关联性或类比性，如语言结构的相似性，或者模仿的主体和客体之间有隐喻关系，接着，根据原型的语义、逻辑、审美价值和传播功能，比较和选择原语如何转换为译语，这个过程要基本确定译本的结构，最后，综合应用语义分析、语用分析、审美分析、文体分析和文化分析，重构译语。

（二）仿作的方法

仿作广泛运用于词语翻译、广告翻译、影视片名翻译、文章标题翻译，有时也用于文学翻译之中。仿作一般在词层、句子层、段落层操作，偶尔在语篇层操作。

仿作并不是为了"忠实"地亦步亦趋地模仿全文的语言结构，而是择其某些语言材料作为仿效的对象，为了"借船过河"，通过借鉴和模仿名言隽语，达到审美和主题重构的目的，更好地实现跨文化的接受与传播。仿作具体方法如下：

1. 模仿原文的主题、情节或文体风格

这是一种典型的拟作，过去广泛应用于文学创作，现在也大量使用于科技和学术写作，这种仿作方法仍然具有生命力。仿作的对象往往是外语经典作品或著作，是译语所欠缺的表达法，仿作的目的是为了弥补这一缺憾，促进译语的语言、文学、文化和科技的发展。例如，法国著名诗人谢阁兰创作的散文集《出征》（*Equipee*）第20章，实际上是仿作中国古代诗人陶渊明的《桃花源记》，这两个文本非常相似，有学者（秦海鹰，1999）研究考证，前者是对后者的模仿和重写。我国的文学创作中也有这种类似的情况。例如，《西游记》第61回：猪八戒助力败魔王，孙行者三调芭蕉扇。故事讲的是孙悟空同牛魔王厮杀搏斗，玉皇大帝派托塔李天王及哪吒来增援的事，这与印度史诗《罗摩衍那》第六篇《战斗篇》的情节极其相似，前者明显模仿了后者的题材和故事情节（季羡林，2001）。以上都可称之为某种程度上的仿作。

科技论文翻译中，仿作学术规范的行文格式和文体风格也是十分重要的，它决定论文能否被采纳发表，我国有不少学者的论文水平不低，但就是很难在国外发表。究其原因，主要是作者或译者不善于模仿国际刊物上学术

论文的范式，中国式英语文体和行文模式太明显，格式不符合国际刊物的规范。规范的仿作主要是仿风格，当然不是仿内容，否则就有抄袭的嫌疑，成了学术腐败问题。因此，要想在国外权威学术刊物上发表论文，首先必须研究和模仿刊物的语言、文体风格和语篇模式，撰写者或译者要善用仿作法。

2. 模仿译语的语言模式和文体风格

1) 短语的仿作

短语的仿作主要是习语的仿作。以谚语为例。

谚语的仿作一直是有争议的话题，有人以反对过度归化为由，批评仿作的方法，也有人认为仿作便于理解和接受，应该大力提倡。实际上，试图采纳异化的方法而完全抛弃仿作的手段，显然行不通。谚语或习语的仿作在翻译实践中仍然大有可为。例如，One boy is a boy, two boys half a boy, three boys no boy 可仿照中国传统谚语，译为"一个和尚挑水吃，两个和尚抬水吃，三个和尚没水吃"。尽管这种仿作法可能并非最佳方案，但毕竟是一种通俗快捷的翻译法，至今仍然有生命力。又如，Speak of devil, and he appears 可译为"说曹操，曹操到"，这样仿作也是可行的，读者不大可能认为英国也有曹操，过去人们对这种翻译法颇多微词，只是未区分其使用条件。

再如，In the country of the blind, the one-eyed man is king 既可以直译为"盲人国里，独眼为王"，也可以仿作为"山中无老虎，猴子称霸王"，甚至可译为"蜀中无大将，廖化充先锋"（金惠康用例）。尽管后者招致不少批评，但是在某些情况下，此种译法也不失为一种简便的方法。谚语的仿作仍然有存在的理由。

2) 标题和片名的仿作

模仿名言名句是一种十分有效的文章标题和电影电视片名的翻译方法，让标题结合文章或电影/电视情节表现得相映成趣。如：*Fish Need to Relax to Taste Better* 译为"鱼为悦己者鲜"，显然模仿的是名言"士为知己者死"；*Magazine Offers A Prize to Die* 译为"朝中奖，夕死可矣"，大概仿作的是"人生得一知己足矣"；*Up, Up And Away* 译为"天高任鸟飞"，套用了唐朝诗僧玄览的名句"海阔凭鱼跃，天高任鸟飞"的后一句；*Starts with S, Ends with Ex*，原文将 Sex 拆开，可译为"怎一个'性'字了得"（金艳用例），巧妙仿作南宋女词人李清照的名句"怎一个愁字了得"，仅把"愁"字改为"性"字，此法令人拍案叫绝。张培基把李大钊的散文《今》的标题翻译为 *The Living Present*，套用了美国诗人郎费罗《人生颂》中的名句"Act, —act in the living Present!"。丰华瞻将书名《王若飞在狱中》译成 *Iron Bars But*

Not a Cage，则仿作了英国诗人洛弗莱斯（Richard Lovelace）的诗句 No iron bars a cage（田传茂用例）。这种译法是反其意而用之。

电影片名通过仿作，可抓住观众的强烈兴趣，票房收入大大攀升。美国经典影片 *Sound of Music* 在香港的译名是《仙乐飘飘处处闻》（熊启煦、王春艳用例），套用了唐朝诗人白居易《长恨歌》中"郦宫高处入青云，仙乐飘飘处处闻"的后一句，可以同大陆的通俗译法《音乐之声》相媲美。*The English Patient* 在香港译为《别问我是谁》，模仿的是我国一首流行歌曲中的一句歌词（贺莺用例）。*Forrest Gump* 和 *Gandhi*，分别被译为《阿甘正传》、《甘地传》，主要仿作的是中国的经典小说《水浒传》和《阿Q正传》等（熊启煦、王春艳用例）。片名在一定程度上体现了中国文化传统，因为"传"、"正传"、"列传"、"别传"、"外传"等往往是中国文化和故事的特有符号。*Bathing Beauty* 这部经典音乐喜剧片译为《出水芙蓉》（刘红辉用例），仿作的是汉语成语，十分符合中国人的审美情趣。*My Fair Lady* 在中国内地、香港地区和台湾地区都不约而同地译为《窈窕淑女》（毛发生用例），套用了《诗经》里的"窈窕淑女，君子好逑"中的前一句。*The Wizard of Oz* 译为《绿野仙踪》（刘红辉用例），仿作的是清朝李白川的长篇同名游仙小说名。

以上仿作的文章名和电影片名，是归化变译的极好例证，这种译法有利于满足读者或听众的审美期待视野，便于读者欣赏和理解，因为读者心目中存在一个前理解，长期受到中国诗文熏陶的读者一看到这些熟悉的标题和片名就会产生一种亲切感和趣味感，会引起读者迫不及待的视觉欲望，仿作是一种简便易行的翻译方法。

3）广告的仿作

仿作法广泛应用于广告翻译中，由于英汉语言文化的差异，广告的英汉互译，难以实现忠实的对应，直译的效果一般不好。一则成功的英语原文广告可能具有很好的宣告功能、审美功能和劝说功能，忠实翻译可能让人觉得索然无味，无法使人产生购买欲望，仿作可以弥补差异造成的缺陷和不足。如 Vandermint isn't good because it's imported, it's imported because it's good 译为"好酒不在进口，进口必是酒好"（王金洛用例），模仿的是熟语"山不在高，有仙则名，水不在深，有龙则灵"结构的简化和变异形式，没有生搬硬套，且有一定的创新，很能赢得顾客的认同，从而产生意想不到的效果。

再如，梅花牌手表的广告："人带梅花，准时乐道。"译文：Give the plum to all, and to all a good time（刘泽权用例），模仿的是 Timex（天美时）

手表英文广告 Give the Timex to all, and to all a good time，使人联想到 Timex 牌手表的准时和品位，加深顾客的印象，让人产生购买欲望。这样的译文十分到位地抓住了顾客的心理，仿作的效果非常好。还有一则药品（速效救心丸）广告：

> 随身携带，有备无患；
> 随身携带，有惊无险。（王金洛用例）

原文是平行结构，译文巧用英语谚语 A friend in need is a friend indeed，也算是一种仿作，其效果具有安慰性，使人产生信赖感，便于加深记忆。"黑妹"牙膏，强健牙龈，保护牙齿，译为 Don't show me another. Say "Give me Brother"。套用了日本 Brother 牌打字机广告，而这则日本广告最初也是仿拟一则美国的玻璃器皿广告，其原文是 Don't show me the crystal. Show me Galway（贾文波用例）。黑妹牙膏的广告通过模仿其他的著名广告，建立了良好的形象，强烈地刺激了顾客的购买欲，显示了高超的艺术效果。

下则百事可乐广告原文是诗，译文也是诗体，仿用打油诗或者快板的风格，有节奏，有情趣。

> Pepsi-cola hits the spot.
> Twelve full ounce, that's a lot.
> Twice as much for a nickel too.
> Pepsi-cola is the drink for you.
> 百事可乐顶呱呱。
> 盎司毫不差。
> 五个美元买两打。
> 百事可乐饮料佳。（李明、卢晓梅译）

译文的文体和语气非常适合中国人的购物心理，诙谐幽默，朗朗上口，容易打动顾客的心。

4）文学作品的仿作

仿作在文学作品中具有独特的作用，用译语现存的文化词语翻译原语里的文化词语，借用类似或巧合相等的表达法翻译原语的思想内容和艺术风格，借鉴仿作构建对应审美效果。例如：

> 母亲又说："只是我希望你若看中了什么人，能领来让大姐见一面，帮你参谋参谋。大姐毕竟比你多吃了几年盐，什么样的男人，打眼一看，就能看出人品好坏来。"
>
> 译文一：Mother spoke again: "I only hope that if you've got your eye on

someone, you'll bring him here and let me have a look on him, so I can tell you what I think. After all, I've eaten more salt than you over the years. I'll be able to tell at a glance whether he's a man of character."

译文二：Mother spoke again："I only hope that if you've got your eye on someone, you'll bring him here and let me have a look on him, so I can tell you what I think. After all, I was breathing air in the world thirteen years before your lungs were even formed. I'll be able to tell at a glance whether he's a man of character."（傅敬民、吕鸿雁译）

译文二直接引用了美国黑人女作家、诺贝尔文学奖获得者托妮·莫瑞森的代表作《所罗门之歌》中一句名言 I was breathing air in the world thirteen years before your lungs were even formed。尽管译文一中 I've eaten more salt than you over the years 是"大姐毕竟比你多吃了几年盐"这句话的直译，也很得体，但译文二的仿作更贴近英美人的审美习惯，效果可能更佳。

总之，仿作既可以改变内容，也可以改变风格，甚至是语言风格的创新，这种策略体现了译者的主体性，因为译者的仿作或套译，都不是直译或硬译，必须发挥译者的主观能动性，译者要善于联想，努力寻求可套用或借用的语言形式，以实现模仿的目的。

（三）仿作的原则

1. 模仿性

仿作的本质属性就在于模仿，主要是模仿译语的现存语言模式，有的需要加以变通，有的可以直接套用。语言模仿和风格模仿往往是一致的。被模仿的语言的意义同原语有相似或者关联之处，至少在主体上有密切的联系，且往往是经典性的语句，容易记忆和传播，否则，模仿就失去了理据。但译文切不可直译原文的语言结构，忠实的翻译并不是模仿，而且效果也不理想，尤其是广告翻译。模仿性意味着简约性，仿作通过模仿简化了理解和欣赏的障碍，有助于译文意义的直接性、彰显性、通俗性和幽默性。

2. 联想性

仿作要求以一些名作名句名言做后盾，以资译者模仿，译者必须有丰富的联想力，善于发现这些经典语言和原语之间的有机联系，善于调动译者的主体性，善于从具体的语境出发，挖掘被仿语言的功能，把原语的功能和译语的功能挂上钩，把极端归化的语言作为原语功能的载体，实现跨文化交际的目的。仿作也是为了让读者产生丰富的联想，启发他们的认识能力，构建译语的审美和信息传递功能，最大限度地减少信息获取的障碍。

3. 缺场性和在场性

仿作的译文是"在场",作为仿作对象的语言素材是"缺场"的,这些材料存在于各种书刊中,译者的选择范围和资源的使用频率取决于译者的百科知识储备和反应能力。译文的"在场"意味着其背后隐藏着某些可供模仿的语言模式,表面"缺场"而实际"在场",如何把"缺场"资源化解为"在场"的译文,实现仿作的目的,要靠译者的知识积累和灵感思维及模仿能力。译者对"缺场"资源的挪用,预示着译者对读者的信息获取的操纵和导向。

4. 归化性和叛逆性

仿作主要是套译现有的语言模式,而不是忠实于原文的全译,译文以归化而不是以异化为取向,目的是尽量让读者以熟悉的语言文化经典为切入点,通过联想快速产生认同的情感,满足读者和听众的期待视野。因此,译文是对原文的叛逆,叛逆才会创造特殊效果,让读者对译文产生好感,引起他们的兴趣,引导他们作出相应的反应,如读者立即按广告所言购买产品等。

第四章 研究方法论

翻译方法论主论翻译实践方法论，翻译研究方法并不都是翻译实践者追求的目标，却是翻译研究者经常光顾或涉及的基本问题。但是，一个成功的翻译实践者时时总结翻译经验，不断丰富翻译方法，有时还大胆地尝试新的翻译方法，这反思与总结经验，其实也是对方法的初级研究，而对于研究意识明确的学者，从翻译方法的研究升至翻译研究方法层面的思考，则是必经的学术训练。

杨晓荣（2005：vii）说："理性化的一个重要体现就是讲究论证过程，而方法论就是解决论证问题的。"她还认为，翻译学本体意义上的研究方法建立在跨学科方法和哲学方法之上（同上：viii）。威廉斯 & 切斯特曼（Williams & Chesterman, 2004：48—57）总结了翻译研究的三种理论模式：成品模式、过程模式和因果模式，分别研究"什么"、"怎样"和"为什么"。本章只粗略地讨论翻译研究的要求、思路和阶梯，要求和阶梯可与其他学科共享，而思路则具有翻译学自身的特色。

第一节 "三个充分"的研究要求

翻译研究的"三个充分"，包含观察充分、描写充分和解释充分，分别指向翻译现象研究、翻译规律研究和翻译原理研究，是提升翻译研究的三个层面（黄忠廉，2006b）。初涉翻译研究者若能顺次深入，研究才会实实在在，心中踏实，不断发现问题，提炼出选题。经过这种训练，研究到了一定阶段，再反向操作，与顺次训练两头打通，研究又会上一个新台阶，更能步入持续性研究。

一、观察充分

观察充分，旨在通过翻译事实捕捉可研究的翻译现象。

研究翻译现象，首先要充分观察，只有观察充分，才能了解充分。怎样才算观察充分？邢福义（2001：484）说："该观察到的方方面面全都观察到了，所作的观察就算是充分的了……具体点说，就是：由此及彼，随迹逼进，四面八方辩察，海阔天空地追踪。"

有人做研究，根据理论找例子，这种研究有一定的好处，有充分的理论依据，来头很大，底气很足。但是一味从事这种研究，有些不足，至少发不出自己的声音，较多的是印证性研究，用汉外互译的事实去印证西方的观点、思想和理论，充其量能产生一种嫁接式理论，而忽略了汉外互译的特色研究，最终难为普遍翻译学作出本国学者应有的贡献。

现以"汉译定中结构中'的'字运用"为例。

汉译"的"字处理，相信不少译者常常遇到，这就是要研究的问题。如何捕捉问题的实质？最好是从观察入手。要观察的问题很多，仅拿汉译定中结构中"的"字就足以观察，进一步，可将观察站设在英译汉和俄译汉中，观察会更加充分。

【现象观察一】英译汉定中结构中"的"字最佳用量考察

观察的对象主要是五四运动以来不同年代各种文体英译汉作品的定中结构，调查内容是不同年代不同文体汉译作品定中结构"的"字运用的总数、结构中"的"字平均数。

调查结果（黄忠廉、许萍，1997）表明，定中结构含一、二、三个"的"字的定中结构总比例为：94.5∶5∶0.5。含"的"字的结构平均数基本上随年代递增。如科普类汉译中含"的"字的定中结构平均数由20世纪70年代的1.007升至90年代的1.062。社科类汉译中"的"字使用率明显高于其他文体。各类文献中含"的"字的定中结构平均数由大到小的排列顺序为：1.092（社科类）→1.062（科技类）→1.059（文学类）→1.045（科普类）。汉语作品与汉译作品相比，其结构平均数又明显的低，仅为1.018。这表明文体影响汉译"的"字使用率，同时本国文学作品"的"字使用率远远低于同类译作。

由观察可知，汉译定中结构"的"字用量应在3个以内（X≤3），2个正常，1个最好。

【现象观察二】同一原作不同译者"的"字运用考察

换一个角度，从俄译汉观察定中结构"的"字运用问题（黄忠廉、黄杨英，2005）。从语言类型学角度看，俄语比英语语法关系复杂，俄译汉时"的"字使用会复杂一些。先看同一原作不同译者"的"字运用情况。

译者不同，同一原作会呈现出不同的风格。反映译作风格的句法因素之一是句子的长短与欧化程度,而这又取决于定中结构的长短,取决于定中结构里"的"字的多少(见表1)。

表1　　　　　　　　同一原作不同译者"的"字运用考察

汉译作品	译者	出版者	含"的"字的定中结构比例(%)					含"的"字平均数(个)
^	^	^	1个	2个	3个	4个	5个	^
《死魂灵》	鲁迅	人民文学	80.51	16.97	1.81	0.72	—	1.26
^	满涛、许庆道	人民	82.26	13.71	3.23	0.40	0.40	1.23
《复活》	汝龙	人民文学	91.50	7.19	1.31	—	—	1.10
^	草婴	上海译文	98.02	1.98	—	—	—	1.02

同是《死魂灵》,鲁迅与满涛、许庆道用"的"字的比例都很高,表1中,鲁迅最高,达1.26,这与其翻译主张有关。与鲁迅相比,满、许译本"的"字使用率高,只能解释为对"的"的运用受限于原文形式,定中结构里3—5个"的"字均有运用,表2中满涛所译三部作品更能证明这一点,含"的"字平均数分别为1.46、1.18、1.23。由此可见,用长句,爱用"的"字表示限定关系是满涛的欧化翻译风格之一。

再看翻译家汝龙和草婴。同是译《复活》,草婴本定中结构使用一个"的"字达98.02%,使用两个"的"字仅占1.98%,一个定中结构所含"的"字平均数为1.02,达到国内名家经典作品的用"的"率(比较表4)。可见草婴本何其简练,何其地道,可读性强。其翻译作品受到国内读者的首肯,由此可见一斑。汝龙也是著名翻译家,其译文欧化程度也不高,但较之草婴本,其译文用"的"率要高一些。

【现象观察三】同一译者不同译作"的"字运用考察

比较同一译者不同译作"的"字运用,可以考察译者的翻译风格,尤其是译者译不同文体作品时使用"的"字的一贯风格,也可以看出不同文体用"的"的差异。

表2　　　　　　　　同一译者不同译作"的"字运用考察

译者	汉译作品	出版者	含"的"字的定中结构比例(%)					含"的"字平均数(个)
^	^	^	1个	2个	3个	4个	5个	^
岳麟	《罪与罚》	上海译文	91.87	2.56	2.56	—	—	1.08
岳麟	《少年》	上海译文	88.89	8.33	2.78	—	—	1.14
陆蠡	《烟》	上海译文	79.46	17.84	1.62	0.54	0.54	1.25
陆蠡	《罗亭》	人民文学	78.41	19.32	1.14	—	1.14	1.26

第四章 研究方法论

续表

译　者	汉译作品	出版者	含"的"字的定中结构比例（%）					含"的"字平均数（个）
			1个	2个	3个	4个	5个	
满涛	《陀思妥耶夫斯基论》	上海译文	70.17	18.23	7.74	3.32	0.55	1.46
满涛	《塔拉斯·布尔包》	人民文学	85.42	12.5	1.04	1.04	—	1.18
满涛、许庆道	《死魂灵》	人　民	82.26	13.71	3.23	0.40	0.40	1.23
草婴	《角落》	上海译文	93.58	6.42	—			1.06
草婴	《复活》	上海译文	98.02	1.98	—			1.02
刘辽逸	《杜布罗夫斯基》	人民文学	89.90	10.10	—			1.10
刘辽逸	《战争与和平》	人民文学	88.29	9.81	1.58	0.32		1.14
文颖	《塔上旗》	人民教育	83.60	10.96	2.74	—		1.16
文颖	《少年》	人民文学	96.09	3.91	—			1.04

注：由于出版时间不一定是作品译出时间，所以"的"字运用情况与时代的关系在此暂时忽略不计。

表2表明，同一译者译同一文体的作品，译者用"的"的情况比较相近，含"的"字平均数相差为0.05±0.01。岳麟译《罪与罚》和《少年》，相差0.06（1.14—1.08）；刘辽逸译《战争与和平》和《杜布罗夫斯基》，相差0.04（1.14—1.10）；草婴译《角落》和《复活》，相差0.04（1.06—1.02）；陆蠡译《烟》和《罗亭》，无论是含"的"字的定中结构的比例，还是含"的"字的平均数，两项数据极为相近，更能体现译者用"的"的一贯风格，差别就在于《罗亭》译文一个定中结构用5个"的"字要多于《烟》。

同一译者译不同文体的作品，最能体现"的"字运用的差异。通过阅读和调查，发现满涛是一位爱用"的"字的翻译家。他译《死魂灵》和《塔拉斯·布尔包》，含"的"字的平均数相差为0.05（1.23—1.18），属于正常差异。但是在译《陀思妥耶夫斯基论》时，含"的"字的平均数异军突起，高达1.46，居所有调查作品之首。原因在于原作是文论作品，批评文字多是思辨性的，喜用长句，限定关系频频出现，加之译者爱用长的定中结构，或者对原作入乎其中，不能出乎其外，导致全文"的的不休"。试看一例：

这些细节表现出主人公们的震动，以非凡的力量把他们所处的那种无边无际的寒冷荒漠的世界的感觉传达给我们！（满涛译，《陀思妥耶

夫斯基论》,第53页)

【现象观察四】同一作品转译与直接翻译的比较考察

20世纪20—40年代,不少俄苏文学作品从英语、日语、德语等转译为汉语。从俄、英、德三语比较来看,俄语语法要较英语、德语复杂,俄译英、俄译德时,已经周折,再由英、德语译为汉语,又经一折,语言形式的转换变得更加纷繁复杂。

表3　　　　　同一作品转译与直接翻译的比较考察

汉译作品	译者	出版者	含"的"字的定中结构比例(%)					含"的"字平均数(个)
			1个	2个	3个	4个	5个	
《死魂灵》	鲁迅（德）	人民文学	80.51	16.97	1.81	0.72	—	1.26
	满涛、许庆道	人民	82.26	13.71	3.23	0.40	0.40	1.23
《烟》	陆蠡（英）	上海译文	79.46	17.84	1.62	0.54	0.54	1.25
	王金陵	人民文学	91.30	7.82	0.86	—	—	1.10
《战争与和平》	董秋斯（英）	人民	82.19	14.58	2.43	0.81	—	1.22
	刘辽逸	人民文学	88.29	9.81	1.58	0.32	—	1.14

注：作者姓名后括号里的字表示所转译的语种。

由表3可知,《死魂灵》的鲁迅转译本定中结构含"的"平均数比满涛直译本高出0.03;《烟》的陆蠡转译本比王金陵直译本高出0.15;《战争与和平》的董秋斯转译本比刘辽逸直译本高出0.08。

【现象观察五】汉译作品与汉语作品比较

表4是对清朝以降本国汉语作品"的"字运用情况的调查。

表4　　　　　　　汉语作品"的"字运用

汉语作品	作者	出版者	创作年代	含"的"字的定中结构比例(%)			含"的"字平均数(个)
				1个	2个	3个	
《红楼梦》	曹雪芹	北京燕山	清	100	—	—	1.00
《老残游记》	刘鄂	人民文学	清末	100	—	—	1.00
《阿Q正传》	鲁迅	同上	1921	98.33	1.67	—	1.02
《边城》	沈从文	花城	1934	100	—	—	1.00
《围城》	钱钟书	人民文学	1946	99.02	0.98	—	1.01
《二马》	老舍	四川人民	1948	97.18	2.82	—	1.03
《牛舍一夕》	汪曾祺	北京师大	1961	91.42	8.58	—	1.09
《骑兵列传》	汪曾祺	同上	1979	100	—	—	1.00

第四章 研究方法论

续表

汉语作品	作者	出版者	创作年代	含"的"字的定中结构比例（%）			含"的"字平均数（个）
				1个	2个	3个	
《故乡人》	汪曾祺	北京师大	1981	94.57	5.43	—	1.05
《旷野》	叶君健	中国文联	1986	96.90	2.33	0.77	1.05
《白鹿原》	陈忠实	青海人民	1992	93.64	6.36	—	1.06
汉语作品一个定中结构含"的"字总平均数							1.03
汉译作品一个定中结构含"的"字总平均数							1.16

调查结果显示，汉语白话文学作品中"的"字用量也呈增长趋势，不过，定中结构一个"的"字的使用比例仍占绝对地位。表4明显反映出一个定中结构里两个"的"字不断地增加，三个"的"字不多见，偶尔使用，四五个"的"字的现象更是罕见。这说明中国现当代作家虽经欧风美雨，仍然信守汉语凝练的传统，含"的"字总平均数为1.03，而由表4可知，汉译作品含"的"字总平均数为1.16，远高于同类汉语作品。

【现象观察六】作家与译家两栖现象

最有趣的是作译两栖现象（见表5）。除鲁迅译作《死魂灵》与创作《阿Q正传》之比为1.26∶1.02属于特殊外，其余作家兼译家的译作之比基本上是1∶1，如钱钟书《管锥编》中译文片断与创作《围城》之比为1.02∶1.01，叶君健译作《海的女儿》与创作《旷野》之比为1.04∶1.05，余光中译作《梵高传》与创作《世界华人散文精品·余光中卷》之比为1.07∶1.00，许国璋译作《论言有所为》与创作《语言的定义、功能、起源》之比为1.04∶1.09。这说明译如其文，表明译者母语水平是决定其译作"的"字运用的根本性因素。

表5　　　　译家兼作家翻译与创作"的"字运用比较

译家兼作家	创作/译作	含"的"字的定中结构比例（%）				含"的"字平均数（个）
		1个	2个	3个	4个	
鲁迅	《死魂灵》	80.51	16.97	1.81	0.72	1.26
	《阿Q正传》	98.33	1.67	—		1.02
钱钟书	《管锥编》	99.13	0.87	—		1.02
	《围城》	99.02	0.98	—		1.01
叶君健	《海的女儿》	96	4	—		1.04
	《旷野》	96.90	2.33	0.77		1.05

续表

译家兼作家	创作/译作	含"的"字的定中结构比例（%）				含"的"字平均数（个）
		1个	2个	3个	4个	
余光中	《梵高传》	93.41	5.21	0.38	—	1.07
	《世界华人散文精品·余光中卷》	100	—	—	—	1.00
许国璋	《论言有所为》	96.54	3.46	—	—	1.04
	《语言的定义、功能、起源》	90.91	8.48	0.61	—	1.09

观察的角度很多，上述现象只简单观察了英译汉和俄译汉。能不能从法译汉、德译汉、日译汉等翻译中观察这一现象？汉译外是不是也可以考察？考察外语表达汉语定中结构的现象，从中能不能发现某些规律？林林总总的观察，就可以把汉外互译中"的"字问题研究透。邢福义（2001：484）认为，"充分观察，在很大程度上决定于充分设问，借以全方位地多层次地建立观察事物的视点。视点越多，对事物的了解就越深"。

观察工作属于田野调查，有时很烦琐，很辛苦，纷繁复杂的翻译现象需要研究者披荆斩棘，需要在一定的理论指导下去分辨识别，从中发现可研究的翻译现象。充分观察不仅观察自己所需的事实和主流现象，更应观察反例。有人观察时只收于己有利的事例，对不能为己服务的不利事实或现象有意避开，缺乏实事求是的态度。其实，另类的事实最能完善已有研究，甚至有助于提出新的问题和研究视角。

二、描写充分

描写充分，旨在通过翻译事实深入剖析和揭示翻译的规律。

现象是外在的，要认识现象，必须透过现象看本质。经过充分观察，会找到许多研究课题，可以断定：这是一个有意义的翻译现象。但其内在规律是什么，值得揭示，所以要反映其规律，只有充分描写，才能充分反映。

如何描写充分？为了全面详尽地揭示规律，只有锁定描写目标，即选翻译现象的某一点，切入下去。目标越小，越容易描写，越容易打攻坚战，集中力量解决最难、最需要解决的问题。

如何由现象切入本质规律？在邢福义（2001：488）看来，观察的思路要尽可能开放，描写的范围则尽可能封闭。在众多的问题中只限定一个问题，在一个问题的众多角度中只限定描写一个角度，都是描写范围的封闭，旨在把论题封闭在小范围内，以便穷尽式地描写，描写得全面透彻，详尽深入。

在观察"汉译定中结构'的'字运用"诸多现象之后，就要思考：为什么会有这些现象？如何解决？解决的方案有多种，现选其"'的'字替代律"作为切入点，本小点主要由温素梅（2003）完成。

【规律描写一】连词替代律

"而"、"且"、"但"、"又"等都属连词，不但可以连接小句或句子，也连接词、短语，汉译时可用"而"、"且"、"但"等连词替换"的"字。

1. 用"而"替代。"而"在连接并列的形容词时，表示两部分意思相补，后一部分修正和补充前一部分，如"庄严而美丽的"。这样的译例不胜枚举。

2. 用"但"替代。"但"连接并列的修饰语，与"而"相近，表转折，引出成分同前面成分相对立或限制。如"素净但明朗（的）"。看例：

[1] Её показали по местному телевидению — счастливую и безмерно благодарную незнакомым отзывчивым женщинам.

母亲还上了地方电视，她感到很幸福，无限感激那些虽不相识但富有同情心的女人们。

译者根据原文意思，运用表转折义的连词"但"，将定语 отзывчивым 处理为带转折义的定语，比直接译为"那些不相识的富有同情心的"来得生动准确，避免了形式的重复，达到了一定的修辞效果。

3. 用"且"替代。"且"在书面语中可连接并列的形容词，相当于口语的"又……又……"。现代汉语单用"且"字，往往接双音节形容词，如"迅速且缭乱（的）"。再如：

[2] Машины должны быть построены так прочно, чтобы все детали обеспечивали длительное нормальное пользование.

原译：机器制造的坚固程度应使所有的零件能保证长期的正常的使用。（何嵘用例）

句末是带两个"的"字的定中结构，两个修饰语"长期"和"正常"之间的递进关系，可用"且"字连接，"长期且正常（的）"，既挤掉了一个"的"字，又突出了定语：

试译：机器制造的坚固程度应保证所有的零件能长期且正常使用。

【规律描写二】以"之"代"的"律

1. 用"之"代"的"。"之"是现代汉语存留的文言虚词之一。"之"与"的"的语法性质和作用极为相似，体现了语言的继承性。"之"有时等于"的"，本身可以用"的"，但用"之"显得简洁，在表方位和分数时必须用它,如"使用之前"、"占百分之三十"等。有时"之"字用于某些形容词的末尾,表示形容词的程度,如"速度之快,时间之短,令人咋舌"。这时不好换作"的",要改造,就改变了句式:"速度快得令人咋舌,时间短得令人咋舌。"一句变成了两句,没有原句精练。如:

[3] Failure is the mother of success.
失败是成功之母。

定中结构用"的"不多时,比如一个或两个,可用"之"字替换,尤其在译文两两对应时,替换后有紧凑之感。如:

[4] He who does not punish evil commands it to be done.
原译:对罪恶不加惩罚的人,无异是在鼓励人做恶。(吴奚真译)
试译:不惩罚有罪之人,无异于纵容犯罪。

主张用"之"代"的",并非放弃简洁的名词不用,反而用烦琐代表简洁。如例5中"很高之处"可压缩为"高处":

[5] If you would go up high, then use your own legs! Do not get yourselves carried aloft; do not seat yourselves on other people's backs and heads.
原译:如果你想走到很高之处,就要使用自己的两条腿!不要使你自己被旁人拥到高处;不要坐在旁人的背上和头上!(吴奚真译)
试译:欲登高处,就需迈动双腿!不要被人拥至高处,更不要坐在他的背及头上!

2. "之"、"的"互见。用"之"可以显示多个定语的层次。互见强调的是在一个定中结构中两者的互见,而不是几个定中结构中有的用"的",有的用"之",会破坏语言形式的统一格调。看例:

[6] When I start to paint I know how to place myself in a state of inwardness.
原译:当我开始做画的时候,我知道如何把自己放置在一种灵性的境界之中。(吴奚真译)
试译:运笔作画之时,我知道如何置身于灵性的境界之中。

再看一反例:

[7] 原译:活跃着新奇文明与具备着各种自然富源的广大的新大陆两个洲之归入文明人的世界,扩大了文明人的经济和政治的观念。

改译：这新发现的南北两大洲，幅员广阔，处处可以看到种种奇异的文明和得天独厚的自然财富。现在这两大洲投入文明人的怀抱，这就大大地开阔了人们在经济和政治方面的眼界。（黄邦杰译）

原译中"之"位置靠后，句子失去了平衡。改译不用"之"，将原译汉化，但显啰嗦，形态化程度过高。进一步汉化为：

　　试译：新发现的南北两大洲，幅员辽阔，文明奇特，资源丰富。它们投入人类的怀抱，从经济和政治上开阔了人们的眼界。

【规律描写三】指示词替代律

用"这（一）"或"那（个）"代替"的"，主要是针对"同一性"定语，即原文中定语和中心语指向同一个事物时，可用指示代词代替定语标志"的"。如：

　　[8] Having rested a while, I directed my servant to inquire the way to the village; and, with great fatigue to our beasts, we managed the distance in some three hours.

　　译文 A：休息了一会，我叫我的仆人去打听到林里的路，于是，旅途的跋涉使我们的牲口劳累不堪，我们在三个钟头左右就到了。（杨苡译）

　　译文 B：休息了一会儿，我就命我的仆人去打听到那个村子去的路。花了大约二个小时，把我们那几匹牲口也累坏了，我们才打发完这段路。（张玲、张扬译）

译文 B 对译文 A 有改进，比方说用"那"替代了"的"字。还可改进：

　　试译：休息片刻，我就叫仆人打听进村的路。约摸过了两个小时，累坏了那几匹牲口，我们才走完这段路。

【规律描写四】后缀替代律

所谓后缀替代律，指用汉语的某些后缀替代"的"字。这些后缀有"化"、"性"、"型"、"式"等。

1. 后缀"化"。"化"作为后缀，可附在某些名词或形容词性的语素或语素组之后构成动词，表示转变成某种状态或性质。"化"缀动词，有双音节、三音节和多音节。双音节"化"尾动词一般是及物动词，可带对象宾语，如"丑化对手"等。三音节和多音节"化"缀动词不能带宾语，只能在"把"字句中充当谓语。"双音节名词＋化"使用得较多，如：

[9] It is one of the world's most urbanized countries, with about 70 percent of the population living in the 10 largest cities.

原译：澳大利亚是世界上最城市化的国家之一，它的人口的70%生活在10个最大的城市中。（叶定国、康建明译）

试译：澳大利亚是世界上城市化程度最高的国家之一，70%的人口生活在十大城市。

邢福义（1957）明确指出：动词做定语要带"的"字。但是"化"缀动词是受外来影响而形成的特殊动词，与汉语一般动词不同。三音节或多音节"化"缀动词后面不带宾语，做定语时，"的"字可加可不加，如"现代化企业—现代化的企业"等，加"的"似乎有强调企业的性质的作用，不加"的"似乎是一个词。多个定语并存且须用多个"的"字时，"化"缀动词后的"的"正好可以借机不用。如：

[10] As declining birthrates lead to a shortage of entry-level workers in much of the industrialized world...

由于出生率不断下降，导致工业化世界的许多地方缺少初级工人……

2. 后缀"性"。"性"作为后缀，可附在某些名词、动词、形容词后面，构成抽象名词或非谓语形容词，表示事物的性质、性能、范围或方式等。它们做定语，均可以省去"的"，有时加"的"反显多余。如外语教学与研究出版社的定位就是"一个学术性教育性出版机构"。看实例：

[11] Our college may be small, but it is in the same league as any comprehensive university in terms of academic standards and reputation.

原译：我们的学院也许很小，但就学术水平和名声来说可以与任何综合性大学相媲美。（谷约译）

试译：我们学院也许很小，但学术水平和名声可与综合性大学媲美。

3. 后缀"型"。"型"作为后缀，可附在某些名词、动词、形容词后面，构成抽象名词或非谓语形容词，表示事物的性质、性能、范围或方式等，如"流线型、超大型、开放型、学术型"。它们做定语时，均可以省去"的"，有时加"的"反显多余。如：

[12] By the late '90s, improved robots will be inexpensive enough to serve as aides for the disabled...

原译：到九十年代后期，改进型的机器人会变得很便宜，以致可以充当残废人的助手……（《英语世界》，1991年第1期）

试译：到九十年代后期，改进型机器人将很便宜，可作残疾人的助手……

绝大部分译作"型"的原文并不含有 model、style 等词，但遇到类似的词自然也译作"N/V/A＋型"。如：

［13］The low profile of the model 13530 is comparable to that of other printed-circuit board components, making close board-to-board spacing possible.

这种 13530 型变换器的薄外形与印刷电路板上的其他元器件不相上下，从而使电路板与电路板之间的靠近成为可能。（尤毓国译）

4. 后缀"式"。"式"作为后缀，可附在某些名词、动词或形容词性的语素或语素组之后构成形容词，表示事物的性质、性能、范围或方式等，如"老式、美国式、移动式、开放式"。它们做定语时，均可以省去后面的"的"字。如：

［14］This is the type of family in many traditional societies.
这是旧式社会的家庭形式。（申葆青译）

把"传统的"译作"旧式"，省去了"的"字。如果译作"这是传统的社会的家庭形式"就不如原译简洁。再如：

［15］But in recent years, Italian Pizza and Kentucky Fried Chicken are becoming more and more the favorite varieties of fast food of the people.

原译：但近年来意大利式烤馅饼和肯德基炸鸡也日益成为快餐中人们所喜爱的品种。（聂雅真译）

试译：但近年来意大利馅饼和肯德基炸鸡也日益成为人们所喜爱的快餐品种。

原译用"意大利式"译 Italian，没错，但与后面的"肯德基炸鸡"未形成对应，前者是国名，后者是州名，似乎不好对应。说到国家、七大洲等大的地理区划单位时，可在其名词之后加上"式"，如"中国式离婚"、"欧式风格"等，而次级行政区划单位则不常用，如"德州扒鸡"、"四川麻婆豆腐"等，所以试译是可行的。下面看两个"式"、"的"叠用而可去"的"的例子：

［16］想像一下，将一座日本式的石园放在这个框架里去。你的思

想、感觉、情绪和行动会怎样发生变化？描述这种变化。（李斯译）

[17] 批判式的阅读不同于浏览式的速读，前者要求读者尽其可能地全神贯注来阅读。（尤淑雅译）

【规律描写五】标点替代律

标点符号有时也可以替代"的"，从内容上起不同的功能。比如，冒号在汉语中具有解释说明的作用，请看如何巧妙地利用冒号反映定中关系的实例：

[18] Мопассан усовершенствовал новую форму короткого рассказа, в основе которого не лежало ничего исключительного.

原译：莫泊桑使短篇小说不以描写任何特殊事物为主题这一新的形式更加完善。

试译A：莫泊桑完善了短篇小说新的形式：不以特殊事物为主题。

试译B：莫泊桑完善了短篇小说新的形式，即不以特殊事物为主题。

试译C：不以特殊事物为主题，莫泊桑完善了短篇小说新的形式。

试译A在"形式"后用了冒号，试译B在"形式"后用了"，即"，将原文的限定从句理解为"形式"的内涵，译句意思清晰易懂。试译C干脆按事理顺序排句，更地道。

锁定描写的目标至关重要，定大了，大而不当，定小了，缺乏广度，小而不全。但是目标的大小是相对的，小目标也可能随着现象观察的深入变成大目标，如上述汉译"的"字替代律中，后缀替代律描写得比较细致，而标点替代律则比较粗略，还可以深化，逐步做大做透，更有说服力和覆盖面。

由上可知，描写充分能将翻译现象背后的规律原原本本、透透彻彻地揭示出来。研究规律就要把所研究对象的方方面面研磨透彻，这正是学术论文突出的特点。所以，邢福义（2001：493）精辟地说："编教材是'大题小做'，而写论文，则要善于'小题大做'。"

三、解释充分

解释充分，旨在从理论上阐释翻译规律，理论研究的成分更明显。

如果说描写偏重从微观上对翻译事实作客观反映，那么解释偏重从宏观上对翻译事实作理论的阐明。正所谓"知其然"，还要"知其所以然"。从微观研究逐步上升至宏观研究，从现象研究到规律研究，最终进入原理研究，旨在说明翻译现象产生及其规律运作的原因。只有充分解释，才能充分认识，而解释充分，不在乎量多和细微，而在于深度和力度。

通过充分观察和描写，可以获得许多认识，尤其是直观的知识最易于通过观察和描写得到。不过，观察和描写所得的认识具直观性，是初步的，往往不全面，不深入。譬如，汉译定中结构中"的"字最佳用量不超过3个，那么，是不是所有的定中结构都遵循这一要求？各有什么样的语用条件？仅凭观察与描写就不够了，而要在观察与描写的基础上，有理有据地阐明理由，这就需要推理。无论是归纳推理还是演绎推理，均可以使观察与描写得到的认识更全面、更深入，获得新的认识，走向理性抽象，形成理论观点。

照样以"汉译定中结构中'的'字运用"为例。

【理论解释一】采用归纳法充分解释，提出见解

根据充分观察和充分描写作出的理论解释，是归纳性解释，注重理论的步步提升，容易凸显自己的观点，得出新的见解，小至提出独到见解，大到成一家之言。

通过英译汉和俄译汉定中结构"的"字使用情况观察，至少可以认识到：

1）从语言类型学角度看，定中结构用"的"数量俄译汉多于英译汉；

2）不同译者译同一作品，"的"字使用率是其翻译风格最明显的表现之一；

3）同一译者，同文体作品"的"字使用率大致稳定，不同文体作品则有所变化；

4）西欧作品宜于直接翻译，因为直接翻译的定中结构"的"字使用率低于转译；

5）本土汉语作品"的"字使用率低于汉译作品，说明前者比后者更地道、更简洁凝练；

6）汉译定中结构"的"字使用率与时俱进，但速度超过了汉语作品，应放慢进程；

7）善用"的"字是译句是否成活、译作是否恶性欧化、是否可读的一个重要参数；

8）汉译定中结构"的"字最佳用量为3个，2个正常，1个最佳，可作为一条规范原则；

9）译者要训练破"的"意识，多从名译、名作中吸取经验，加强母语写作，提高语感。

据汉译定中结构中"的"字处理实践的充分描述，可归纳出如下破解

规律（温素梅，2003）：
1)"的"字删减律；
2)"的"字替代律；
3)定中结构断开律；
4)定中结构浓缩律；
5)定中结构调整律；
6)定语后置仿用律。

对规律的进一步研究与提升，可以断定：汉译定中结构中"的"字可利用语言和非语言手段破解。当然，用归纳法得出的结论，还有待于翻译事实进一步证实与证伪，但它至少发现了部分真理，向真理逼近。

【理论解释二】采用演绎法充分解释，便于形成系统认识

先作理论解释，再用充分的观察和描写证明，是演绎性解释，重在设立理论框架，形成系统认识。

如果我们认定"对、增、减、转、换、分、合"是全译转化手段，那么从全译方法论上讲，汉译定中结构"的"字破解规律也应适用这七种手段，这是理论上的假设，即从一般到特殊，从全译的一般规律来解释汉译定中结构"的"字处理规律。这属于演绎式解释。

演绎式充分解释由于从一般到特殊，所以普遍规律常常会有所调整。比如"对译"属于典型的直译，如 Mary is my younger sister 对译为"玛丽是我的小妹"，这不属于"破'的'性研究"，但口头可译为"玛丽是我小妹"，此时研究对象为"'的'字删减律"研究。破"的"规律旨在删去或者取代"的"，所以"增"的手段有悖初衷。只有"减、转、换、分、合"五种手段才适合于汉译定中结构"的"字破解研究，这样就可以比较全面地研究破"的"规律，并对其作出比较全面的解释。

第二节 "两个三角"的研究思路

考察翻译，有两个层面，较低层面为语言层面，属于翻译研究的本位层面，它以语际转化为基本，进行近距离微观考察；较高层面为文化层面，属于翻译研究的外围层面，它以语际转化为中心，进行远距离宏观研究。

立于语言层面，任何翻译都涉及语形、语义和语用三个层面（Комиссаров，1999：138），立于文化层面，翻译的文字之交可以追及思维之交，进而文化之交。这样，考察翻译的视角既可取自语言层面的语表形式、语里意义和语用价值，也可取自文化层面的语际对比、思维转换和文化

交流，这六个考察视角依次简称为"表—里—值"，"语—思—文"，前三者构成小三角，后三者构成大三角（黄忠廉，2006a）。两个三角相互关联，构成了图7所示的棱台，上底面△abc平行于下底面△def。

图7　两个三角研究体系

图中：a（表）——语表形式　b（里）——语里意义　c（值）——语用价值
　　　d（语）——语际比较　e（思）——思维转换　f（文）——文化交流

一、"表里值"小三角研究

（一）"小三角"：表—里—值

1. "表"角

语表研究，指从语表形式角度展开的翻译描写研究，简称"语表"或"表"。

翻译最直观、最明显的变化是语表形式的更替，把这些现象归类，确立研究的对象，这是一种基础层面的研究，是必不可少的研究。譬如，认为译文的语表形式读起来不成句，听起来不像话，这就属于对译文的语表评论。看例：

> It may interest you to know that there is a form of fire going on inside your body at all times.
>
> 在你的体内一直是有一种形式的火在燃烧，这可能会使你有兴趣想要知道。（陈庭珍等译）

这句译文读起来洋味十足，指出洋味现象，说明它不合汉语，是从汉语的角度发表的语表评论，其着眼点主要是汉译规范问题。季羡林（1998）感叹翻译的危机时说："现在有某一些译本，不用查原文，仅从汉文不通之处，就能推知译文是有问题的。可惜这种危机现象还并没有能引起社会上，尤其是文艺界和学术界的普遍关注，一味听之任之，文恬武嬉，天下太平。"

大到变译中语表的宏观变通策略，如增、减、编、述、缩、并、改、仿，小到全译中语表的转化策略，如对、增、减、转、换、分、合，语表方方面面的变化均可进入研究视野，最能引起研究者关注的，是发现问题的现象层面。

比如周进辉（2005）研究带-изм 后缀的俄语术语汉译的问题，对《大俄汉词典》1985 年版和 2001 年版中近 700 个带-изм 后缀的词进行了调查与统计，发现带-изм 后缀的术语不只译作"主义"，还可译作"论"、"派"、"教"、"说"、"（方）法"、"制（度）"、"运动"、"词语"、"崇拜"、"歧视"等十几种，并多次用图表列出语表形式上的调查结果（见表6），比如：

表 6　　1985 与 2001 年《大俄汉词典》中带-изм 后缀的术语汉译调查

译文		主义	说	论	派	教	运动	制度	方法	词语	崇拜	性	其他
1985 年版	数量	215	21	65	31	23	18	28	12	30	8	12	273
	比例(%)	29.2	2.6	8.8	4.2	3.1	2.4	3.8	1.6	4.1	1.1	1.6	37.1
2001 年版	数量	230	19	66	30	24	20	24	12	30	7	3	320
	比例(%)	28.9	2.4	8.3	3.8	3.0	2.5	3.0	1.5	3.8	0.9	1.6	40.3

这种对翻译事实的调查也属于语表研究，具体说，是翻译现象的研究，属于事实描述。

2."里"角

语里研究，指从语里意义角度展开的翻译研究，简称"语里"或"里"。

翻译即译意，语表形式是内容的载体，语用价值也与语里意义密不可分。所以全译的语里研究以原作内容为参照系，看原文内容是否传出，译作与原作内容是否相符，有没有遗漏。比如，有一次接待外宾后，周总理笑着问年轻的翻译官："今天你贪污了多少哇？"这就是从全译的角度发出的对语里意义的询问。

变译的语里研究则以原作内容为出发点，以读者需求为主要参照系，因为任何文本都只是信息源，每个接收者会选择有趣而重要的内容（Christiane Nord，2001：31），这时的语里研究主要看译者的变通策略是否得当，摄取的内容是否达到了目的，内容的大幅度增减是否恰如其分。如语言学家和文化史家对严译《天演论》会有不同的评判，前者有的求全责备，后者有的求实重效。

孙致礼（2005）曾以"翻译应尽量'求真'"为题，就张顺生的译作讨论全译的保真问题。论及理解的准确与透彻，他举了一例：

From 1908 to 1948, a woman, Rena c. Hayden, ran the John Lewis Childs' Elementary Scholl, K-8, with impeccable taste and, albeit, an iron hand.

原译：1908年至1948年间，有位伟大的女性管理着拥有八个年级的约翰·路易斯·查尔兹小学，这位女性就是丽娜·C. 海顿。海顿夫人雷厉风行、崇尚完美。

改译：1908年到1948年，一位杰出的女性，丽娜·C. 海顿，管理着约翰·路易斯·察尔斯小学学前预备班到八年级的教育。她有毋庸置疑的明鉴力，但管理方式颇为严厉。

孙致礼认为 with impeccable taste and, albeit, an iron hand 译作"雷厉风行、崇尚完美"，纯属理解错误。他从语里意义角度还列举了译者翻译不严谨的表现：随意增删原文的信息、不善于处理原文中缺省或含糊的信息等。

3. "值"角

语值研究，指从语用价值角度展开的翻译研究，简称"语值"或"值"。

翻译讲求语用价值。变译的语值是追求特效，要切实地满足特定条件下特定读者的特殊需求。比如严复《天演论》的变译在当时有其特效，偏要用全译的眼光看，不仅看不出特效，反而会质疑一番，连严复本人也自谦达旨术"并非正宗"。想了解 Evolution and Ethics 全貌，则要读科学出版社1973年出版的全译本《进化论与伦理学》。

全译的语值分为三种：有时是修辞值，指特定译句语式特定的修辞效果，即它所反映出的风格；有时是译句的语境值，指不同句式有适应不同语境的价值；有时是译作的文化值，指译作在文化传播中的作用。如翻译告示，就得有布告的风味。一般来说，布告求简，忌用藻词，它张贴出来，以告知人们有关注意事项。如：

Any person not putting litter in this basket will be liable to a fine to £ 5.

原译：任何不把凌乱的东西放入这个筐内而任意乱扔的人将处以罚款五英镑。

改译：废物入篓，违者罚款五镑。（袁品荣译）

这是美国某公园里的一则告示，而原译啰唆冗长，汉语里少见。带有"禁止"意义的告示牌一般是先说所禁的内容，再用一个"违者"既可指犯禁行为，也可指违禁者，一箭双雕，极为简洁。改译充分发挥了这一文体风格。这一比较表明，读者要讲究译文的语用价值，首先必须明白原作的文体归属，弄清狭义和广义的语境，其次要对译语相应的文体规范有所了解，脑中存有相应的蓝本，以保证译作与原作的关联。再看从语境值研究翻译的例子。

  In 1927, Robert C. — one of six children — lost his mother.
  原译：1927年，有五个兄弟姐妹的罗伯特失去了母亲……
  改译：1927年，身为家中六个孩子之一的罗伯特·C. 失去了母亲。

孙致礼（2005）评论说，原译的"有五个兄弟姐妹"过于武断，如果他是老大，就没有兄和姐，如果他是老幺，就没有弟和妹，所以应还原文模糊以模糊，传达原文的语境价值。

（二）"小三角"的事实验证

小三角的验证关系，包括"表里互证"和"语值验察"两个方面，"表"角和"里"角构成互动的基线，需要时启用"值"角（见图7）。

1. 表里互证

表里互证，指由表及里和由里及表往返论证。

  翻译在语际展开，呈现为"意一言多"的特征，表里互证旨在寻求语际转换的规律性联系。由表察里，指从原语语表形式出发考察原语语里意义，涉及理解过程，看译作是否传达了原作的内容；由里究表，指从语里意义出发探究译语语表形式，涉及表达过程，看原作的意义在译作中所选择的语表形式是否相应。语里在语际变化过程中有何规律，都是黑箱问题。因此，只有基于表里的互通关系，借助互证方法，才可捕捉到语际变化的规律。可见，表里互证是翻译研究的基础性工作，也是事实性互证，离开了表里互证，翻译研究有时会失去根基。

【事实一】毛泽东钦定"纸老虎"的英译

  首先，由表察里。"纸老虎"按偏正构词法构成，是"纸"的"老虎"，由纸糊制而成的老虎，具有中国特色，意义深邃，"比喻外表强大凶狠而实际空虚无力的人或集团"，如"一切反动派都是纸老虎"。孟伟根（2005）考证说，"纸老虎"一词曾出现于1922年蔡和森的文中，20世纪40年代，毛泽东在报告和美国记者斯特朗的采访中也用到这个词。但是"纸老虎"一词的广泛用于英语界，却始于毛泽东的使用。

  其次，由里究表。表达"比喻外表强大凶狠而实际空虚无力的人或集团"之意，在英语中有较近似的词，即 scarecrow（稻草人）。但是用它还不足以传达"纸老虎"的内涵。因为，"稻草人"指用稻草扎成的人，比喻没有实际本领和力量的人。这就是两个名词内涵的差异，一个指外强中干，另一个指无能无力。英国人最早是 1828 年在 *Vocabulary of the Conton Dialect*（《广东土语字汇》）收入"纸老虎"及其英译 paper tiger，英语世界已接受了这个词，如 *Merrian-Webster's Collegiate Dictionary*（1994）就收有这个词。这都是从语表层面的比较研究。

从中国的"纸老虎"出发，英语世界早就据相应的构词规律译出了 paper tiger，是英语中的意译词，在英语中构造类似的词还有：纸板——paperboard，纸币——paper money，纸花——paper flower 等。据过家鼎（2005）介绍，毛泽东与斯特朗谈话提到的"纸老虎"曾译作 scarecrow（稻草人），被毛泽东否定。所以，paper tiger 虽已引入，但未曾流行，经毛泽东坚持使用，而迅速进入英语的核心词汇中。这是从汉语词的语里意义出发，确定英译的语表形式。

【事实二】寓言中英语不定冠词与汉译"一量"结构的运用

> A man and a satyr sat down to eat together. (*Hot and Cold*)
> 一个人和一只猩猩坐下来一起吃饭。（吕志士译，《伊索寓言》第 118 页）

本例仅讨论不定冠词的汉译。

首先，由表察里。这是一则寓言的开篇句，大部分寓言的开篇词是不定冠词 a/an，它是一种虚词，无独立词义，这是语表形式。本例中 a 用于未曾确指的可数单数名词或集合名词前，指交流双方都不知道的事物，不专指某个人或某个猩猩，用于本寓言文首，表示第一次提及，这是语里意义。

其次，由里究表。这种不定指意义在汉语常多半用"一量"语义结构表示，所以"一量"格式是其翻译常态，译文分别译作"一个"、"一只"等，从汉语语法上讲得通。此外，还可以用"有"、"某"等字表示。位于故事之首，除了"一个"、"一只"之外，与人连用，还可用"某人"、"有人"等，如"有人来到市场……"；与表示事物或人之外的动物，也可以省去数量词，如"老虎小兔面对面坐着"；如果确指数量，且具有特别强调作用时可用"一量"结构，如"有人牵来一头牛，两匹马"。由此看来，原译可以接受，但是否最好，尚待论证。

2. 语值验察

语值验察，指从翻译的语用价值角度对表里互证的结果进行检验和考察。

语际翻译存在原文语用价值在译语文化中的转变问题，可从修辞、语境和文化任何一个方面或几个方面验察。在"表"、"里"双角互证之后，需要时可以从"值"角切入,看原语语里意义所对应的译语语表形式是否发挥了特定的语用价值。

"事实一"如果"纸老虎"的意义表达成了 scarecrow,就失去了汉语词的形象性,减轻了修辞价值,所指文化内涵缩小了。

"事实二"的翻译,单对一篇寓言,似乎看不出有什么不妥,但是在整本《伊索寓言》翻译中,"一个"、"一只"等频频出现,量词的使用要么显得贫乏,要么重复过多,有碍观瞻。而汉语表达同类语义内容的手段很丰富,从修辞角度讲,英语区别定冠词、不定冠词和零冠词,它们所表达的思维内容在汉语中有时是相通的,不作区分,翻译 a/an 时可作灵活处理,不一定处处译作"一量"结构。如上例就可以译作:

> 有个人和一只猩猩坐下来一起吃饭。
> 有人和猩猩坐下来一起吃饭。

二、"语思文"大三角研究

(一)"大三角":语—思—文

1. "语"角

语际研究,指从语际对比角度展开的翻译研究,简称"语际"或"语"。

翻译在两种或多种语言之间展开,有时需要从双语对比角度进行深入分析,从而在语里意义和语表形式之间建立相应的关系,甚至是在语用价值上建立相应的关系,以考察表里值关系处理得当与否。语际对比,可以在词汇、语法、语篇等层面上进行。

语际对比可在语言系统的各个层面进行,可作共时比较,也可作历时比较。比如,古代汉语不加标点,是因为没有或很少使用标点;在现代翻译中,有的文学作品(如《尤利西斯》)含无标点文字,译者如实译了,有人说这破坏了汉语的规范,有人说这引进了一种新的表达样式,两者都是立于双语语表形式的研究。再看许余龙(2002:249—250)研究的一个实例:

> 他肚子大,腿又短,真难看。
> He looks rather ugly with big belly and short legs.

原文是双主题结构,即主题述题结构充当另一个大主题的述题。"他"是整句的主题,有三个述题:"肚子大"、"腿又短"、"真难看"。前两个述题是分述性的,分别由一个主题述题构成,末了的述题是总结性的。而英译句子主语只有一个 he,谓语只有一个 looks,汉语两个主题述题构成的述题,则由英语的一个介词短语对付了。这是从汉语是主题显著的语言和英语是主语显著的语言角度考察的。

2. "思"角

思维研究，指从思维转换角度展开的翻译研究，简称"思维"或"思"。

思维转换指不同民族思维方式及其思考所得的转换。不同民族之间思维大同小异，亲属语言间的思维转换比较容易，非亲属语言间的思维转换比较困难。汉语、英语、俄语分别对应于分析语、分析—综合语和综合语，可以说英汉互译、俄汉互译难于英俄互译，俄汉互译又难于英汉互译。

译者是翻译研究的重要对象之一，但仍未得到充分的关注（Wilss, 2001：218）。而译者研究一部分可归入思维研究，另一部分可归入文化研究，思维研究是内省式研究，它研究译者内在的言语与思维活动；文化研究是翻译的外围式研究，它研究译者所处或身后的文化背景如何对译者的思维产生影响。

思维转换研究可从双语切入，也可从多语切入，多语论证有时更能说明问题。如英语的 time 和俄语的 раз 表示倍数减少的翻译，有人译成"减少……倍"，在现代汉语概念体系中"倍"仅表示增加，表示下降类概念时不能用倍，只能译作"多少分之一"，或用百分比换算。这就是概念体系和词汇体系之间的差异，通过比较，可以明白各自的语言规范，也就可以判断语表形式转换是否合乎规范。

中国有无必要采用"减少……倍"的译法？有必要。中国虽是最早使用负数的国家，如以增加粮食为正，减少为负，但没有表示"负数"的抽象符号，数学引进了"+"、"-"符号；表示温度，用了零上和零下概念，也采用了这两个符号。语言中很多现象是辩证的，有的具有隐显关系。"倍"的概念内涵在英俄语中既表示增，也表示减，汉语既然有"增"的范畴，也就潜藏着"减"的范畴，只要思想表达需要，且有人无意中用多了，也可以积极地引进；或者这一种用法古已有之，虽未广泛使用，这一思考方式未被彰显，借翻译这一外因，通过汉语自身的潜显规律这一内因，可以激活这一潜在的思维方式，并在语言上体现出来。

3. "文"角

文化研究，指从文化交流角度展开的翻译研究，简称"文化"或"文"。

语言是文化的符号，文化是语言的管轨（邢福义，2000）。翻译是文化交流的桥梁，更是受到双重文化的管规，文化双规下的语言转换或变通，使得翻译研究有时必须取"文"角才能说明问题,才能解释全译的对、增、减、转、换、分、合的原因,才能诠释变译的增、减、编、述、缩、并、改、仿的动机。即是说,文化交流背景是决定翻译的制高点。

中国商标名"白象"能不能译作 White elephant?英语世界对这一译法有何联想?这都是汉译外时要考虑的文化因素,这是文本本身无法提供的信息。再如林纾的翻译,如果把译者不仅仅当作个体,而当作群体,林氏与合作者共同构成了译者。合作者转述大意,林氏完成大意的再转述,林氏是翻译理解—转换—表达中第三环节的参与者,并且是部分内容的创作者(如增添、删改内容等),所以他们的翻译是全译兼变译。从彼时彼地的社会背景,从文化交流的需求,从中国文学发展史的角度出发,林氏的这种策略能显出自身的文化价值。王克非(1996:12—71)研究表明,同是翻译西方名著,严复对进化论思想的文化取向与日本的加藤弘之颇有不同。

文化研究的视野是宽广的,语言和思维本来隶属于它,但因全译的转化与变译的变通而独立出来,除此之外,其他方面均属于文化研究的范畴。翻译研究文化转向之后,人们较多地关注起翻译的文化问题,所以翻译文化研究时而显得宏大而空泛一些,但能开阔视野,从文化制高点上指导翻译实践,因而显得具体而有针对性,能解决语言与思维所不能解决的问题。从文化交流角度展开的翻译研究,可包罗万象:翻译的政治学研究、翻译的历史学研究、翻译的社会学研究、翻译的比较文化学研究等。目前我国翻译文化研究拿来的较多,原生的较少,所以主要层位处于对已有现象的解释。

请看从新历史主义角度进行的翻译研究(朱安博,2005)。新历史主义以政治化解读的方式进行文化批评,以颠覆的手段向传统学术挑战,特别关注文本中蕴涵的权力话语和历史语境。从这一角度出发看翻译,翻译就是强调原语对译语意识形态的操控作用,从而揭示出不同文化间的文化差异及霸权意识。翻译活动并不是发生在真空之中,而是受到意识形态、文化传统等各种权力的制约,这些权力无时不在影响译者翻译过程中的抉择,因此从广义上讲,翻译不仅仅是一种语际活动,还是一种在两种不同权力话语制约下的对话与交流。

(二)"大三角"的事实验证

大三角的关系包括"语思互证"和"文化裁定"。语言是思维最有效的工具之一,同时是文化的载体,所以,"语—思—文"大三角中,"语"角是基角,需要时再启用"思"角和"文"角(见图7)。

1. 语思互证

语际交流,双语活动是表面的,思维活动是内在的,从双语对比进入思维转换，可进入微观世界，需要入微式的研究。

【事实一】由词到概念、再由概念到词的思维转换过程

首先，由言语到思维。

双语间只有相容的概念才能转换，原语概念与译语概念间的转换有不同的层次。

转换的基础。词义不等于概念，概念构成了词义的基本内容，但词义除概念意义之外，还包含主体对事物的各种主观感受，即主体对事物的褒贬等附加意义。概念意义是一种理性意义或指称意义，是事物范围和本质的反映。附加意义是词语所体现的各种联想意义或色彩意义，主要包括：评价意义、理据意义（形象意义和文化意义）和语体意义。

概念是人类共有的认识内容，语词是民族特有的形式。这正是概念转换的内在动力。同一概念也可用不同语词表达，即多词同义。表达概念的语词形式有词和短语。正是基于这一原因，原语与译语概念之间存在转换关系。

转换的步骤。概念→概念转换遵循从低级阶段向高级阶段的过程。如：

Я ехал на перекладных из Тифлиса. （Лертонтов《Бэла》）

据具体概念 я、перекладные、Тифлис 得知：存在某人、某驿车和某地点。

据性质概念 ехал 得知：事情发生在过去，某人乘车出行。

据关系概念 на 和 из 得知：某人在某物上，又从某空间中出来。

请看上例的概念转换试验步骤：

1）以词为概念单位的转换：

　　Я　　ехал　　на　　перекладных　　из　　Тифлиса.
　　我｜乘行｜在……上｜驿车｜从……里｜第弗里斯｜。

2）以最小词组为概念单位的转换：

　　Я ехал на перекладных.
　　我｜乘驿车｜。

　　Я ехал из Тифлиса.
　　我｜从第弗里斯驶出｜。

3）以较大词组为概念单位的转换：我｜乘驿车从第弗里斯出发｜。

4）以最大词组为概念单位的转换：｜我乘驿车从第弗里斯出来｜。

5）以小句作为言语单位的转换：我搭驿车从第弗里斯出发。（草婴译）

步骤1是逐词对应，是最小概念的语词形式——词的语境对应，是基本步骤；

步骤 2 的概念层次提高，两个及以上的词所对应的概念构成命题，所以该步骤是两个动词词组所对应的命题转换，由原文可以形成（я）ехал на перекладных 和（я）ехал из Тифлиса 两个命题；

步骤 3 是动词词组所对应的更高层次的概念转换，也算是一个命题转换：（я）ехал на перекладных из Тифлиса；

步骤 4 是主谓词组所对应的最高层次的概念转换，是一个完整的命题转换：Я ехал на перекладных из Тифлиса；

步骤 5 才是语言单位进入言语活动，转换为言语单位，完整的译句才显现出来。

其次，从思维到语言。

翻译家草婴根据文体需要，使言语句子与语言句子显出差别：乘—搭；出来—出发。"乘"有书面语色彩，"搭"字有南方口语色彩。草婴，浙江镇海人，后来在上海工作。他选用"搭"字，受了方言的影响。再看几个带有方言色彩的用法：搭帮（结伴；多亏；帮忙照顾等）、搭话（捎带口信）、搭架子（摆架子）、搭界（发生联系，上海人说"不搭界"，意指两者没有关系）、搭客（车船顺便载客）、搭腔（交谈）。ехал из 译作"出发"，是"出来"的同义词，但在上下文中，选择"出发"更切文意，尤其是与交通工具（ехал на перекладных）连用时，表示了"离开原来所在的地方到别的地方去"的意思。

由例析（黄忠廉，2003a）可知，在概念转换过程中，遵循取大优先的原则，即在词级概念层次上可以转换时则转换，不行则进入词组级概念层次，而词组级概念层次又有大小之分，一般是先从低级词组开始，如果需要，则逐级上升，直到最大的词组，一旦加上语气，词组即可成句。

2. 文化裁定

文化裁定是从文化交流最高层面统摄语际交流的研究。

语际交流，双语活动是桥梁，而双语所承载的是文化交流，语际交流实际上是文化交流，从双语对比导入文化交流，实际上进入了宏观世界，需要放大式的研究。

【事实二】"龙虎斗"的翻译故事

2002 年在青岛召开全国翻译学科建设专题会议期间，国家外文局前局长林戊荪认为变译很值得研究，并对我讲了一个他亲历的口头变译的故事。20 世纪 50 年代初，林先生给某个西方代表团做翻译，中方出面接待的是一位省级领导，席间上了一盘广东名菜"龙虎斗"。"龙"用蛇做成，"虎"用猫做成。照例，上了一道菜要报菜名，并作介绍。由于林先生在美国读的

第四章　研究方法论　　　　　　　　　　　　　　　　　　　　　243

大学,深知美国文化,如猫是他们的朋友,是断然不能吃的。他将这一文化知识向主人申述了,但主人说这是政治任务,怎么说就怎么翻译,结果把菜名及解释译成英文,代表团有的成员感到恶心,去了洗手间,回到席上,要求撤掉这道菜。

这道菜名,从内容与形式上无论如何都可以翻译,但是没有从文化层面上去把握,结果造成翻译的失败。失败之处不在于译者不懂文化,而在于说话方不懂得国际文化交流中的文化策略,因而坚持"怎么说,怎么译"的全译原则,罪不在译者。

【事实三】从总理答记者问看口头变译

2001年3月15日中央电视台现场直播了朱镕基总理在九届人大四次会议记者招待会上的答记者问,随后各大报纸予以报道,其中有一段日本VHK记者的提问与总理的回答抄录如下:

日本VHK记者问:我想就日本教科书问题提一个问题,日本已经对历史教科书进行了一些修改,您如何看待日本教科书的修改?教科书问题会不会影响日中两国领导人的互访?

答:中日之间的关系已经在1998年江泽民主席访问日本的时候,共同确定了一种致力于和平和发展的友好合作关系。去年我访问日本的时候……

其实看了现场直播的观众一定对其中一个场面记忆犹新,即总理答日本记者的一问。在上述回答之前有一个插曲,现补录如下:

朱总理:你的汉语说得不错,可我听不懂。

忠实的译者正要将这句话译过去,没等他开口说两个英语词,就被总理打断了,叫他不译。当时在现场的记者都心领神会,我们电视机前的观众则报之一笑。

这一例充分地证明了交际双方有一方加入了译者的行列,它决定了何处可译,何处不可译。朱总理阻止译者翻译,也是从文化、从两国关系角度作出的决策。

三、两个三角灵活研究

小三角研究中,"表"角和"里"角及其互证用得较多,"值"角用得较少;大三角研究中,"语"角用得较多,"思"角和"文"角用得较少。

(一) 点线面体的研究

"表—里—值"、"语—思—文"六个研究视角构成了两个层面的研究体系,即小三角和大三角,小三角是微观研究,大三角是宏观研究,其中"语"角与"表—里—值"小三角结合最紧,需要时再从"思"角和"文"角切入。从理论上讲,取任何一角,可以单角研究,取任何两角,可以双角研究,取任何三个以上的角,可以多角研究。于是,产生了点线面体四种研究模式(见图7)。

由"两个三角研究体系"图可以推出,"表—里—值"与"语—思—文"之间有对应、包含和交叉三种关系(见图8)。

```
a(表)—d(语)      a(表)∈d(语)      a(表)   d(语)
b(里)—e(思)      b(里)∈e(思)      b(里) ╳ e(思)
c(值)—f(文)      c(值)∈f(文)      c(值)   f(文)
   对应关系           包含关系           交叉关系
```

图8 两个三角的关系

六个研究视角有排列关系,也有组合关系。组合关系指六个角中取 n (n=1~6) 个角,并成一组,不论次序;排列关系指六个角中取 n (n=1~6) 个角,按序排成一列。组合中几个视角不严格区分主次,构成一个集合;排列中处于首位的是研究的重点或焦点,位于其后的是辅助点。本书只简述组合关系。

形象点说,两个三角的组合,可形成单科门诊,也可组成多科会诊,有时只需要前者,多半需要后者,有的问题会诊的"专家"越多,越能把问题探个究竟。

1. 点式研究

点式研究,指从六个视角中任选一个角进行翻译研究。

从理论上讲,点式研究有 $C_6^1 = 6$ 种,即 a、b、c、d、e 和 f。当然,△def 的三角研究可以相应地涵盖或涉及 △abc 的三角,如"语"角可以包含"表"角,"思"角可以包含"里"角,"文"角可以包含"值"角;反言之,"表—里—值"三个角可分别延伸至"语—思—文"三个角,表明视野的扩大。

2. 线式研究

线式研究,指从六个视角中任选两角进行翻译研究。

从理论上讲,线式研究有 $C_6^2 = 15$ 种。两个三角内部的线式研究,如线段 ab、bc、de、ef 等,两个三角之间的线式研究,如线段 ae、bf、dc 等。

3. 面式研究

面式研究,指从六个视角中任选三个或四个角进行翻译研究。

从理论上讲，面式研究有 $C_6^3 + C_6^4 = 20 + 15 = 35$ 种，如三角同面的 △adb、△dbc 等，四角同面的 abde 等。

4. 体式研究

体式研究，指从六个视角中任选四个、五个和六个角进行翻译研究。

从理论上讲，体式研究有 $C_6^4 + C_6^5 + C_6^6 = 15 + 6 + 1 = 22$ 种。如四角同体的锥体 abcd、cabd 等；五角同体的锥体 dcbef、cabed 等，六角同体的棱台 abcdef。

（二）两个三角的灵活论证

点线面体四种研究模式共有 78 种研究思路。

翻译研究的六个观察视角构成了"两个三角翻译研究体系"。

"表—里—值"小三角立于语言学层面，从语表形式、语里意义和语用价值三方面研究，属于微观研究；"语—思—文"大三角立于文化学层面，从语际对比、思维转换和文化交流三方面研究，属于宏观研究。"语"角是两个三角的交合部。

"两个三角翻译研究体系"是翻译研究者系统思考的方法体系，他可以根据需要，选用点式（单角）、线式（双角）、面式（三角或四角）、体式（四角、五角或六角），单角切入，双角合用，或者多角聚焦，灵活多样地展开研究。

现用三例演示多角研究的思路。为了证明多角研究的过程，把某些过程放大可能略显烦琐，实际研究则要简明些。

【论证一】一则外宣翻译的"文"角分析

天津科技馆最近举办了中国古代性文化文物展，在其为期两周的展览期内，该展览吸引了 30000 市民争相观看，几家主要的中文报纸也称其为"五千年来第一展"。近千件文物有石雕，有雕塑，有绘画，有的有千年之久，有的只有一个世纪的年龄，但是都共同静默地表述着一段丰富、活跃、先进却不为现代中国人所知的古人的性文化传统。

原译：Tianjin's Science World recently put on an exhibition on artifacts of ancient Chinese sex culture. 30000 visitors were attracted to its two-week presentation and major Chinese newspapers called it "The First in Five Thousand Years". Hundreds of artifacts, some stone carvings, some sculptures, some paintings, some dating back 5000 years and some only one century old, spoke in silent but united voices of a rich, animate and sophisticated erotic tradition that modern day Chinese never knew their ancestors had.

改译：A special exhibition was recently held at the Tianjin Science and

Technology Museum. Nearly 1000 stone carvings, sculptures and paintings, all about the "sex culture" of ancient China, were exhibited for the first time. Some exhibits date back to 5000 years, and some only a century ago. The 2-week exhibition attracted as many as 30 thousand locals. Called "the first of its kind over the past 5000 years" by local newspapers, it showed a dazzling history of ancient China's sex culture, which has remained unknown till today. Follow us for a detailed story. (吴自选译)

译者（2005）在研究本则外宣翻译时，没有讨论译文如何表达，只探讨了原译的翻译策略能否达到对外宣传的目的，即能否对外进行汉文化的传播。比方说，原文中"性文化"成了跨语交际的关键。在当代中国文化理念中，性被视为一种文化，与之有关的种种雕塑、绘画等都视为"文物"，这与西方对文物范畴的界定不一致。为了让西方电视观众更好地了解当代中国对"性"的态度，考虑到传播效果和外国人的接受，译者对"性文物"加以虚化，去掉"先进"二字，因为性文化无所谓先进与落后，同时据英文表达习惯，原文的顺序也有较大的调整。

【论证二】language acquisition 与 language learning 汉译表里值小三角论证

1. 问题的纠缠

《当代语言学》2002 年第 3 期是"心理语言学专号"，五篇之中就有三四篇涉及"语言获得"与"语言习得"两个术语，其汉译差别见第一页顾曰国的按语："李行德认为，language acquisition 应译为'语言获得'，以区别于 language learning（译为'语言习得'）。顾曰国认为汉语里的'获得'有'有意的'、'主动的'的含义，不太符合 acquisition 的本义。鉴于此，顾曰国认为 language acquisition 应译为'语言习得'，language learning 译为'语言获得'。"

这一分歧又见于特邀编审李行德的导言文章，文章直接把本期李平的《语言习得的联结主义模式》说成《语言获得的联结主义模式》。与之不同的还有本期中邓慧兰的《手语语言学与语言习得研究的关系》与李平的《语言习得的联贯主义模式》将"语言习得"均译作 language acquisition。

"语言获得"与"语言习得"之别，在外语界，在汉语界均有待区分。《理论语言学教程》第四章题目为"语言学习"，其第一节题目为"第一语言获得"，在介绍许多学者对母语学习的研究时说："第一语言是儿童自然而然学会的，所以第一语言学习又称为第一语言获得或第一语言习得。"（李宇明，2000：239）可见，语言的"学习"、"获得"、"习得"三者之间界限有待廓清。

这部分是语表共时研究,找到了研究对象。

2. 汉译的历程

language acquisition 与 language learning 汉译,请看二十多年来的发展(见表7)。

表7　　　　language acquisition 与 language learning 汉译历程

年份	译　　法	译者/编者	出　　处
1979	language acquisition　语言习得 language learning　　语言学习	刘涌泉 赵世开	《英汉语言学词汇》,中国社会科学出版社
1981	language acquisition　语言习得 language learning　　语言学习	黄长著等	《语言与语言学词典》,上海辞书出版社
1988	language acquisition　语言习得 language learning　　语言学习	刘润青	《朗曼语言学词典》,山西教育出版社
1997	language acquisition　语言习得 language learning　　语言学习	戚雨村等	《语言学百科词典》,上海辞书出版社
2000	language acquisition　语言习得 language learning　　语言学习	周雨燕	《朗文语言教学及应用语言学辞典》,外语教学与研究出版社
2001	language acquisition　语言习得	周国光 王保华	《儿童句式发展研究和语言习得理论》,北京语言文化大学出版社
2002	language acquisition　语言习得	王立非、李瑛	《外国语》2002年第2期
2002	language acquisition　语言获得 language learning　　语言习得	李行德	《当代语言学》2002年第3期
2002	language acquisition　语言习得 language learning　　语言获得	顾曰国	《当代语言学》2002年第3期

由表可知,2002年以前,language acquisition 译为"语言习得",language learning 译为"语言学习"。2002年,李、顾两位的汉译是"语言获得"与"语言习得",尽管与原语对应位次有别,但显出了新的变化,这是因为语言研究的新进展,反过来要求切实厘定关键术语的内涵。所以,李、顾两位的分歧,有别于前人,是前进中的分歧。

这部分是语表历时研究,捕捉到了现象的发展规律。

3. 英文的本义

顾先生认为"获得"不太符合 acquisition 的本义。acquisition 的本义是什么?请看 The New Oxford Dictionary of English(外研社,1998)的释义:

acquisition: the learning or developing of a skill, habit, or quality.

再看 learning 的释义:

learning: the acquisition of knowledge or skills through experience, practice, study, or by being taught.

两个词有循环互释之嫌,这是任何词典都难以避免的。但是从 acquisition 与 language 的搭配中可以看出一点特征:

language acquisition: the learning and development of a person's language. The learning of a native or first language is called first language acquistion...

语言习得:一个人语言的学习和发展。母语或第一语言的学习称为第一语言习得。

The language device was offered as an explanation of why children develop competence in their first language in a relatively short time, merely by being exposed to it.

语言习得机制的提出解释了为什么儿童仅仅因置身于语言环境之中就能在较短的时间内形成第一语言能力。(Richards et al., 2000:246)

learning 与 acquisition 是上下义词,前者为上义词,表示属的概念,后者是下义词,表示种的概念。对 acquisition 的释义采用的是"种概念 = 属概念 + 种差"的定义形式。所以将 learning 译作"学习", acquisition 译作"习得",反映了这种逻辑关系。这正是 2002 年之前国内翻译一致的内在理据。

更进一步,揣摩一下国外语言学专著对两个词的释义:

Acquisition refers to the subconscious process of "picking up" a language through exposure.

Learning refers to the conscious process of studying language. (Ellis, 1999:14)

很明显,前者指潜意识的掌握语言的过程,后者指有意识地掌握语言的过程。这一区分是原语所给的。

这部分是原语由表察里研究,是对原文语里意义的探究。

4. 汉译的内涵

先说"习得"。"习"共有四个义项:一为学习,复习,练习;二为对某事物常常接触而熟悉;三为习惯;四为姓。其中,义项二适用于语言学习,取此义的条目有:

习好：长期养成的嗜好；

习气：逐渐形成的坏习惯或坏作风；

习性：长期在某种自然条件或社会环境下所养成的特性；

通常说的四字成语或四字结构有：习以为常、习非成是、习而不察、习久成性、习以成风、习以成性、习以成俗、习非胜是、习惯（成）自然。

仿上述词语，"语言习得"可释为：在自然交际中逐渐掌握语言能力的过程。

再看"获得"。"获得"意为"取得；得到（多用于抽象事物）"，如获得好评，获得经验，获得成绩等。顾先生认为"汉语里的'获得'有'有意的'、'主动的'的含义"，有道理。但从词典的抽象释义中还不易看出，要作具体理解，还得靠语境。不妨看几个实例：

（1）话说殷、雷二将获得殿下，将至朝歌，安下营寨；二将进城回旨，暗喜成功。(《封神演义》第9回)

（2）那国王滴泪道："朕切切思思，无昼无夜，但只是没一个能获得妖精的。"(《西游记》第69回)

（3）玉玺乃朝廷之宝，公既获得，当对众留于盟主处，候诛了董卓，复归朝廷。(《三国演义》第6回)

（4）我对你们说过，不要只凭外表作判断，要是那样，你就不会获得真理。(鲁迅：《野草—希望》)

（5）你抬起头来，双腮酡红，乞求般地看着我，仿佛要从我这里获得勇气。(老舍：《小站的黄昏》)

（6）大家都知道，为了保卫党的机密，江姐忍受了多少摧残，获得了多少同志的尊敬。(《红岩》)

（7）这决不是盼望有人代他报仇，将仇人打死，而是介愿能获得一人饶恕，便可安心而逝。(金庸：《神雕侠侣》第34回)

（8）这样就抓住了规律性，因而获得了伟大成绩。(《邓小平选集》)

（9）他跨上车子，用力蹬了几下，获得了速度，你在后边跟着跑，手扶着车子的后座。(莫言：《红树林》)

（10）是的，雷履泰获得了全胜，毛鸿翙一败涂地，然而这里无所谓是非，只是权术。(余秋雨：《文明的碎片》)

（11）在长期的体力劳动中，在人和自然不断地进行物质变换当中，他逐渐获得了一种固定的生活习惯。(张贤亮：《灵与肉》)

（12）"他需要你的帮助，惟有你的帮助他才能免遭痛苦，获得新

生。"(王朔：《玩主》)

例（1）二将"获得殿下"，必费一番工夫；例（2）妖精狡诈，非一般人能降住；例（3）玉玺是国宝，能弄到手也非常人之所能；例（4）真理只有透过现象，才能探得；例（5）"乞求"的神情，正是"获得勇气"的心情外露；例（6）江姐获得尊敬是以身心为代价的；例（7）"介愿获得"是一种主观意愿，一种祈求；例（8）取得伟大成绩的前提是通过实践抓住了事物的规律；例（9）速度的获得，正是因为有了几下"力蹬"；例（10）毛鸿翱的大败反衬了雷履泰的大胜，都是玩弄权术的结果；例（11）正是长期的劳动才有了习惯的获得，这是一个渐进的过程；例（12）他获得新生的必要条件是外来的帮助，也是他对外人的主观需求。

从古到今，"获得"沿用下来，原先多用于具体人或物，后来才逐步倾向于抽象事物，但其基本内涵一致：主体经过主观努力，得到某种抽象事物，且是令人满意的积极的事物，如能力、成绩、习惯、胜利等。

准此，"语言获得"指通过学习而掌握语言能力的过程。

这部分是译语由里究表研究，是从语里出发，对译语语表形式的选择。

5. 小结

用汉语现成词语译域外术语，不是简单的对应，常常需要比较原语术语与译语词语的内涵，甚至要更多地考虑汉语词语的构词语义，毕竟是译给国内人看，这也就可能出现术语的不对应。

区分"获得"与"习得"是一种进步，分界明晰，所指才会明确。厘定 language acquisition 和 language learning 的汉译，一面要考察原词的内涵，一面要照顾汉译的约定俗成，于是可以采用顾氏的译法：前者译作"语言习得"，后者译作"语言获得"，相应的释义是：

Language acquisition（语言习得）：在自然交际中掌握语言的过程。

Language learning（语言获得）：在有意识的学习中掌握语言的过程。

语言学习，旨在掌握语言，而语言的掌握又包括语言习得和语言获得，它们构成了整个语言学习的活动，前者突出"习"的成分，后者突出"学"的成分（黄忠廉，2004）。

这部分是从语值角度验察表里互证的结果，三言两语，点在血脉。

【论证三】汉译"被自己的朋友所欺骗，比欺骗朋友为佳"的六角评论

It is better to be deceived by one's friends than to deceive them.

原译：被自己的朋友所欺骗，比欺骗朋友为佳。（吴奚真译）

1. 原语由表察里取意

由原语的语表形式理解思维内容。句型 It is ＋形容词比较级＋X＋than＋Y，表示 X 事物比 Y 事物好，原文反映的命题复杂，可分为三个命题，构成如下推理过程：

Somebody may be deceived by one's friends.
Somebody may deceive one's friends.
It is bad to be deceived by one's friends, but it is even worse to deceive one's friends.
So it is better to be deceived by one's friends than to deceive them.

原语句式带有选择性，又有推断性。这是翻译理解获得语义的过程，完成了转换的前奏。

2. 语际语里思维转换

原文由小句转为句群，构成推理，完成了由语言到思维的过程。上述推理过程是一个选言直言推理，可转换为汉语的三个命题和一个推理过程：

要么被朋友欺骗，要么欺骗朋友。
被朋友欺骗不好，欺骗朋友更不好。
因此，被朋友欺骗比欺骗朋友好。

分析过程一旦进入语里—思维转换阶段，就可以判断原译是否正确传达了原意。回头看原译，可以判定它译出了语里意义，下面开始步入由思维到语言的过程。

3. 译语由里究表外化

原句语里意义包括 X 和 Y 两件事及其选择性和推断性，两者权衡，舍 Y 取 X，汉语有多种相应的表达方式，即有单句形式，如：

A 式：X 比 Y 好/强。
B 式：X 优于/胜过 Y。

也有复句形式，如：

C 式：与其 Y，为什么不 X。
D 式：要 Y，不如 X。
E 式：与其 Y，不如 X。
F 式：与其 Y，不如 X 为好。
G 式：与其 Y，还/倒/真不如 X。
H 式：与其说 Y，不如说 X。
I 式：与其说是 Y，不如说是 X。

……

存在多种表达句式，即是说，原文的两种事物可以分别纳入上面的句式，译文取其一种，即可成形。由译语语表看原语语表，发现原语语表形式在现代汉语中有相近结构，而无相同结构。原译结构对现代汉语是犯规，还是超规？

4. 语值照应

由表察里，再由里究表，完成了从原语语表形式到语里意义，又从语里意义到译作语表形式的考察过程。"意一言多"是语际翻译问题（贺麟，1984），而"意一形多"是单语表达问题。离开语境，多种译作语表形式有时无法断定优劣时，则由语值照应，有时还由文化裁定。

本例选自《名人隽语》（万卷文库之一二四）[①]，所谓隽语，是意味深长、耐人寻味的话。原文是地道的原文，译文也力求地道。作为隽语，语言形式一般精练简短，流畅上口，易于接受。因此，本例汉译形式可以：一求对仗（舍 A、B 式），二求书面（舍 D、F 式），三求简练（舍 C、G、H、I 式），最后选择 E 式，于是原译可改为：

改译Ⅰ：与其欺骗朋友，不如被朋友欺骗。

改译Ⅱ：与其欺友，不如为友所欺。

改译Ⅲ：与其欺友，不如被欺。

5. 文化统摄

为什么选择 E 式，不选与原译相近的 A 式？还可以从文化的角度寻找理据。

新中国成立后，中国台湾因政治等原因与中国大陆隔绝多年，汉语发展各循一路。中国大陆现代汉语的形成期正是 20 世纪 50 年代（张寿康，1979），而中国台湾依然受到古汉语的影响，同时沐浴欧风美雨，其汉语有些地方与中国大陆不同，比如说在句式上仍保留了五四时期的欧式白话文特点，文白夹杂，有的还保留了闽方言或粤方言的句式，如原译用的"X 比 Y 为佳"句式。

文言并不是不能用，文言"富有精华，这是文言的另一种积极价值"（张中行，1997：29）。况且文言白话有时也划界不清，许多词语和句式文白通用，如"与其 X，毋宁 Y"是地道的文言句式，而"与其 Y，不如 X"则要白话一些。而原译"X 比 Y 为佳"是个文白夹杂句式，"为"与"佳"均是古义较强的词，两词合用，又用白话词"比"相配，显得不伦不类。

---

① 吴奚真译，台北大地出版社 1984 年版。

据石定栩等（2001）调查，"比/较……为 + 形"句式在香港粤方言中比较常见，如："九月的商业信心指标为十点，较市场预期的七点为高，创三年新高。正数是代表持乐观的企业较持悲观的为多。"（《明报》2000 年 10 月 4 日）而邹韶华（2001：218—232）对 130 多万字的中国内地语料进行了调查，294 例"比"字句中均未见这种文白杂糅的句式，表明原译句式不是规范的汉语形式。

基于上述历史文化背景，三种改译炼字炼句，但要优中选优，改译Ⅲ最好。

第三节　从方法到学科的研究阶梯

学科的产生，有一条生长链，翻译学各学科的发展并非一蹴而就，它从实践中产生，从历史中走来，由特殊走向一般，又由一般走向特殊，在理论框架中得以独立，又在学科体系中得以完善（黄忠廉、李亚舒，2005）。对任何翻译方法进行科学化、系统化思考，就形成了如下的逻辑生长链：方法—历史—理论—学科。

方法与学科密切相关，一脉相承。譬如，古埃及尼罗河泛滥之后，人们要重新划定田界，形成了有关图形的知识，总结为 geometry，其中 geo 意为"地"，metry 意为"量"。geometry 最初意为"测地术"，即测量土地的方法，后来图形知识逐渐丰富，数学家将零散的知识系统化，成了一门学科，其中最有名的是希腊数学家欧几里得的《原本》，1607 年数学家徐光启和意大利传教士利玛窦译其前六卷，将 geometry 译作"几何学"。

一、方法探索

翻译是人类众多社会实践之一种。是实践活动，就有方法问题，所以人类对翻译的最早认识大多涉及方法问题，人们从翻译成败中总结经验，吸取教训，上升到一定的规律，形成某种方法，并世代相传。到了开设译场、开办学校的时代，或者师徒相传，或者课堂讲授，把这些方法传授后人，翻译事业正是因此而蓬勃发展至今。

全译与变译是整个翻译策略的一对范畴，以此划分翻译方法比较科学。而这两大翻译方法都还有许多需要细究之处。

2005 年，据曾萍苹和黄忠廉对新中国成立以来我国 100 余部英汉、俄汉、德汉、法汉、日汉互译翻译教材和翻译专著的调查，全译方法有如下几大特点：全译方法很少具有系统性，有盲人摸象之感；全译方法分类层次欠分明，逻辑上划分不清；全译方法划分标准不一，或者缺乏分类标准；不少教材或专著对全译方法前后因袭，少有独到的地方。方梦之（2004b）谈到翻译技巧研究时说，对"原语形式肯定，译语否定；或者原语肯定，译语否定"这一技巧，不同说法达10余种，如"反面着笔法，反译法，同义反译法，语义反译法，正反反正表达法，正说反译反说正译，反译，正说与反说，反正，用反语，正反译法，反面着墨，正反译，反说，反义表达法"等。这正说明我们对最基本的全译事实还处于探索阶段，并没有形成清楚而准确的共识。

全译之下的直译与意译是二级范畴，直译与意译交织起来构成了全译的三级范畴，即全译策略：对译、增译、减译、转译、换译、分译、合译，三级范畴之下又可分出四级范畴，即具体的全译方法。20世纪90年代以前，国内外无数翻译方法著作主要研究全译方法，对变译方法关注很少，至多是从反面研究，作为批评的对象。随着翻译的文化转向，人们开始关注与全译相左相异的变译方法，对变译方法从不同的角度进行充分解释，比如解构主义、接受美学、后殖民主义、新历史批评主义等，这些都属于外围研究，而非本体的研究，它们很少真正系统地发掘变译的方法，对变译现象有解释功能，但缺乏切实的指导性和可操作性。

变译之下的变通与全译是二级范畴，变通又分出变译的三级范畴，即变通手段：增、减、编、述、缩、并、改、仿，各三级范畴与（全）译交织起来构成变译的四级范畴，即具体的变译方法，如摘译、编译、译述、缩译、综述、述评、译评、改译、阐译、译写、参译、仿作。变译研究主要见于《翻译变体研究》（黄忠廉，2000b）、《变译理论》（黄忠廉，2002）、《翻译与人生》（周兆祥，1998）、《中日近代对西方政治哲学思想的摄取：严复与日本启蒙学者》（王克非，1996）、*Translation as a Purposeful Activity*（Christiane Nord，2001）等，而《科学翻译学》（黄忠廉、李亚舒，2004）则将两种方法集中起来讨论，初步建立了"全译+变译"的翻译策略体系，在《翻译方法论》中则得到了进一步的系统化。

二、历史总结

人类任何一种实践活动发展到一定的阶段，就会有人出来总结。翻译史的总结方式主要有三种：一是翻译史实陈述；二是翻译思想概括；三是翻译论述梳理。

第一种是史料史，以陈列翻译活动史料为主，这是写史的第一个微观层面。翻译史家描述历史事件应充分占有原始材料，尽量用材料说话，秉笔直书，继承实录传统，重在把历史事件弄清楚，所以考证非常重要。即使有总结，也应高度重视原始材料的引证。如马祖毅的《中国翻译简史——五四以前部分》(1984)，黎难秋编《中国科学文献翻译史稿》(1993)，黎难秋主编《中国科学翻译史料》(1996)，马祖毅、任荣珍的《汉籍外译史》(1997)，黎难秋主编《中国口译史》(2002)等。

第二种是思想/理论史，以总结翻译思想的发展过程为主，这是写史的第二个中观层面。除了罗列翻译史实和史识，它还力求通过对两者的综合考察和深入分析，从方法史、思想史和文化史等角度，探讨翻译思想的演进规律。如《西方翻译简史》(谭载喜，1991)，《中国译学理论史稿》(陈福康，1992)，《中国科学翻译史》(李亚舒、黎难秋，2000)，《20世纪中国翻译思想史》(王秉钦，2004)，*Contemporary Translation Theories* (*Revised Second Edition*) (Gentzler, 2004)，*Общая теория перевода* (Комиссаров, 1999) 等。

对翻译事实或理论作出价值判断，历史观因此而显重要。面对历史，要凭良好的史德和卓越的史才，才能确定翻译思想的价值。正确的翻译思想，易于承认，而含有肯定性因素的翻译观更应受到重视，后者在量上大大超过前者，更有待慧眼发掘。因为一种新的或有影响的学术观点，往往是修正、补充和挑战某一学术领域传统观念的产物，它本身可能不完善，甚至漏洞百出，自相矛盾，可能招来批评，这正是学术发展的动力。即使是错误的观点，也要善于正确认识，不善于认识具有重大意义的错误，也就不能反证正确的翻译思想。姚小平（1996）认为做语言学通史一类大题目时要注意"不宜把语言学史写成单纯的名家史或名著史"，这对翻译思想史的撰写具有借鉴意义，翻译名家名著是翻译思想史的主要来源，但一些名不见经传的人有关翻译思想的火花也是不可轻视的材料。

上述研究旨在"三求"：一求真，即真实地研究翻译思想；二求全，即系统地发掘显性的、隐性的和易被忽视的翻译思想；三求精，即精当地整理翻译思想。

第三种是学科史，是从学科的角度对翻译思想和翻译理论整个发展过程作全景式整理，这是写史的宏观层面。写学科史多半是专门的学问家，必定是对翻译的本体和应用均有所研究并具有宏观驾驭能力的学者。他能缜密地甄别翻译文献，能高远地构设翻译史的系统。写学科史应持的原则有三：一，持正确的历史观，在特定时代背景下评价翻译思想或理论的功过是非；二，将某一思想或理论置于历史长河中，既能纵向看发展，又能横向看差异；三，辩证地把握学术观点的对立矛盾，某个观点与主流观点不统一，或者有争议，是正常现象，是学术得以发展的重要原因。写学科史的人应有大气魄，有学科素养，知晓古今中外的译事、译论和译人，能够纵看发展与继承，横看差异与交流。

对翻译论述的介绍，力求有血有肉，不能只拿出几根鸡肋给读者啃，尽量摘引原文，不能总是转述，对某些原著或有争议的问题，作者无法作出评判时，则述而不评，留待读者自己判断。

翻译学的学科地位正在争取，这并不影响翻译学自身的发展，学科史是有必要做的课题。

三、理论创立

翻译理论的创立不是目的，解释翻译现象，预测翻译规律，解决翻译问题才是目的。一种理论能否创立，可从历史中发掘，从现实中考察，从事实中归纳，从理论上假设，从哲学中寻根。总体上看，翻译理论的创立用归纳法，也用演绎法。

（一）理论创立的过程

1. 科学问题研究与翻译思想萌芽

研究应有问题意识，研究者始终站在"？"的起跑线上。问号来自对现行翻译理论的检审，来自对翻译事实的充分观察。千万不要轻视科学问题的研究，一个重要问题的发现与提出，经常能指出一个学科今后一段时间内的发展方向和发展道路。发现问题比解决问题更重要。应提倡实事求是的研究作风。

科学问题的前提是有所知，其本质是据所知而求解，它一般以了解是什么为前提，进一步追索为什么是这样。只有对译学基本理论有所了解、有所研究之后，再将新问题的新研究与之相融或相并立，才有更多的条件去创立新思想。新的思想多半是深入研究问题的结果。不研究新问题，提不出新观点，又何来新思想？提倡研究问题，并不反对借用其他理论进行研究，那是借鉴，是演绎研究，但不是研究的主体。

2. 善于范畴化，将思想形成假说

东西方在翻译史上都会有基本相同的翻译实践，能否从中总结出理论，关键要看方法。恩格斯说过，"一个民族想要站在科学的最高峰，就一刻也不能没有理论思维。要思维就必须有逻辑范畴"。20世纪30年代，吕叔湘研究汉语语法使用了变换方法，但是缺乏范畴化和系统化，汉语语法研究广泛使用变换方法始于朱德熙从国外的引进（肖国政，2001：120）。

范畴是反映客观事物最一般规定的概念。范畴化离不开归纳，归纳有助于发现思想，属于发现型思维；演绎有助于展开思想，按常规解决问题，属于发展型思维。

关于如何从问题到假说，胡适说：凡是有价值的思想，都是从某个具体的问题下手的。分三步入手：第一，研究问题的方方面面；第二，根据经验和学问，提出种种解决方法即假说；第三，利用想象能力，推想每种假定的解决方法，从中拣定一种（欧阳哲生，1996：28）。比如，在初步研究种种非全译现象之后，我们提出了"翻译变体"的概念，在研究11种翻译变体即摘译、编译、译述、缩译、综述、述评、译评、译写、改译、阐译、参译之后，将这一思想进一步凝练，提出"变译"一词，它好比一把瑞士军刀，将种种非全译现象囊括进去，并在《翻译变体研究》（2000）的基础上提出"变译理论"的假说。

3. 对原有理论的证伪导致新理论的诞生

提出和验证假说只是科学认识的过渡阶段，其最终目的在于通过假说形成理论。原有的理论已不适应新的或未被认识的实践活动，或者实践活动得不到原有理论的解释，实践绝对不会去适应原有理论，而是理论自我修改或创新，以适应实践。

理论需要用命题表述。检验命题的真伪，人们习惯于证实，即极力证明命题是真，很少尝试证明命题是伪。人的能力和涉猎有限，否定一个命题需要很大的工夫，所以证实研究多于证伪研究。迄今为止的翻译研究主要是全译的证实研究，可惜的是有学者把它当作翻译研究的全部范畴，即翻译=全译，凡与全译不符的变译现象都作为叛逆和异端处理，然而正是变译现象对全译理论作出了证伪，在全译之外还有非全译现象，我们给它一个范畴：变译，那么翻译=全译+变译。理论思维的这种原创和继承是相关的，证实是继承，是延续性继承，可以使理论保持稳定，证伪更是继承，是创造性继承，可以使理论突破发展。

提出一个命题，先证伪，后证实，是有效的途径。判断一个命题是假命题，只要举出一个反例即可。比如对全译理论的证伪发掘了变译现象，对变译的证实，为变译正名，进一步研究，形成了变译理论，深化了对翻译的认识。

4. 新旧理论共筑新的理论大厦

为构建理论大厦，采用归纳法，同时必须注重运用演绎法。两种方法都涉及范畴问题。世界事物联系的多样性，使范畴的互相联系亦具有多样性，当范畴积累了一定数量以后，便可探索诸范畴间的本质联系（张立文，1988：2）。全译与变译是一对新的翻译范畴。全译与变译诸多规定性的固有联系构成了翻译范畴的统一体。在翻译史上，先是提出了"翻译"范畴，随着研究的深入，又提出了次级翻译范畴"全译"。到了20世纪末，我们从翻译实践中划分出了另一个次级翻译范畴"变译"，于是全译与变译共同涵盖了翻译本质所辖定的外延，它们之间的并立与互补，构筑了翻译方法论的范畴体系，也构筑了翻译理论的范畴体系。变译的独立提出及其变译理论的集中研究，为全译提供了新的对应面和参照系，回头看全译，似乎又有必要重新认识。这就是新旧理论的彼此促进。

翻译本质的研究、变译理论的研究，以及变译和全译的整合研究，都是局部的研究，它们瞄准的目标都是建立比较完整的理论表述体系，这一点在《科学翻译学》（黄忠廉、李亚舒，2004）中可以察出一二。从变译理论到科学翻译理论，实现了从局部翻译理论到整体翻译理论的跨越。

5. 从哲学上对理论进行追问

哲学是关乎形而上的一门学问。对变译与全译的哲学追问，无非是对变译与全译何以可能、意义何在等问题的思索。翻译的哲学思考是对翻译的存在方式及其发展的反思。对翻译实践方法和翻译研究方法的思考是翻译学研究必经的阶段，且是终极的抽象阶段。这种抽象研究并不是玄学研究，抽象与否，思辨与否，是理论的形式问题，脱离实际与否，是理论的内容问题。

翻译哲学关心的仍然是翻译方法论问题。事物是变化的，很明显，翻译是一种变化，翻译观应是一种变化观。变译突出的是"变"，即翻译的大变，宏观上的变；全译突出的是"化"，即翻译的小变，微观上的变。变与化是翻译活动的一对范畴。

（二）基于归纳法的理论创立

基于归纳法的理论研究，强调研究植根于泥土，译论生发于事实（黄忠廉，2003b）。

当下，中国译论研究面临的问题是"二求"：一求创建理论与方法；二求弄清汉外互译事实。20世纪现代汉语语法八大家之一的邢福义教授认为，"没有理论和方法的成熟，一门学科不可能是成熟的"。"没有对事实的清楚了解，理论和方法的创建便成为空中楼阁"。这话，也切合译论研究实情。在中国，译论研究至今尚未成熟，在引进引进再引进之后，我们似乎看到了理论建构的曙光，但切实指导中国译事发展的理论和方法尚未成熟，根本原因还是对汉外互译事实的了解基本上仍然处于朦胧状态。

1. 什么是翻译事实？

所谓事实，就是经验事实，是事情的真实情况。翻译事实就是翻译实践及其相关产物。翻译事实有大有小，大到翻译的本质、翻译的批评体系、汉译语言规范、与全译并存的变译、译作修改机制等，小到汉译定中结构中"的"字最佳用量、翻译中的方言处理、原作中外语词句的处理（如《尤利西斯》、《叶甫盖尼·奥涅金》中）等。

2. 为什么要弄清翻译事实？

翻译事实是译论研究的重要源泉。"重要"有两层意思：其一，只有翻译事实才是译论的根本源泉，一切译论，最终都要为翻译实践服务，纯粹理论可能离实践远些，应用理论可能离实践近些。其二，只有与翻译实践相关的研究，才是译论研究的主流，古今中外其他学科的理论，能供翻译研究借鉴和利用，但这不是源，而是"流"，不能只是将翻译事实放在这些理论下面，去验证它，相反，更要用这些理论去描述解释这些事实。大大小小的翻译课题，主要是从鲜活的翻译事实中"发掘"出来的。

3. 译论界是如何对待翻译事实的？

杨自俭曾在几次学术会议上和会下说，现在很少有人做艰苦的资料工作。我们也看到，眼下某些论文题目反映了其研究模式。设国外某种翻译理论为 A，翻译事实为 B，则有三种模式：1)"A 下的 B 研究"；2)"A 与 B 研究"；3)"从 A 看 B"。具体讲来：第一，有些研究者，包括某些博士、硕士，写论文（包括毕业论文），工夫下得不够，读了一些国外的著作，没有几十上百上千的翻译事实，更不用说翻译练笔，就贸然立题，开始作文。结果是，拿着国外的某种理论，还没有完全弄清，冲着汉外互译的事实就往下罩，给人的感觉是，要么脱节，要么隔膜，揭开那层镀金，只剩下几个译例。并且，有时同一个例子，被用滥用乱，这正说明了研究者对事实掌握的多寡程度。为了研究的省事，有的研究者仅从专著、论文中找例。若用在著作中，问题不大；若用于专题论文，就显得来路太窄，说服力不强。第二，读译学方向的研究生练笔较少，译论研究者必要的翻译实践较少，或者研究他人的翻译实践不够，以至于在译论研究中，以理论阐释翻译事实的少，用翻译事实去验证某个理论的多，一旦觉得理论的某个方面无例可证，就舍去，这种自上而下的研究思路于初事译论研究的人是益处不多的。这种研究模式培养的研究生，将来从事译学研究，也会行之不远，因为他只训练了从他人的思想观察事实，而没有经过从事实中产生思想的训练。学会研究，是学问的学问。

4. 如何去触摸翻译事实？

一是躬行实践，二是研究实践。先说躬行实践，需要研究者扎扎实实译些东西，最好各种体裁和题材都涉及一些。再说研究实践，研究者不仅要译，还要在译中思考，译后总结，捕捉实践中的思想火花，对棘手的问题多问为什么，对新的翻译现象和方法多角度思考；更重要的是研究他人的实践，人生苦短，译事茫茫，个人的翻译只是沧海一粟，作为旁观者，研究者可冷眼看他人的翻译，分析其翻译过程及其成品，也能见其所不能见，真所谓旁观者清。具体方法有二：一是手工收集，在翻译中，在研究他人作品中，顺手录来，积累起来，有些例子是必需手工收集的，如不带被动语言标志的被动句转换等。二是利用翻译语料库，提高研究的效率，能减轻劳动强度，增强翻译研究成果的可靠性和科学性，如利用语料库会发现某个词或词组的言语表达式多于其语言表达式。

5. 翻译事实如何走向理论？

从事实到理论，不是一条捷径。事实胜于雄辩，但事实归事实，尚不成为理论。事实必经理论的说明解释，才能揭示其固有的本质和规律。事实本身是一回事，事实的说明与解释则是另一回事。事实可是既有的和现存的，同样的翻译事实还可以按其规律创造出来，只是这一规律尚未揭示出来而已。翻译事实潜含着理论元素，但不等同理论。不能让事实迁就现有理论，而必须以事实为基础建立新的理论。正是被人忽视或新发现的事实成了思考的源泉。

产生于事实的理论，首先可形成应用理论，它与实践直接联系，具有可操作性。应用理论进一步提升抽象，走向普通理论。理论研究要分清普通理论和应用理论，它们与事实的关系有远近之分。可见，从事实到理论，要分几步走，也反映了对翻译事实认识的深化过程：

首先，精译精析。译不在多，而在于精。析不在量大，而在于独到，能于常见事实中发现新意，能于新例中悟出新见，是理论灵性的表现。

其次，善于归类。无论手检还是机检得来的翻译事实，本身可能是无序的，积攒到一定量时，可分出类别，积累得越多，越能细分。

再次，总结规律。从各类事实中总结出小规律，各类事实相互融会，又可逐级上升为大规律。

最后，形成理论。规律越往上抽象系统化，也就可以产生理论。从实践中产生的理论，同实践的密切关系与生俱来，它能否形成科学的体系，能否成长为学科，还有待更多的事实验证。这是另一个话题。

使用演绎法之前，最好采用归纳法。没有学会拉墨，还是不要先学锯木。没有归纳研究为前提，演绎研究将勉为其难，事实多时宜用归纳法，少时可采用演绎法，从有限的事实中提出假设，再通过大量事实去反驳。实践证明，归纳法便于发现理论，演绎法便于构建理论框架。一个人，连研究对象及其基本事实都没弄清，又何以建立理论框架？

创建理论与方法,是目标,弄清汉外互译事实,是基础。路要一步步地走,目标才能实现。

(三) 基于演绎法的理论创立

现阶段,需要从实践中归纳出思想或理论,更需要由思想或理论演绎出成体系的思想或理论。西方某些学者善于从事实中提升更为概括的论断,善于构建系统的翻译理论模型的路径,值得学习。以前汉外互译研究总是停留在描写具体词语和个别句式的翻译上,后来演绎性研究在西方译论的观照下有所改观,但整体进展不明显。真正系统地采用演绎方法建立理论模型的论著并不多见。

完全基于演绎法,也可以完成翻译理论的追求。以"小句中枢全译说"和"翻译适应选择论"为例。

1. 小句中枢全译说

"小句中枢说"是邢福义在《小句中枢说》(1995)和《汉语语法学》(1996)中提出的建构汉语语法学系统的理论假说,并由此演绎出了汉语语法学的学科体系。小句是"最小的具有表述性和独立性的语法单位"。它首先指单句,其次指结构上相当于或大体上相当于单句的分句。小句中枢说指小句在汉语各类各级语法实体(语素、词、短语、小句、复句、句群和句子语气)中占中枢地位的学说。小句居中枢地位,是因为:1)小句所具备的语法因素最齐全;2)只有小句与其他实体都有直接联系,处于联络中心;3)只有小句能控管其他语法实体,成为其从属或依托的核心实体:句子语气黏附于小句,复句和句群依赖于小句,短语从属于小句,词受控于小句。

20世纪最权威的英国语言学家R.夸克等著《英语语法大全》也提出了类似的思想:"语法是语言的核心,语言组织和用法的方方面面以之为核心构成整体",而"小句,尤其是独立小句,是在许多方面比句子界定更明确的单位"(Quirk et al., 1985:47)。原著中提到的clause(小句),国内也译作分句。20世纪最权威的苏联科学院两卷本《俄语语法》第二卷《句法学》(Институт русского языка АН СССР, 1980:1;7)开宗明义:"在语法体系中句法学占有中心地位。""句法学的中枢单位是简单句,因为……它是形成复合句和任何扩展性语篇的基本单位,又是词组和词首先得以形态化的结构。"俄语的简单句相当于汉语独立小句和分句化的简单句。

而小句中枢全译说是将邢福义"小句中枢说"用于全译研究而提出的一种关于全译机制的学说(黄忠廉,2008),指的是小句在全译的理解、转换和表达过程中发挥中枢作用的假说。

全译过程分为三阶段：原文理解、语际转换和译文表达。三个阶段中，转换是全译的中枢，在每一个阶段，小句又是中枢单位，而在英、俄、汉三语中，小句都占中枢地位，所以小句是全译中枢的中枢，全译的核心问题是以小句为中枢的转换问题。

为什么说小句是全译的中枢单位？从语言学考察可知，小句涉及的语言/言语单位较多，小句位于语言与言语单位的交叉点，小句是理解的中枢单位，小句是表达的中枢单位。从思维学考察可知，语际转换以思维活动为主语言活动为辅，思维的中枢单位是简单命题，简单命题对应的语言/言语单位是小句，小句是思维转换的桥梁。西方小句中枢假说实验也证明小句是最适合的切分单位。从翻译学考察可知，双语间小句与小句直接对应转换，在小句层面上进行；词或短语及其彼此间的转换，都在小句内部进行；无论是词或短语转换为小句，还是小句浓缩为词或短语，无论是小句分化为复句或句群，还是复句或句群浓缩为小句，都在小句之间进行，借用小句，以之为轴心展开，这表明小句在双语转换中最灵活、最自由，可谓"八面玲珑"。从北京外国语大学一千万词英汉双语平行语料库考察可知（王克非，2003），英汉互译文句一对一、一对二、一对多、多对一、二对一等数据雄辩地证明，小句是汉英互译的中枢单位。

小句在全译中是如何发挥中枢作用的？

第一，小句对原文理解具有瞻顾作用，包括瞻前作用和顾后作用。它前瞻小句的构件：词和语，后顾小句的集合：复句和句群。小句对原文理解的瞻前作用包括：小句的理解基于词，词的理解受控于小句；小句理解基于短语，短语理解从属于小句。小句对原文理解的顾后作用包括：小句推进复句的理解，小句理解受控于复句；小句延伸句群的理解，小句理解受制于句群。

第二，小句的跨语交际中介转换作用，包括中介作用和转换作用，一方面，词和短语可与小句互换，另一方面，小句可与复句和句群互换。具体说来，词与小句双语转换机制，包括原文词转换为译文小句，原文小句转换为译文词；短语与小句双语转换机制，包括原文短语转换为译文小句，原文小句转换为译文短语；小句与小句双语转换机制，包括原文小句直译为译文小句，原文小句意译为译文小句；复句与小句双语转换机制，包括原文复句转换为译文小句，原文小句转换为译文复句；句群与小句双语转换机制，包括原文句群转换为译文小句，原文小句转换为译文句群。

第三，小句对译文表达具有顾盼作用，包括左顾作用和右盼作用。它左向顾及小句的构件：词和短语，右向构筑小句的集合：复句和句群。小句对译文表达的左顾作用包括小句规约词的选择，词的选择促进小句组织；小句辖制短语的组造，短语组造构建小句格局；小句对译文表达的右盼作用包括，小句的表达受复句近控，复句的表达依赖于小句；小句的表达受句群远控，句群的表达寄托于小句。

综上所述，小句占全译的中枢地位：理解时它可以瞻前顾后，转换时它可以中介周转，表达时它可以左顾右盼。全译围绕它而展开：词的全译受控于小句，短语全译从属于小句，复句全译依赖于小句，句群全译寄托于小句。小句在全译转换中最自由、最灵活，负载的功能也最多。

2. 翻译适应选择论

受达尔文进化论重要内容之一"适应/选择学说"的启发，胡庚申（2004）尝试着将这一学说引入翻译学研究，在此背景下，发现翻译中存在大量的"适应"、"选择"、"保留"、"淘汰"等现象和操作方式，提出了"翻译适应选择论"。

他尝试避开原文取向和译文取向，在两极之间寻求一种平衡，从译者切入，以译者为中心考察翻译的全过程。于是他以具有普适性的哲学理论为据，借用达尔文生物进化论中"适应/选择"学说的基本原理，从"自然选择"和"适者生存"理念出发，探讨了翻译活动中译者适应与选择的相互关系、相互机理、基本特征和规律；从"适应"与"选择"的新视角，对翻译的本质、过程、标准、原则和方法等作出了新的描述和解释；提出了以译者为中心的翻译观，彰显译者在翻译活动中的地位和功能，促进译者自律、自重，为译者的"译有所为"寻找理论支持。

作者采用的是演绎法，即"假设—求证"法，从确立理论依据、阐明主体、应用验证及调查实证等几个方面对研究假设展开探讨和论证。

理论的创立应以归纳为主，演绎为辅。综观当下译论研究火热的局面，不难发现，译论研究有边缘化倾向，这是一时的特征，也是正常的现象，于译论研究非常必要。究其因，翻译理论研究需要扩大视野，需要借鉴其他学科的理论与方法。但有一个担心，用演绎法能有效地嫁接理论，催生新的翻译研究生长点，甚至是成体系的理论，但正因为是嫁接，研究成果会远离翻译的本体，结果翻译理论可能成为比较语言学、比较文学、文化学等学科的附庸，因此在演绎研究的同时，更应关注从鲜活的翻译事实中发掘潜在的理论因子，与一切相关学科的理论观照相结合，两头打通。归纳与演绎的结合是会师，而非迎接。这样产生的理论才是翻译自己的理论，才是译学家族中的嫡系，才具有译学的典型特征。

参考与用例文献

保清、苻之：《科技英语翻译理论与技巧》，北京：中国农业机械出版社1983年版。

蔡塞松、周榕：《语言耗损研究述评》，载《心理科学》2004年第4期。

蔡新乐：《"套套逻辑的必然"——论翻译的非逻辑特质》，载《中国翻译》2005年第3期。

陈定安编：《英汉比较与翻译》，北京：中国对外翻译出版公司1998年版。

陈德鸿、张南峰编：《西方翻译理论精选》，香港：香港城市大学出版社2000年版。

陈福康：《中国译学理论史稿》，上海：上海外语教育出版社1992年版。

陈宏薇等编：《新编汉英翻译教程》，上海：上海外语教育出版社2004年版。

陈嘉映：《语言哲学》，北京：北京大学出版社2003年版。

程洪珍：《英汉语差异与英语长句的汉译》，载《中国科技翻译》2003年第1期。

丁景唐：《犹恋风流纸墨香》，上海：上海文艺出版社2004年版。

段平：《高级科技英语教程》，开封：河南大学出版社1998年版。

范武邱、杨寿康：《科技翻译的虚实互化》，载《中国科技翻译》2001年第5期。

方梦之编：《英汉—汉英翻译教程》，上海：上海外语教育出版社2004年版。

方梦之：《20世纪下半叶我国翻译研究的量化分析》，载杨自俭主编《英汉比较与翻译（5）》，上海：上海外语教育出版社2004年版。

方梦之主编：《译学词典》，上海：上海外语教育出版社2004年版。

方梦之、毛忠明编：《应用翻译教程》，上海：上海外语教育出版社2004年版。

［英］费塞斯通著，陶东风编译：《消费文化中的躯体》，载http：//www.culstudies.com，2003/4/19。

冯奇、万华：《译述的"忠实"与"通顺"》，载《上海科技翻译》2001年第4期。

冯庆华编：《实用翻译教程》，上海：上海外语教育出版社2002年版。

盖淑华：《英语专业学生词汇附带习得实证研究》，载《解放军外语学院学报》2003年第3期。

官亚明：《医学外文文献的摘译方法》，载《国外医学·寄生虫病分册》2002年第5期。

郭建中编：《当代美国翻译理论》，武汉：湖北教育出版社2000年版。

过家鼎：《关于"纸老虎"和"精神文明"的译法》，载《上海翻译》2005年第1期。

过小容、魏煜剑编：《Autodesk Inventor 8培训教程》，北京：清华大学出版社2004年版。

何刚强编：《现代英汉翻译操作》，北京：北京大学出版社1998年版。

何兆熊：《新编语用学概要》，上海：上海外语教育出版社2000年版。

贺麟：《论翻译》，载《翻译研究论文集》（1894—1948），北京：外语教学与研究出版社1984年版。

韩春晓：《JPO发布"雇员发明制度改进报告"》，载http：//www.acpaa.cn/trends/2004/491.htm。

郝吉环：《权力话语理论与翻译理论和实践》，载《语言与翻译》（汉文）2004年第2期。

胡庚申：《翻译适应选择论》，武汉：湖北教育出版社2004年版。

胡范铸：《钱钟书学术思想研究》，上海：华东师范大学出版社1993年版。

华先发、邵毅编：《新编大学英译汉教程》，上海：上海外语教育出版社2004年版。

黄忠廉：《翻译本质论》，武汉：华中师范大学出版社2000年版。

黄忠廉：《翻译变体研究》，北京：中国对外翻译出版公司2000年版。

黄忠廉：《变译的七种变通手段》，载《外语学刊》2001年第1期。

黄忠廉：《变译理论》，北京：中国对外翻译出版公司2002年版。

黄忠廉：《语际概念转换机制研究》，载《俄语语言文学研究》（创刊号）2003年第1期。

黄忠廉：《研究植根于泥土，译论生发于事实》，载《上海科技翻译》2003年第2期。

黄忠廉：《Language acquisition与language learning汉译之我见》，载《当代语言学》2004年第3期。

黄忠廉：《小句中枢全译说》，载《汉语学报》2005年第2期。

黄忠廉：《两个三角的译评体系》，载《外语学刊》2006年第5期。

黄忠廉：《翻译研究的"三个充分"》，载《外语研究》2006年第5期。

黄忠廉：《小句中枢全译说》，武汉：华中师范大学出版社2008年版。

黄忠廉、黄杨英：《汉译偏正结构中"的"字定量分析》，载《俄语语言文化研究论文集》（第二辑），上海：上海外语教育出版社2005年版。

黄忠廉、李亚舒：《科学翻译学》，北京：中国对外翻译出版公司2004年版。

黄忠廉、李亚舒：《方法·历史·理论·学科——兼论〈科学翻译学〉产生的机缘》，载《外语教学》2005年第5期。

黄忠廉、许萍：《汉译偏正结构中"的"字最佳用量探析》，载《修辞学习》1997年第6期。

黄湘：《科技英语汉译的词义引申》，载《中国科技翻译》2001年第2期。

黄湘：《科技英语隐含因果关系及其翻译》，载《中国科技翻译》2002年第2期。

何兆熊：《新编语用学概要》，上海：上海外语教育出版社2000年版。

季羡林：《翻译的危机》，载《语文建设》1998年第10期。

季羡林：《比较文学与民间文学》，北京：北京大学出版社2001年版。

贾文波：《应用翻译功能论》，北京：中国对外翻译出版公司2004年版。

蒋太培：《科技英语翻译的理论与实践》，北京：海洋出版社1985年版。

靳光瑾：《计算语言学视窗》，北京：北京广播学院出版社2003年版。

金隄：《等效翻译探索》，北京：中国对外翻译出版公司1998年版。

金惠康：《跨文化交际翻译》，北京：中国对外翻译出版公司2003年版。

金圣华、黄国彬主编：《因难见巧》，北京：中国对外翻译出版公司

2001年版。

李鲁：《试论科技翻译的语义引申》，载《中国科技翻译》1995年第3期。

黎难秋编：《中国科学文献翻译史稿》，合肥：中国科学技术大学出版社1993年版。

黎难秋主编：《中国科学翻译史料》，合肥：中国科学技术大学出版社1996年版。

黎难秋主编：《中国口译史》，青岛：青岛出版社2002年版。

李长栓：《非文学翻译理论与实践》，北京：中国对外翻译出版公司2004年版。

李克兴：《论广告翻译的策略》，载《中国翻译》2004年第6期。

李田心：《谈奈达翻译理论中几个基本概念词的误读和误译》，载《上海科技翻译》2004年第4期。

李亚舒、黎难秋主编：《中国科学翻译史》，长沙：湖南教育出版社2000年版。

李宇明：《理论语言学教程》，武汉：华中师范大学出版社2000年版。

李运兴：《语篇翻译引论》，北京：中国对外翻译出版公司2003年版。

廖七一：《当代英国翻译理论》，武汉：湖北教育出版社2001年版。

林佩璇：《林纾翻译研究新探》，载《福建师范大学学报》（哲学社会科学版）2003年第2期。

刘继南主编：《大众传播与国际关系》，北京：北京广播学院出版社1999年版。

刘靖之：《神似与形似》，台湾：书林出版社1996年版。

刘兰云、杜耀文：《科技英语抽象名词的特点及翻译》，载《中国科技翻译》2000年第4期。

刘宓庆：《文体与翻译》，北京：中国对外翻译出版公司1998年版。

刘宓庆：《文化翻译论纲》，武汉：湖北教育出版社1999年版。

刘宓庆：《翻译与语言哲学》，北京：中国对外翻译出版公司2001年版。

刘宓庆：《当代翻译理论》，北京：中国对外翻译出版公司2003年版。

刘蔚华主编：《方法学原理》，济南：山东人民出版社1989年版。

刘勰著，周振甫注：《文心雕龙注释》，北京：人民出版社2002年版。

刘源甫：《科技翻译词义的具体化与抽象化引申》，载《中国科技翻译》2004年第2期。

罗进德：《刘宓庆译学著作全集代序》，参见刘宓庆《文体与翻译》，北京：中国对外翻译出版公司 2007 年版。

罗新璋编：《翻译论集》，北京：商务印书馆 1984 年版。

罗新璋：《钱钟书的译艺谈》，载范旭仑、李洪岩编《钱钟书评论》（卷一），北京：社会科学文献出版社 1996 年版。

罗选民：《论翻译的转换单位》，载杨自俭、刘学云编《翻译新论》（1983—1992），武汉：湖北教育出版社 1994 年版。

马维、潘文霞、吴承康：《热障碍涂层材料性能和失效机理研究进展》，载《力学进展》2003 年第 4 期。

马祖毅：《中国翻译简史——五四以前部分》，北京：中国对外翻译出版公司 1984 年版。

马祖毅、任荣珍：《汉籍外译史》，武汉：湖北教育出版社 1997 年版。

毛荣贵编：《走出翻译误区》，上海：上海交通大学出版社 1999 年版。

冒国安编：《实用英汉对比教程》，重庆：重庆大学出版社 2004 年版。

孟庆升主编：《英汉翻译教程》，沈阳：辽宁大学出版社 2003 年版。

孟伟根：《"纸老虎"和 Paper Tiger 的词源与释义》，载《上海翻译》2005 年第 1 期。

尼南贾纳：《为翻译定位》，载《语言与翻译的政治》，北京：中央编译出版社 2001 年版。

欧阳哲生编：《胡适学术文化随笔》，北京：中国青年出版社 1996 年版。

彭良林、王承菊：《浅谈科技英语转移否定句的翻译》，载《中国科技翻译》1998 年第 4 期。

戚学民：《严复〈政治讲义〉文本溯源》，载《历史研究》2004 年第 2 期。

钱钟书：《管锥编》（1—5），北京：中华书局 1999 年版。

钱钟书：《谈艺录》，北京：中华书局 1999 年版。

钱钟书：《林纾的翻译》，载《七缀集》，北京：生活·读书·新知三联书店 2002 年版。

钱钟书：《写在人生边上、人生边上的边上、石语》，北京：生活·读书·新知三联书店 2003 年版。

乔海清：《话说分译》，载《上海科技翻译》1998 年第 3 期。

秦海鹰：《重写神话——谢阁兰与〈桃花源记〉》，载乐黛云、张辉编《文化传递与文学形象》，北京：北京大学出版社 1999 年版。

任东来：《改变美国宪政历史的一个脚注》，载《读书》2005年第9期。

石定栩、苏金智、朱志瑜：《香港书面语的句法特点》，载《中国语文》2001年第6期。

思果：《翻译新究》，北京：中国对外翻译出版公司2001年版。

邵启祥编：《科技英语翻译中的陷阱、误区及其他》，北京：国防工业出版社1991年版。

孙晓婷：《浅谈科技英语中否定形式的翻译方法》，载《丹东纺织专科学校学报》1998年第2期。

孙艺风：《翻译规范与主体意识》，载《中国翻译》2003年第3期。

孙致礼：《翻译应该尽量"求真"》，载《中国翻译》2005年第2期。

谭载喜编：《西方翻译简史》，北京：商务印书馆1991年版。

田传茂编：《英语分类阅读在职考研100篇》，武汉：华中理工大学出版社2000年版。

田传茂：《编译的性质、特点及原则》，载《编辑学刊》2005年第2期。

田传茂、许明武、杨宏编：《生命科学》，武汉：华中科技大学出版社2003年版。

王宝爱：《科技英语中被动语句的翻译方法》，载《山西经济管理干部学院学报》2002年第3期。

王秉钦编：《20世纪中国翻译思想史》，天津：南开大学出版社2004年版。

王宏印：《中国传统译论经典诠释——从道安到傅雷》，武汉：湖北教育出版社2003年版。

王金铨：《从skopos理论解读中国近代翻译中的变体现象》，载《北京第二外国语学院学报》2000年第6期。

王克非：《中日近代对西方政治哲学思想的摄取：严复与日本启蒙学者》，北京：中国社会科学出版社1996年版。

王克非：《英汉/汉英语句对应的语料库考察》，载《外语教学与研究》2003年第6期。

王珂：《国际编译的理论思考》，载《广东外语外贸大学学报》2004年第3期。

王连义编：《导游翻译二十讲》，北京：旅游教育出版社1990年版。

王泉水：《科技英语定语从句的非定语化译法》，载《中国科技翻译》

1999年第2期。

王涛：《编译标准初探》，载《上海科技翻译》2000年第4期。

王宪明：《混杂的译本——读严复译〈社会通诠〉》，载《中国翻译》2004年第2期。

温素梅：《汉译定中结构"的"字处理分析》，华中师范大学硕士论文，2003年。

文军：《翻译：调查与研究》，北京：北京航空航天大学出版社2005年版。

吴国盛：《阅读经典 感受伟人》，载http://www.sciencetimes.com.cn，2004/9/16。

吴娟：《"红楼"译本知多少——红学专家详述〈红楼梦〉海外传播情况》，载《文汇报》2004年10月21日。

吴新祥、李宏安：《等值翻译论》，南昌：江西教育出版社1990年版。

吴云：《旅游翻译的变译理据》，载《上海科技翻译》2004年第4期。

吴自选：《德国功能派翻译理论与CNN新闻短片英译》，载《中国科技翻译》2005年第1期。

武学民、金敬红：《科技英语翻译中的长难句处理》，载《中国科技翻译》1997年第4期。

西北工业大学外语教研室编：《科技英语翻译初步》，北京：商务印书馆1979年版。

肖国政：《汉语语法研究论》，武汉：华中师范大学出版社2001年版。

谢庆绵：《西方哲学范畴史》，南昌：江西人民出版社1987年版。

邢福义：《动词作定语要带"的"字》，载《中国语文》1957年第8期。

邢福义：《小句中枢说》，载《中国语文》1995年第6期。

邢福义：《汉语语法学》，长春：东北师范大学出版社1996年版。

邢福义：《20世纪现代汉语语法八大家·邢福义选集》，长春：东北师范大学出版社2001年版。

许国璋：《许国璋论语言》，北京：外语教学与研究出版社1991年版。

许钧等：《当代法国翻译理论》，武汉：湖北教育出版社1998年版。

许钧：《译事探索与译学思考》，北京：外语教学与研究出版社2002年版。

许钧：《翻译论》，武汉：湖北教育出版社2004年版。

许美华：《"变译"之我见》，载《呼兰师专学报》2003年第4期。

许慎著，段玉裁注：《说文解字注》，杭州：浙江古籍出版社 2002 年版。

许余龙编：《对比语言学》，上海：上海外语教育出版社 2002 年版。

许渊冲、许钧：《翻译："美化之艺术"——新旧世纪交谈录》，载许钧等《文学翻译的理论与实践——翻译对话录》，南京：译林出版社 2001 年版。

于建平：《科技英语长句的分析与翻译》，载《中国科技翻译》2000 年第 3 期。

余承法、黄忠廉：《化——全译转换的精髓》，载《华中科技大学学报》（社会科学版）2006 年第 2 期。

余光中：《余光中谈翻译》，北京：中国对外翻译出版公司 2002 年版。

约翰·德莱顿：《论翻译》，载陈德鸿、张南峰编：《西方翻译理论精选》，香港：香港城市大学出版社 2000 年版。

杨晓荣：《翻译批评导论》，北京：中国对外翻译出版公司 2005 年版。

姚小平：《语言学史学基本概念阐释》，载《外语教学与研究》1996 年第 3 期。

袁荻涌：《译述·意译·直译——中国近代翻译文学的形态演变》，载《黔东南民族师专学报》（哲学社会版）1994 年第 4 期。

袁锦翔：《名家翻译研究与赏析》，武汉：湖北教育出版社 1990 年版。

袁晓宁：《外宣英译的策略及理据》，载《中国翻译》2005 年第 1 期。

张德禄、刘汝山：《语篇连贯与衔接理论的发展及应用》，上海：上海外语教育出版社 2003 年版。

张立文：《中国哲学范畴发展史》，北京：中国人民大学出版社 1998 年版。

张立文：《正学与开新——王船山哲学思想》，北京：人民出版社 2001 年版。

张南峰：《意识形态、翻译与翻译理论》，载《翻译季刊》2000 年第 2 期。

张培基：《英译中国现代散文选》，上海：上海外语教育出版社 2002 年版。

张寿康：《五四运动与现代汉语的最后形成》，载《中国语文》1979 年第 4 期。

张勇安：《〈美国毒品和毒品政策文献史〉述评》，载《世界历史》2004 年第 3 期。

张泽乾：《翻译经纬》，武汉：武汉大学出版社 1994 年版。

张治英：《科技英语的词义引申及翻译》，载《中国科技翻译》1999 年第 4 期。

张中行：《文言与白话》，哈尔滨：黑龙江人民出版社 1997 年版。

章运椿：《科技英语分译种种》，载《中国科技翻译》1994 年第 3 期。

郑海凌：《文学翻译学》，郑州：文心出版社 2000 年版。

郑海凌：《钱钟书"化境"说的创新意识》，载《北京师范大学学报》人文社会科学版 2001 年第 3 期。

郑延国：《钱钟书"化境论"与〈谈艺录〉译句管窥》，载《翻译学报》1999 年第 3 期。

郑玉琪、郭艳红：《浅谈英文化妆品说明书之美学翻译》，载《中国翻译》2005 年第 2 期。

赵元任著，吕叔湘译：《汉语口语语法》，北京：商务印书馆 1979 年版。

周进辉：《带-изм 后缀术语的汉译》，华中师范大学硕士论文，2005年。

周仪、罗平：《翻译与批评》，武汉：湖北教育出版社 1999 年版。

周兆祥：《翻译与人生》，北京：中国对外翻译出版公司 1998 年版。

朱安博：《翻译研究中的新历史主义话语》，载《中国翻译》2005 年第 5 期。

朱德生：《形上之思》，沈阳：辽宁人民出版社 2001 年版。

邹韶华：《语用频率效应研究》，北京：商务印书馆 2001 年版。

Bassnett, S. and Lefevere, A. 2001. *Constructing Cultures*: *Essays on Literary Translation*. Shanghai: Shanghai Foreign Language Education Press.

Chow, G. C. 《中国经济体制对经济理论的挑战》，董志强缩译，载 http://nobel.126.com.

Ellis, R. 1999. *The Study of Second Language Acquisition*. Shanghai: Shanghai Foreign Language Education Press.

Grunwald, M. 2001. "Terrorists Hijack 4 Airliners, Destroy World Trade Center, Hit pentagon; Hundreds Dead". *The Washington Post*, Sep. 12.

Gentzler, E. 2004. *Contemporary Translation Theories* (*revised* 2*nd edition*). Shanghai: Shanghai Foreign Language Education Press.

Kelly, J. and Mao, N. K. (tr.). 2003. *Fortress Besieged*. Beijing: Beijing Foreign Language Teaching and Research Press.

Newmark, P. 2001. *A Textbook of Translation*. Shanghai: Shanghai Foreign

Language Education Press.

Nida, E. A. 1998. *Translating, Language and Culture.* Shanghai: Shanghai Foreign Language Education Press.

Nord, C. 2001. *Translating as a Purposeful Activity: Functionalist Approaches Explained.* Shanghai: Shanghai Foreign Language Education Press.

Quirk, R. et al. 1985. *A Comprehensive Grammar of English.* London: Longman.

Richards J. C. et al. 2000. *Longman Dictionary of Language Teaching & Applied Linguistics.* Beijing: Beijing Foreign Language Teaching and Research Press.

Schmemann, S. 2001. Hijacked Jets Destroy Twin Towers and Hit Pentagon. *The New York Times*, Sep. 11.

Xiao, Liming. 2002. *English-Chinese Comparative Studies & Translation.* Shanghai: Shanghai Foreign Language Education Press.

Wiegers, K. 《撰写优秀的需求》, Bear 缩译, 载 http://www.sdp.com.cn.

Williams, J. & Chesterman, A. 2004. *The Map: A Beginner's Guide of Doing Research in Translation Studies.* Shanghai: Shanghai Foreign Language Education Press.

Zhao Yuanren. 1970. *A Grammar of Spoken Chinese.* California: University of California Press, LA.

Бархударов, Л. С. 1975. *Язык и перевод (Вопросы общей и частной теории перевода).* Москва: Международное отношение.

Институт русского языка АН СССР. 1980. *Русская грамматика (том II).* Москва: издательство 《Наука》.

Комиссаров, В. Н. 1999. *Общая теория перевода.* Москва, ЧеРо.

Комиссоров, В. Н. 1999. *Современное переводоведение.* Москва: ЭТС.

Федоров, А. В. 1953. *Введение в теорию перевода.* Москва: издательство литературы на иностранных языках.

后　记

《翻译方法论》是第一本期以系统总结翻译实践方法和初步总结翻译研究方法的著作。

本书的写作基于实用翻译语料，利用和总结国内外已有成果，从实践出发归纳方法，验证和修正现有方法，提炼新的翻译规律，同时吸收学习相关学科知识，进而构建翻译方法论体系，最终为翻译实践提供理论依据。因此本书奉行自下而上的理性总结，兼顾自上而下的理论构建。

定题分工后，我们读书，收例，反复讨论，细化提纲至四、五级标题，书稿因此而稳步推进。五年十个寒暑，我们彼此修改，几易其稿，修改期长于写作期。文不厌改！我们再次体悟到精益求精的精髓。要感谢这支学术小分队，因为共同的追求，我们走到了一起，也因为共同的兴趣，我们从中受益。我们乐在其中，学在其中。全书虽说是密切合作，但也作了分工。田传茂（长江大学）：第三章第四节"摘译"、"编译"、"译述"、"缩译"、"阐译"、"参译"；刘丽（中国人民解放军防空兵指挥学院）：第一章第二节、第二章第四节"增译"、"减译"、"转译"、"换译"、"分译"、"合译"；魏家海（武汉理工大学）：第三章第四节"综述"、"述评"、"译评"、"译写"、"改译"、"仿作"；余承法（中南民族大学）：第二章第二节；胡远兵（武汉科技学院）：第三章第三节；黄忠廉（黑龙江大学）：导言、第一章第一节和第三节、第二章第一节和第三节、第二章第四节"对译"、第三章第一节和第二节、第四章。黄忠廉负责全书的设计与整合，多次通读与各位作者共同修改完成全稿。

成书过程中要感谢译学界的"二杨"前辈：2005—2006年，杨自俭教授两次赐教，大至宏观设计，小至译例分析，而且两次改序；2005年杨晓荣教授上海会议期间曾专就表述问题指点迷津。

最后要向读者交代的是，本书希望在例析中把翻译之道说透，在宏观上要求系统而不庞杂，全面而不俱到，在文字上通俗凝练求简明，可读流畅有文采。当然，这是我们的追求，是否达到，有待方家指正。

黄忠廉

2008年冬

于黑龙江大学三语斋

补 记

据李亚舒、黄忠廉与中国对外翻译出版公司签订的合同，拟于2004—2008年出齐由我们主编的"翻译理论与实务丛书·科学翻译研究卷"，共计10本，后因种种原因，仅推出了《科学翻译学》（黄忠廉、李亚舒，2004）、《机器翻译研究》（冯志伟，2004）、《科普与科幻翻译：理论、技巧与实践》（郭建中，2004）、《科学翻译批评导论》（文军，2006）几种，算是留下了丁点儿遗憾。未出的著作中就有《翻译方法论》，后几经联系，改由中国社会科学出版社出版。

补写上述，只是因为愧对本书的序作者杨自俭教授。为何愧对？2009年4月11日中午，我随在青岛参加"翻译学学科理论系统构建高层论坛"的部分学者去医院探望病危中的先生，上车前阴风寒冷，进院时小雨开始淅落，出院后大家揪心于先生的健康，感叹人生命的脆弱。当晚9时35分，先生不忍舍下我们，驾鹤西去了。先生为《翻译方法论》所作的序可能是先生写就而随书问世的最后一篇，一想起此事，就有一种因出版推延而愧对先生的内疚。2009年4月22日撰就小文一篇，交给中国英汉语比较研究会，兹录于此，以志纪念。

大师与高峰

大师很少是孤独的山峰，而是群峰中的高峰。

地壳运动，会隆起新的山峰，群峰突起，把原有的高峰衬托得更高。大师是造山的战略家，他目光炯炯，注视着未来，善于造山，造出一座座年轻的山峰，而自己屹立在群峰之中。

大师是不可逾越的，是指他那个历史时代。大师是可逾越的，是指未来，但是从历史一路看下来，群峰迭峦，大师还是那座高峰，历史的时空因为他们而峰回路转，美不胜收。

大师之峰高耸入云，贵在四高：

一在德高。德高，才可望众：有人有才学，而无为学的雅量，见不得比自己强的人，最终被缚于走向大师的途中。

二在才高。才高八斗，才能树为大师。他不是有所不同，而是与众不同。起初可能有所不同，找到了新方向，新问题，最终目标要与众不同，具有自我特色。与众不同，他往往挖掘了我们最常见因此也最容易忽略的东西。列宁说："所谓大师，就是这样的人，他们用自己的眼睛去看别人见过的东西，在别人司空见惯的东西上能够发现出美来。"

三在识高。这是最关键的。有的人学问渊博，但少才识，被人喻为活字典。才学有余而识见不高者，大有人在。读基础书，读常见书，能为畅达之文，才学识最重要的是识。学问家主要是因识见不同而闻名于世。见识之高，大至开宗立派，小至著书立说，有新创见，有远见卓识。

四在眼高。大师行进在思想的前沿，既是学问家，也是思想家，还可能是哲学家。他对学科有独到系统的见解，对事物的分析与众迥异，并精于表达，其作品堪称经典；其视野和思想不限于某一学科，在方法论上贯通其他，对整个学科有一种终极关怀，能开某个领域一代风气之先。

山高人为峰。

黄忠廉

2009 年春

于黑龙江大学国家俄语重点研究基地